经典就该这样读

浦宇平 著

北京长江新世纪文化传媒有限公司
www.cjxinshiji.com
出品

目录

人人都是丑小鸭

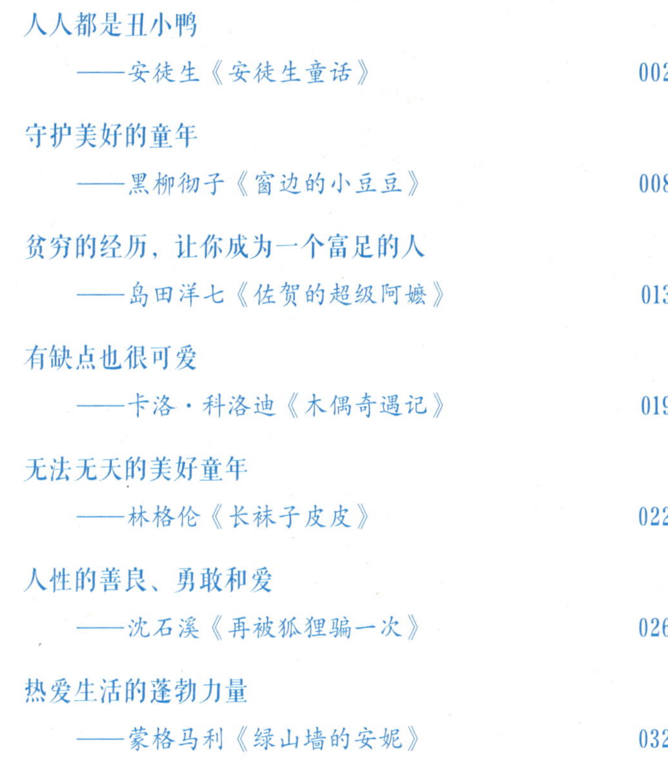

勇敢无畏地成长

点灯的人

你很棒，你跟别人不一样

幸运的中国人

人间悲喜

无用之用

人人都是丑小鸭

人人都是丑小鸭

——安徒生《安徒生童话》

所谓“天赋”——那些让你和身边人不一样的东西——其实就是老天赋予你的礼物。所以不要怀疑自己，走自己的路，把你的天赋发挥出来，用你那与众不同的特点，让所有人无话可说。

安徒生童话的故事，大概同学们或多或少都听过。不过我想推荐大家去读原著，因为文学原著和你道听途说来的故事，和你看到听到的“青少版”或是“简化版”的故事，完全不是一回事儿，和那些改编的动画片、电视剧就更不是一回事了。文学的美妙，常常就在于，它能给你充足的想象空间，它会描绘出一个也许只存在于你脑海中的近乎完美的画面。一旦具象化下来，由某个演员来演，或者画成某个动画片的形象，反而和那个只存在于文学作品和你头脑中的完美形象差很多，变得不是那么回事儿了。

比如白雪公主，我们都知道那是一个很美丽的形象。什么叫美丽？每个人心里都有对“美丽”不同的想象。可一旦变成动画片，白雪公主的形象就固定了，可能有些人觉得很美，有些人就会觉得不过如此，反而不及自己想象当中的那个白雪公主美了。

越是美好的画面、美丽的故事，我们就越是要去读原著，因为只有文学原著能给我们那种想象的空间。比如《丑小鸭》，我相信你一定听到过“丑小鸭变成白天鹅”的故事，可恐怕很多同学听到的版本都跟原著有出入。我的女儿三岁，在我们家的各种儿童读物和音频故事里，我听到过五六种不一样的“丑小鸭”的故事版本，靠谱的好像一个都没有。丑小鸭的故事，在安徒生童话的原著里，到底是怎样的呢？

开篇是一段环境描写，把读者带入场景：

乡下真是非常美丽。这正是夏天！小麦是金黄的，燕麦是绿油油的。干草在绿色的牧场上堆成垛，鹳鸟用它又长又红的腿子在散着步，噜嗦地讲着埃及话——这是它从妈妈那儿学到的一种语言。田野与牧场的周围有些大森林，森林里有些很深的池塘……

普通的小鸭子们孵出来了：

最后，那些鸭蛋一个接着一个地崩开了。“噼！噼！”蛋壳响起来。所有的蛋黄现在都变成了小动物。他们把小头都伸出来。

可是有一只特别大的蛋，总也孵不出来：

“这个蛋费的时间真久！”坐着的母鸭说，“它老是不裂开。请你看看别的吧。他们真是一些最逗人爱的小鸭儿！都像他们的爸爸——这个坏东西从来没有来看过我一次！”

就算出来了，鸭妈妈也不太喜欢它：

最后这只大蛋裂开了。“噼！噼！”新生的这个小家伙叫着向外面爬。他是又大又丑。鸭妈妈把他瞧了一眼。“这个小鸭子大得怕人，”她说，“别的没有一个像他；但是他一点也不像小吐绶鸡！好吧，我们马上就来试试看吧。他得到水里去，我踢也要把他踢下水去。”

还好，这只“大得怕人”的小家伙，总算能在水里游，看来不是吐绶鸡（小火鸡）。既然是亲生的，那就养着吧。

妈妈放过了它，可并不代表它的兄弟姐妹们也会放过它。它到处挨打，被排挤、被讥笑。

“瞧！现在又来了一批找东西吃的客人，好像我们的人数还不够多似的！呸！瞧那只小鸭的一副丑相！我们真看不惯！”

于是马上有一只鸭子飞过去，在他的脖颈上啄了一下。

“请你们不要管他吧，”妈妈说，“他并不伤害谁呀！”

“对，不过他长得太大、太特别了，”啄过他的那只鸭子说，“因此他必须挨打！”

注意最后这句话，丑小鸭挨打的原因是什么？就是因为它太大了，太“特别”了。因为“与众不同”，它成了被所有人嘲笑和攻击的对象。这当然不公平。可谁告诉你，这个世界一定就是公平的呢？

这种到处挨打、被排挤、被讥笑的命运，“不仅在鸭群中是这样，连在鸡群中也是这样”：

“他真是又粗又大！”大家都说。有一只雄吐绶鸡生下来脚上就有距，因此他自以为是一个皇帝。他把自己吹得像一条鼓满了风的帆船，来势汹汹地向他走来，瞪着一双大眼睛，脸上涨得通红。这只可怜的小鸭不知道站在什么地方，或者走到什么地方去好。他觉得非常悲哀，因为自己长得那么丑陋，而且成了全体鸡鸭的一个嘲笑对象。

你有没有因为自己和别人“不一样”而被瞧不起、被嘲笑、被排挤过？我有过。可我真的想问，和大家不一样，就是我“不正常”？难道和所有人都一样，就是正常的、好的、对的吗？每个人都有自己独立的世界，都是一个独立的人。我有我自己的选择，我有我自己想做的该做的要做的事，跟别人不一样，那是再自然不过的了。可是，我们社会的公序良俗，却一直要求我们尽可能要去跟别人一样，不要头上长角，不要表现得你很特别——所谓“木秀于林，风必摧之”。

所有平庸的人，都希望别人跟自己一样平庸，所以他们看不得别人的不一样。而所有优秀，都必然是一种“不一样”——你们都在打游戏，我不喜欢，所以我去图书馆自习；你们都在攀比手机和球鞋，我不喜欢，所以我待在角落做自己的数学题。我是跟你们不一样，可不一样，那又怎么样？

这是头一天的情形。后来一天比一天糟。大家都要赶走这只可怜的小鸭；连他自己的兄弟姊妹也对他生气起来。他们老是说：“你这个丑妖怪，希望猫儿把你抓去才好！”于是妈妈也说起来：“我希望你走远些！”鸭儿们啄他，小鸡打他，喂鸡鸭的那个女佣人用脚来踢他。

跟别人不一样是一种错吗？这是每个人都应该问自己的问题。不管你和别人是否一样，当你瞧不起一个看起来和你不一样的人时，你有没有想过，也许他才是那个最终会让你们所有人惊掉下巴的人？

于是他飞过篱笆逃走了；灌木林里的小鸟一见到他，就惊慌地向空中飞去。“这是因为我太丑了！”小鸭想。于是他闭起眼睛，继续往前跑。他一口气跑到一块住着野鸭的沼泽地里。他在这儿躺了一整夜，因为他太累了，太丧气了。

这个时候的丑小鸭在想什么？我相信它心里也会恨，恨自己为什么会跟别人不一样。每个在这种境地的人，都会怀疑自己，在一个是非颠倒的世界里，谁敢相信孤独的自己才是对的那个？

记得很多讲超级英雄的电影吗？几乎所有拥有超能力的Super Heroes，不论他们看起来有多厉害，在一开始，当他发现自己有这样那样奇奇怪怪的超能力的时候，发现自己和身边的人是如此不同的时候，他的内心都是非常恐惧、不安、焦虑的。他会怀疑自己：我为什么会跟别人不一样？我是不是不正常？

英语里有一个词，gift，它有两个意思，既可以表示“礼物”，也可以表示“天赋”。我觉得这真是一个值得我们好好玩味的单词，所谓“天赋”——那些让你和身边人不一样的东西——其实就是老天赋予你的礼物。所以不要怀疑自己，走自己的路，把你的天赋发挥出来，用你那与众不同的特点，让所有人无话可说。

我希望每一位觉得自己跟别人不一样的同学，都可以好好读一读《丑小鸭》这篇文章。这个故事远不是你想象的那么简单，你将会看到，一个和别人不一样的人，该怎样面对内心的焦灼，怎样走出人生的困境，怎样迎来美好的未来。

当你读过原著就会发现，一个人发现自己的历程不是一帆风顺的，丑小鸭不是一夜之间变成白天鹅的，它经历过生不如死的苦痛：

“啊，谢谢老天爷！”小鸭叹了一口气，“我丑得连猎狗也不要咬我了！”

冬天变得很冷，非常的冷！小鸭不得不在水上游来游去，免得水面完全冻结成冰。不过他游动的这个小范围，一晚比一晚缩小。水冻得厉害，人们可以听到冰块的碎裂声。小鸭只好用他的一双腿不停地游动，免得水完全被冰封闭。最后，他终于昏倒了，躺着动也不动，跟冰块结在一起。

它也看到过自己想要成为的样子，但它连梦想一下的勇气都没有：

他们飞得很高——那么高，丑小鸭不禁感到一种说不出的兴奋。他在水上像一个车轮似的不停地旋转着，同时，把自己的颈项高高地向他们伸着，发出一种响亮的怪叫声，连他自己也害怕起来。啊！他再也忘记不了这些美丽的鸟儿，这些幸福的鸟儿。……他怎能梦想有他们那样美丽呢？只要别的鸭儿准许他跟他们生活在一起，他就已经很满意了——可怜的丑东西。

可是它在长大，在磨炼中长大，在痛苦和挫败中长大，一天又一天，它身体里的那点“gift”，那点与众不同的东西，那点曾让所有人排挤、讥笑的东西，终于还是要长大：

忽然间他举起翅膀：翅膀拍起来比以前有力得多，马上就把他托起来飞走了。他不知不觉地已经飞进了一座大花园。

那种不可遏止的心情，带着它走向了真正属于它的世界：

“我要飞向他们，飞向这些高贵的鸟儿！可是他们会把我弄死的，因为我是这样丑，居然敢接近他们。不过这没有什么关系！被他们杀死，要比被鸭子咬、被鸡群啄，被看管养鸡场的那个女佣人踢与在冬天受苦好得多！”于是他飞到水里，向这些美丽的天鹅游去。

小时候，我和大家一样，只把《丑小鸭》当成一个普普通通的童话故事——最多算是一个寓言故事来读。可后来我发现，安徒生在写丑小鸭的时候，是动了真情的，他把丑小鸭写得那么惨，其实那是在写他自己。他坚信自己是一只白天鹅，即便眼下的自己被所有人当成丑小鸭。在我看来，这是一个人真正的勇敢：不论世界怎样，不论你出身的环境怎样，你要相信自己，绝不庸庸碌碌过毫无作为的一生。你应该有更大的能力，你应该登上更大的舞台。

安徒生，可能真的是一位被我们低估了的作家。

在《丑小鸭》文末，安徒生写了这么一句话。我摘出来，默念三遍，送给所有听过平哥节目和读到这篇文章的人：

只要你曾经在一只天鹅蛋里待过，就算你是生在养鸭场里也没有什么关系。

愿你勇敢，愿你成为你自己。

（安徒生童话的中文译本，推荐叶君健老师的翻译版本）

守护美好的童年

——黑柳彻子《窗边的小豆豆》

我一直都觉得，《窗边的小豆豆》绝不仅仅是一本给孩子们读、让孩子们觉得“很有趣”的书。它更是一本值得每一个家长和老师——尤其是老师——都去读一读的书。

对于小豆豆来说，今天可是个干了一番大事业的日子。为什么这么说呢？因为小豆豆把自己最珍贵的钱包掉到学校的厕所里了，虽说里面没装一分钱，但那是小豆豆最喜欢的钱包，以至于上厕所时都带在身上。那个钱包十分漂亮，表皮是用黄、红、绿三色丝线编成的小方格，外形呈四方扁平状，有个三角形的舌头式的盖，暗扣处镶了个银色的、苏格兰猎狗式的别针。

小豆豆从小就有个怪毛病，上厕所解完手后常常要低头往下看看，由于有这么个怪毛病，上小学以前就有好几次，把麦秆编成的或是镶有白花边的帽子，掉进过厕所里……

当时没有像现在这样的冲洗式厕所，下面是一个水槽，粪便都是从里面掏出来的，所以大多数情况下帽子就浮在粪便上，没人再去管它了。因此，妈妈平时一再嘱咐小豆豆："解完手不要往下看！"

尽管这样，今天上课前去厕所时，一不注意又往下看了。就在那一瞬间，也不知是没拿好还是别的缘故，那只心爱的钱包"扑通"一声掉进了茅坑，小豆豆"啊"地惊叫了一声，下面漆黑一团，根本就看不到钱包的影子。

一个叫小豆豆的小姑娘，不小心把自己心爱的钱包掉到了厕所里，之后会发生点什么呢？感觉会有点重口味。

《窗边的小豆豆》是一本充满童趣的书，作者是日本作家黑柳彻子。黑柳彻子1933年出生，现在已经是一个八十多岁的老太太了。她是作家、演员、主持人，主持了一档谈话类节目，在日本也算是一个家喻户晓的明星了。而书中这个"小豆豆"的身上就有黑柳彻子自己的影子。黑柳彻子在接受媒体采访的时候说过，自己小时候就跟小豆豆一样调皮，患有"注意力缺陷多动障碍"——也就是我们通常所说的"多动症"。

这种症状只会发生在童年和幼年阶段，长大以后就能恢复。你看书里的小豆豆，小时候调皮得学校都不敢收她，后来长大，照样又写书，又主持节目，还是个在日本全国闻名的人物。不过这本书里所写的小豆豆那些调皮捣蛋的事儿，有些的确是挺夸张的，让人又好气又好笑。比如开篇那个掉了钱包的事儿，我觉得，你要是没读过这本书，一定猜不到小豆豆最后会怎么做。

按我们一般人的思维，钱包都掉进厕所的粪池里了，总不能再去捡出来吧，只能自认倒霉啦！

可小豆豆不是一般人，她真去找工具，准备动手打捞掉进厕所的钱包了！

你猜，这时小豆豆怎么了呢？她没有哭鼻子，也没有就此罢休，而是立即朝勤杂工叔叔（现在叫公务员叔叔）堆放杂物的小屋跑去了。并且把洒水用的勺子扛了回来。比起年纪还小的小豆豆来，勺子把几乎比她的个子高出去一倍，但她根本顾不得这许多了。小豆豆绕到学校后面，找到了掏粪口。她估计钱包可能掉在厕所外侧墙壁附近了，可是那儿也没有，找了好大一会儿工夫，这时才注意到离墙一公尺远的地面上有个圆圆的水泥盖，小豆豆判断这很可能就是掏粪口。好不容易把水排干，下面马上出现了一个洞口，这肯定就是掏粪口了。小豆豆把头探进去，仔细瞧了一番……

哎哟妈呀，还把头探进去……你想想味儿……你想想小豆豆都看到点啥……想想都觉得……这也太销魂了……

可是，还没完呢！

接下来小豆豆就大干起来了。就是说，把勺子伸进粪池里开始往外掏粪了。起初，只是掏钱包可能落下去的那一块地方，但由于里面又深又暗，再加上上面是用三个门隔开的厕所，下面共用一个粪池，所以面积相当大。而且如果把头往里探得过深的话，就有可能掉进去，她不管三七二十一地只管往外掏，掏出来的东西都堆在了洞口周围。

我的妈呀！你要是刚吃完饭，我建议你先缓缓，书先别读了，消化完了再来。而整件事里最神奇的还不是小豆豆掏厕所，而是对于小豆豆这种行为，她的校长是一番怎样的反应和态度！这才是最神奇的！你想想，小豆豆搞出这么大动静，一个小姑娘拿了人家勤杂工掏粪的勺子，跑到校园围墙外头，把池子里的“黄金”全都给掏到地面上来了，估计校长多半儿是闻到味儿了。果然，校长过去就看到了正在打捞钱包——不对，是打捞“黄金”的小豆豆。你想想，如果你学校的校长看到这一幕，你觉得会发生什么？肯定没你好果子吃了吧？可你知道，小豆豆的校长是怎么做的吗？

刚巧这时校长从厕所后面经过。校长看到小豆豆正在掏粪，就问：“你在干什么哪？”小豆豆连住手的工夫都舍不得，一边往下探勺子一边答道：“钱包掉进去了。”

“是吗？”只说了这么两个字，校长就反背着双手像平时散步似的不知朝哪儿走开了。

惊不惊喜？意不意外？校长压根就没批评她！不仅没批评，而且：

又过了一会儿，钱包还是没有找到。那粪堆却像小山一个劲地增高。这时校长又路过这里，问道：“有了吗？”满身汗水、满脸通红的小豆豆站在小山中间答了声：“没有。”校长把脸靠近小豆豆的面颊，以朋友般的口气说：“干完了要把它们都送回原处去哟！”说完了又和刚才一样，往别处去了。

其实我一直都觉得，《窗边的小豆豆》绝不仅仅是一本给孩子们读、让孩子们觉得“很有趣”的书。它更是一本值得每一个家长和老师——尤其是老师——都去读一读的书。我在培训老师的时候，这本《窗边的小豆豆》就是所有老师的必读书。在这个善良可爱、虽然调皮其实却非常懂事的小豆豆背后，站着一个在艰苦卓绝的条件下，不遗余力为孩子们撑起一片天的校长。他创办的巴学园虽然只有五十多个学生，其中

还有患有小儿麻痹症、侏儒症的特殊学生，包括像小豆豆这样，在刚进小学一年级时就接连被两所学校劝退的孩子，但校长小林宗作先生坚持了下来，用宽厚的胸怀和对孩子们的爱，支撑起了这样一所美好得简直如童话一般的学校。

巴学园里发生了很多故事，小林校长匠心独运，以一种春风化雨、润物无声的方式，让孩子们的天性得以滋长，学业得以进步，人格得以完善。同学们，你们一定会觉得这是一本很有趣的书，而我作为老师，这本书里的有些内容曾让我读得长吁短叹，还有些内容，曾让我读得热泪盈眶。在那个动荡的年代，在这个并不十分美好的世界上，一个人，要怀揣怎样坚定的梦想，才能如此坚韧地为孩子们守护一个如此美好的童年？平哥其实有一个小小的梦想，就是想要做一个像小林宗作先生这样的校长。守护孩子纯真美好的童年时光，让每个生命都能绽放出属于自己的自然的光芒。

贫穷的经历，让你成为一个富足的人

——岛田洋七《佐贺的超级阿嬷》

阿嬷人生中有十几年的时间，被动地卷入了一场与她并无多少关系的战争。用一般的标准看，她其实懂的很少，但是阿嬷知道应该怎样在这个世界上健康地生活下去。她虽然不懂得什么深奥的道理，可她有一个富足的精神状态、饱满健康的人生，所以她在面对人生抉择的时候，往往就能做出最好的选择。

这本书不是什么了不起的大作家写的，作者岛田洋七其实是一个日本的“相声演员”。可是这本书在日本脍炙人口，2001 年出版，而后改编成电影，2007 年又改编成电视连续剧，让这位在日本佐贺生活的超级阿嬷，成了家喻户晓的人物。

这本书并不只是一本适合孩子们读的儿童文学作品，实际上它适合每一个成年人。作者的表达很克制，没有那种廉价的煽情，却在字里行间透露出对阿嬷的深情。作者只是把一个个故事和情节讲出来，而读罢故事，我们自然就会被感动。

这本书也是非常典型的“从浅阅读到深阅读”的体验。一开始情节好玩，而随着叙述的深入，我们会理解其中的感情，到最后有深入的人生思考。

整本书的故事，是从一个惊人的时代背景开始的。1945 年，第二次世界大战打到最后关头，美军在日本的广岛和长崎分别投下一颗原子弹，以总计近 40 万人伤亡的代价，结束了“二战”在亚洲的战役，迫使日军无条件投降。而很不幸，作者岛田洋七就是广岛人。他们一家虽然已经在原子弹轰炸之前逃出了广岛，但岛田洋七的父亲因为当时不知道核辐射的危害，在爆炸一周后回到广岛，很快得辐射病去世。而此时的岛田洋七，还不满周岁。

爸爸去世后，仅凭妈妈一人很难养活岛田洋七，于是妈妈只能把儿子送到了自己的妈妈——也就是岛田洋七的阿嬷（外婆）家。

托尔斯泰在《安娜·卡列尼娜》这本世界名著的开头写过一句话：幸福的家庭都是一样的，不幸的家庭却各有各的不幸。对岛田洋七来说，这显然是一种不幸，可他没有责怪任何人，却以一种看似不带感情、极其克制的文字叙述了这一段悲惨的经历，反而给读者一种震撼人心的力量。我们很难想象，那时候的岛田洋七——也就是书中的主角德永君——的妈妈经历了些什么，要在儿子背后推上这么一把，可不是一件容易的事：

像配合姨妈用力点头的信号一般，开车铃声响起。就在车门即将关上之际——

“咚”的一声，我踉跄着向前一扑。

当然，就算是很早以前，开车铃声也不会是“咚”，更不会把人向前推。本来还依偎在母亲怀里的我，回头一看……

推我的竟然是母亲！

“妈妈，你干吗呀？”

说话时，我人已经在火车上了。紧接着，车门像接收到信号一般，倏地关上。火车冒着黑黑的蒸汽，缓缓开动了。

当然，我还在车上。

“是妈妈推我的。”

隔着车窗，我看见母亲哭了。

当时的火车不像新干线那么快，我可以清楚地看见在月台上哭泣的母亲。

我转过头，姨妈也在哭。我轮流看着哭个不停的母亲和姨妈，笑着说：

“不要紧，姨妈，我可以在下一站下车，你不用担心啦。”

可是姨妈还在继续哭，然后泪眼婆娑地说：

“昭广，你以后要住在佐贺的阿嬷那里了。”

一瞬间，我愣住，不知该说些什么。

而阿嬷家，其实也很穷，书里的第二节，标题就叫“从贫穷到贫穷”。

直到现在，我还清楚记得当时的感觉——那栋房子，就像特写镜头一般，猛然跃进我那满怀不安、无法镇静地打量四周的眼睛里。

与此同时，我的心中一阵恐慌。“不是吧？千万别是那栋房子啊！”

那是一栋坐落在河水和草丛之间，就像从古老传说中冒出来的、孤绝寂寥至极的破茅屋。

而且，屋顶一半的茅草已剥落，只随意钉着铁皮。

“昭广，就是这里。”

你经历过贫穷吗？恐怕现在的各位同学，大都没有经历过，相反，你正在过的是一种相对富足的生活。贫穷和富足的区别，就是在你渴望得到一个东西的时候能不能得到。有欲望能满足，就是一种富足；有欲望而无法满足，就会感觉到贫穷。所以换句话说，贫穷其实是一种对自己生活的感受。

如果一个人要的东西不多，没有很强烈的对物质的渴望，他要的东西都可以得到，他就会觉得自己很富足，哪怕他很可能并没多少钱。相反，如果一个人想要的东西很多，多得无法满足，那他对生活的感受就会是贫穷的。而书里的这位阿嬷，对物质生活就没有什么要求，她想要的东西很少，因此她会过一种安贫乐道、自由自在的生活，甚至可以说她的生活在某种程度上反而是富足的。为什么佐贺的这位超级阿嬷会打动这么多人？大概原因就在这里吧。她非常乐观、非常积极地去面对在我们看起来非常穷困的生活，去面对“没有钱”的事实。当她安贫乐道地看待生活之后，一切都不一样了。阿嬷没有明显的物质匮乏感，即便客观上非常缺钱，但是她仍旧过得非常富足，这就是一种打动人的力量。要知道，不止岛田洋七，日本战后一整代人，都是这样成长起来的。

阿嬷人生中有十几年的时间，被动地卷入了一场与她并无多少关系的战争。用一般的标准看，她其实懂的很少，但是阿嬷知道应该怎样在这个世界上健康地生活下去。她虽然不懂得什么深奥的道理，但是她有一个富足的精神状态、饱满健康的人生，于是她在面对人生抉择的时候，往往就能做出最好的选择。这当然也影响了德永君。书里的德永君，就是一个虽然贫穷，却非常阳光、非常健康的调皮男生。

书中关于西瓜面具那段故事就很精彩：

夏天，我到朋友家玩，发现一个有趣的东西——西瓜做的面具。朋友家是农家，有堆积如山的西瓜。就像现在万圣节时大家用南瓜做面具一样，那个面具是用西瓜皮做的。

“真有趣，真好玩。”

见我赞不绝口，朋友就把那个西瓜面具送给了我。

我喜不自胜，郑重地抱回家给外婆看。

可第二天起床，却发现西瓜面具不见了：

“阿嬷，我的西瓜面具到哪里去了？早上起来就没看到了。”

“啊，那个啊……”外婆笑呵呵地让我看看玻璃盘子，“看，很好吃吧？”

西瓜皮正腌在盘子里。

西瓜皮也能吃？其实这里头就有一种苦中作乐的意思，一个精神不够富足的人，是做不到苦中作乐的。

除了把玩具腌了吃掉之外，阿嬷还干过很多让人惊讶的事，比如用木头在河面上截留物资，比如在裤腿上系吸铁石……除了这些好玩的事，后面还有很多让人感动落泪的场面。比如，参加学校的运动会赛跑，德永君一直期待着能在长跑中看到妈妈，可每年总是失望而归，妈妈总是不出现。在满怀期待又害怕失望的心情里，他跑过自家门口（因为学校里没有跑道，他们的长跑是沿着马路跑的）：

两种心情在我心中交杂。眼看就要到家门前时，我低头不敢看。

我盯着脚尖默默地跑。

“昭广，加油！”

突然，耳边响起了母亲的声音。我不曾听过那么大的声音。

我抬起头，家门前拼命挥手呼喊的人，确实是母亲。

“昭广，加油！”

外婆也在旁边笑着挥手。

我又低下头。

越接近家门前，我越不知道该怎么办。

我终究做不出电视剧里那种含笑挥手致意的动作。

“喂！德永，看着你母亲！不要低头，抬头挺胸地跑！”

田中老师从摩托车上对我喊。

我抬起头，直视前方。

还有全书最后，写到毕业的情景，也把一个有情有义、饱满健康的男生形象和他的感情世界呈现在了读者面前：

配合在校生的歌声，我们开步走。

“哇！”

不知道谁大叫一声，打破了沉闷的气氛。

我们棒球队员逃也似的穿过花道，冲出校门，大伙儿高声大笑，边笑边望着天空掉泪。

大家都感觉到，此时此刻，某样东西确实已经结束了。

我们身为读者，和身为作者的岛田洋七，处在迥异的时空之中，我们不可能经历他的悲惨遭遇，几乎不可能切身感受到他的贫穷处境。但是我们照样会在他的故事里欢声笑语，感动落泪，这是生活的滋味，这也是文学的力量。

很多时候，读一本好书，就是在丰富我们的阅历，去过一种我们本不可能过的生活，去体验我们本无从体验的人生。

有缺点也很可爱

——卡洛·科洛迪《木偶奇遇记》

很多时候，正是因为我们的不完美，生活才变得有趣，我们的未来才变得更值得期待：完美的人哪还有进步的空间呢？不完美，未来才有可能变得更好。

有些作品，虽然我们如今把它视为“儿童文学”，其实作者当初创作时未见得只是给孩子写的，比如《格列佛游记》。可今天给大家讲的这本《木偶奇遇记》，作者卡洛·科洛迪从写下第一个字起，就是一本打算为孩子们而写的寓言。也正因此，这本书是完全从孩子们的视角去讲故事的。

《木偶奇遇记》讲的是一块木头的“奇遇”，是一个很有趣的故事。

话说，有一个仁慈的木匠皮帕诺，找到了一块木头，正要下斧头去砍的时候，突然听到木头在讲话：“麻烦你砍的时候轻一点好不好？”哈，这木头简直是成了精哪！我猜，很多同学小时候也有过类似的幻想吧？桌子会不会觉得疼？椅子会不会觉得难过？这是完全属于儿童世界的想象。所以这个意大利作者科洛迪还真是挺厉害的，写到孩子们心里去了。

其实大家平常读到的很多所谓“儿童文学”作品，只是披了一层“儿童”的外衣而已，其中所写的全是成年人世界的故事，是成年人世界运行的法则，真实的儿童世界里，孩子们不是那么想也不会那么做的。

而经典儿童文学作品，不论是安妮、爱丽丝，还是皮皮、小豆豆，包括今天这本书里的匹诺曹，他们可是完全生活在孩子的世界里的，整本书里都没有成年人的算计，是一个单纯的世界。而这大概也是这些作品成为经典的原因吧！

我读《木偶奇遇记》是在看了动画电影之后。动画里的匹诺曹长得很可爱，最有趣的是，他每次说谎，鼻子都会变长。其实撒谎是人的一种天性，甚至可以说，会撒谎，某种程度上标志着大脑发育的成熟。不过，在社会生活中，撒谎毕竟不是一件好事。我小时候看过《木偶奇遇记》之后，就一直担心，哎呀，万一哪天我的鼻子变长了怎么办啊——毕竟，我也撒过谎啊。

不止我有这样的担心，我还遇到过一个学生，因为听我说了匹诺曹撒谎鼻子就会变长，死活不肯看这本书呢！我现在想到那个小朋友的眼神，还觉得忍俊不禁。你看，能想出这么经典的情节，作者科洛迪是不是很厉害？

匹诺曹在这本《木偶奇遇记》里一直有一个愿望：想要变成一个真正的男孩子，而不是一只木偶。这其实是一个寻找认同的过程。我也是在二十多岁才慢慢真正理解这种心情。长大以后，自然不再担心鼻子会变长了，而在理解了匹诺曹寻找认同的过程后，我突然有了两个更深刻的体会。

第一，我发现，“有缺点”这件事，其实并不可怕。甚至很多时候，“有缺点”是可以让一个人变得更可爱的。我们很习惯教育孩子往一个完美的“隔壁家的孩子”的方向发展，不经意地总是在教育孩子向往完美。可完美的人，只存在于糟糕的、教条化的故事里，现实中，是没有完美的。

这种不完美，大概正是匹诺曹这样的小孩子们可爱的地方，他一方面爱他的爸爸，但另一方面他又控制不住自己，偷拿了爸爸的东西去换钱。很多时候你们是不是也管不住自己，忍不住要去玩游戏，忍不住要不听爸妈的话，忍不住就不想好好做作业？

这些当然可以说是“缺点”，是“不完美”，可是不完美，很正常。甚至很多时候，正是因为我们的不完美，生活才变得有趣，我们的未来才更值得期待：完美的人哪还有进步的空间呢？不完美，未来才有可能变得更好。

我的第二个体会是，人生是一个过程，一个不断往前走、慢慢去成长的、不断修行的过程。仔细想想，这是挺让人感动的。人活一世，终点不重要。重要的是，你一直在往前走，走得越来越好，慢慢走成一个最特别的、和所有人都不一样的、你自己的人生。走到人生的最后一步，我们还是不完美的，但有什么关系呢？这一路走来的过程，这个不懈追求、不停努力、永不止步的过程，才是人生的要义。就像匹诺曹，他是一个木偶，永远都不可能在肉体上真正变成一个有血有肉的男孩子，但到小说最后，谁还能说，他不是一个真正的男孩子呢？

人生是一条终点已注定的道路，所以人生的意义不在于终点，而在于，你如何走过这一段旅程。说是木偶的“奇遇记”，其实这个“奇遇”也象征着我们每个人成长的历程。和匹诺曹一样，我们总会不停地犯各种各样的错误，这真没什么大不了的，只要你有一颗善良纯真的心，愿意对自己提出更高的要求，不断让自己往变好的方向努力，你就会拥有灿烂美好的人生。匹诺曹就是这样，他怀抱着美好的愿望和理想，一步一步踏踏实实地往前走。愿你也在前进的路上，变成更好的自己，终有一日到达自己想要到达的远方。

无法无天的美好童年

——林格伦《长袜子皮皮》

这本《长袜子皮皮》有200多页，我读过好几遍，书里没有一个地方是在给小朋友讲道理的，似乎就是让皮皮由着性子“野蛮生长”。在一次次有趣的经历中，皮皮的善良自然地流露、见识自然地增长，也让我由衷地感慨，这种善良又浪漫，率性自然、天真纯良的状态，真是太美好了。

《长袜子皮皮》这本书的作者，是一个瑞典女作家，名字叫林格伦。林格伦在儿童文学领域影响非常大，有一个专门的文学奖项就是用她的名字来命名的，而且这个文学奖还是全世界文学奖当中奖金金额最高的一个，有500万瑞典克朗，比诺贝尔文学奖奖金要高出不少。我虽然很早就读过《长袜子皮皮》，可一直没留意这个作者，直到有一次看到这个“林格伦文学奖”才联系起来。由此也不难想见林格伦在世界儿童文学领域的“江湖地位”。

林格伦很长寿，2001年去世的时候，已经94岁高龄了。写《长袜子皮皮》是60年前，林格伦三十多岁时的事了。那时候，林格伦还在一个儿童文学的出版机构里工作，她七岁的女儿得了肺炎住院，林格伦每天晚上陪在女儿身边，给她讲故事。虽然林格伦自己做的就是儿童文学相关的工作，可天天晚上翻着花样讲故事，很快就没故事可讲了。有天晚上，林格伦实在不知道该讲什么了，就问女儿，你想听什么？她的女儿突然来了一句："我想听长袜子皮皮的故事！"这是个完全由林格伦的女儿想象出来的人物，而开了这么一个头以后，林格伦就开始编起故事来了——其实是她和女儿一起编故事。这是一个长着一头火红的头发，力大无穷，喜欢跟人开玩笑，还特别喜欢冒险的小女孩，不仅喜欢穿长袜子，而且两只袜子还是不同颜色的，并且，她还有一个巨长无比的名字：皮皮露达·维多利亚·鲁尔加迪娅·克鲁斯蒙达·埃弗拉伊姆·长袜子。

她的头发是红萝卜色，两根辫子向两边翘起，鼻子像个小土豆，上面满是一点一点雀斑。鼻子下面是个不折不扣的大嘴巴，两排牙齿雪白整齐。她的衣服怪极了，是皮皮自己做的。本来要做纯蓝的，后来蓝布不够，皮皮就到处加上红色小布条。她两条又瘦又长的腿上穿一双长袜子，一只棕色，一只黑色。她蹬着一双黑皮鞋，比她的脚长一倍。这双皮鞋是她爸爸在南美洲买的，想等她大起来穿，可皮皮有了这双鞋，就不想要别的鞋了。

就这样，林格伦每天和女儿一起现编皮皮的故事，没多久，女儿就出院了，但故事还没讲完。后来林格伦一直惦记着这段美好的亲子时光，她就自己动笔把这个女超人一般的小姑娘皮皮的故事写了下来，在1944年，也就是她的女儿十岁生日的时候，当作生日礼物送给了她。一年以后，林格伦用这本书参加一个儿童书籍比赛，一举夺得一等奖，这本书也随即出版，并且取得了巨大成功，成了瑞典有史以来最畅销的儿童文学作品，在全世界范围内，一共发行了超过1000万册。

这个叫皮皮的小姑娘实在是太厉害了，她一个人住在一栋小房子里，生活全靠自理，根本不需要大人照顾，也从来没听她提起爸爸妈妈是怎么回事。而皮皮自己壮得像一匹马，力气大得真像女超人。书里有一段皮皮去看马戏的故事，说马戏团里有大力士的演出：

一个又高又大的人进场。他穿着猩红色的紧身衣，肚子上围着豹皮。他向观众鞠躬，一副得意非凡的样子。

“请堪堪（看看）他的肌油（肌肉）吧。”班主捏着进场的大力士阿多夫的胳臂说，胳臂上的肌肉鼓起来像两个碗。

“先在，女师们和先星们，我给鸠位一个机会！请问哪一位干通大力士阿多夫必武，请问哪一位干打世界乌敌的大力士阿多夫？打败大力士阿多夫商一百个银币。一百个银币，请相一相，女师们和先星们！清到场上来吧！哪位腰试一试？”

没人上场。

“他说的什么？”皮皮问，“为什么说阿拉伯话？”

“他说谁能打败那个巨人可以得一百个银币。”汤米说。

“我能打败他，”皮皮说，“不过他看来是个好人，打败他我觉得很可惜。”

“可你根本打不败他，”安妮卡说，“他是世界无敌的大力汉子！”

“大力汉子，不错，”皮皮说，“可别忘了，我是世界无敌的大力女子！”

皮皮有没有成功呢？你还是自己到书里去找吧。

为什么要把皮皮写成这样一个女超人呢？一般女孩子的形象，不都应该是温婉可人的小公主吗？其实这正是这本书让人觉得新奇有趣的地方，也是这本书会如此受欢迎的原因。平哥知道，其实很多很多女孩子，并不希望自己是一个永远被人保护的娇滴滴的小公主，她们希望自己也能成为惩奸除恶的女超人、大英雄。

可好像大部分儿童文学作品不是这样的。常见的儿童文学，总希望有点什么特别的教育意义，其实往往都变成了一种道德说教，让人厌烦。或是在书里总有个什么特别权威的形象，故事到最后似乎总要刻意说明一些什么道理。不少人还觉得，所谓儿童文学，就应该承担这样的功能。不过在我看来，真正重要的道理，可不是靠这样的道德说教来灌输的，儿童文学——乃至所有文学作品——一定会对读者“有意义”，只是“有意义”的方式有很多，何必要用这种让人厌烦的道德说教的形式呢？长袜子皮皮就是一个满怀正义感，善良聪明又能干的小女孩啊，读过这本书，没人会不喜欢这个性格直率、敢爱敢恨的皮皮。读者也就自然会想要做一个和皮皮一样的孩子啦！虽然，不会有皮皮这么大的力气……

这本《长袜子皮皮》有200多页，我读过好几遍，书里没有一个地方是在给小朋友讲道理的，似乎就是让皮皮由着性子“野蛮生长”。但在一次次有趣的经历中，皮皮的善良自然地流露、见识自然地增长，也让我由衷地感慨，这种善良又浪漫，率性自然、天真纯良的状态，真是太美好了。

也许每个人心里都住着一个皮皮吧。就像我们喜爱孙悟空大闹天宫的故事一样，我们知道自己在现实里无法像孙悟空和皮皮那样无所不能，但这样恣意地生活和成长，是我们每个人深藏心底的愿望。

不要错过你的童年，因为童年可能是你一辈子当中，唯一的一段可以肆无忌惮“恣意生长”的时光。好好珍惜你的童年，让它成为你一生美好的回忆和你整个人生的灿烂底色。

人性的善良、勇敢和爱

——沈石溪《再被狐狸骗一次》

时代是会变的，政治是会变的，文化也是会变的。但是几十万年以来，人性并没有多大的变化，人类的那些宝贵的品质，那些伟大的感情，忠诚、勇敢、担当、仁慈、善良……千百万年来从来不变。而一部“经典”作品所表现的，往往也正是这些亘古不变的东西。所以经典作品“永不过时”。

讲沈石溪老师的作品之前，我想先跟大家聊一个事儿：什么叫文学“经典”？其实“经典”并没有一个公认的定义。在我看来，文学“经典”，大致上有三条标准。

第一条，文学经典应该要好看，就是它从文学表达上来说，应该是精彩的，是有娴熟的文学表达技法的。一本佶屈聱牙的作品，可能是一部学术著作，但文学经典不能这样。

第二条，文学经典应该要有生命力。所谓生命力，就是一部作品问世之后，经过十年、二十年、五十年、一百年，还有人去读，还有人被它打动。一部作品问世十年不到就乏人问津了，这肯定是不能称为经典的。

还有第三条，在我看来也是最重要的一条，就是这部作品是不是有思想、有深度，是不是值得读者再三玩味。这条标准可能是最难达到的，大部分流行的小说，什么网络文学、穿越小说、玄幻文学之类，包括现在大家网上看到的大部分童书，所谓儿童文学作品，可能还挺好看的，但是，说得不客气一点，是金玉其外败絮其中。没有思想深度的作品，跟“经典”是不沾边的。同样都是童话，为什么《安徒生童话》流传全球近200年？就是这个原因。

说回来，沈石溪老师的作品，也是儿童文学，可是我觉得基本上达到了这三条标准。这本《再被狐狸骗一次》是2010年出版的，到现在已经十年了，现在读来，还是很有生命力，故事也的确很精彩。思想性就更不用说了，这个故事其实给我们展现的是人性。

真正经典的文学作品，之所以能具有穿越时代的生命力，就是因为它透过文字、情节、人物，向读者展现人性、展现整个人类社会乃至整个文明的演进，让你看到的是那些亘古不变的东西。

时代是会变的，政治是会变的，文化也是会变的。但是几十万年以来，人性并没有多大的变化，人类的那些宝贵的品质，那些伟大的感情，忠诚、勇敢、担当、仁慈、善良……千百万年来从来不变。而一部“经典”作品所表现的，往往也正是这些亘古不变的东西。所以经典作品“永不过时”。

《再被狐狸骗一次》讲的是一个什么故事呢？概括来讲，就是讲了“我”在农村生活中，被狐狸骗了两次的故事。看似是欺骗，可欺骗背后有感情，有人性。“我”有一次提着鸡，看到一只狐狸，这只狐狸正在乱石滩上垂死挣扎。

它口吐白沫、狐毛恣张、肩胛抽搐，似乎中了毒。见到我，它惊慌地站起来想要逃命，但刚站起来又虚弱地摔倒了，那摔倒的姿势逼真得无懈可击，直挺挺栽倒在地，“咕咚”一声响，后脑勺重重地砸在鹅卵石上。它四仰八叉躺在地上，眉眼间那块蝴蝶状白斑痛苦地扭曲着，绝望地望着我。

注意这狐狸很有特点，很好认的，眉眼间有一块蝴蝶状的白斑。也就是因为这个白斑，后来再一次遇到的时候“我”才知道，原来就是同一只狐狸。

这只狐狸都在垂死挣扎了，于是“我”情不自禁地想去抓住它：那张珍贵的狐皮实在让我眼馋。不捡白不捡，贪小便宜的心理人人都有。这就是经典作品表现的人性——贪婪。如果你读过一些经典的作品，你就会知道，贪婪的确是人性，而一个不能控制住贪婪欲望的人，也一定会为他的贪婪付出代价的。

其实不止文学作品，现实生活当中也是如此，一个贪婪的人看起来占上小便宜了，别着急，他会付出代价的，这就是人世间的道理，是世界运行的法则。最后，“我”被狐狸骗走了鸡，当时就傻了眼，“我”想捡狐狸的便宜，却不料被狐狸捡了便宜，人被狐狸暗算了，被狐狸骗了。

而这还不是最郁闷的。等“我”回到村子里跟村长一说这事儿，村长说：

这鬼狐狸看你脸蛋白净，穿着文雅，晓得你是刚从城里来的学生娃，才敢玩声东击西的把戏。

“我”心里听了极不是滋味，除了失败的懊丧、受骗的恼怒外，还体会到一种被谁小瞧了的愤懑。

换了是你，被一只狐狸骗了，郁闷得不得了，请问你接下来会做什么？我们从人性的角度去理解，把自己设身处地置换进去，一个人被骗了，非常郁闷，他一定会想着要找个机会报仇，对不对？君子报仇十年不晚，哪天要是还让我撞上你，看我怎么收拾你！——报仇也是人性。

而就在几个月以后，“我”

还真就逮着机会了。数月后的一天早上：

我到古河道去砍柴，在一棵枯倒的大树前，我闻到了一股狐骚臭。我用柴刀拨开蒿草，突然，一只狐狸“嗖”的一声，从树根下一个幽深的洞里蹿出来，哧溜从我脚跟前逃过去。红白相间的大尾巴，眉眼间有块蝴蝶白斑。不就是用诈死的手段骗走了我大阉鸡的公狐狸吗？

“我”认出来了，好，冤家路窄，就是你了。这下你完了。而这只狐狸看到“我”之后，它竟然又装死：

这家伙逃到离我二十几米远的地方，突然像被藤蔓绊住了腿一样，重重跌了一跤，像只皮球似的打了好几个滚，面朝着我，狐嘴歪咧，“咝咝”抽着冷气，好像腰疼得受不了了。它转身欲逃，刚走了一步，便大声哀号起来，看来是崴着了后腿，身体东倒西歪站不稳，一条后腿高高吊起，在原地转着圈。那模样，仿佛只要我提着柴刀走过去，很容易也很轻松地就能剁下它的脑袋。

我一眼就看穿它是故伎重演，要引诱我前去捉它，只要我一走近它，它立刻就会腰也不疼了，腿也不瘸了，比兔子逃得还快，想让我第二次上同样的当，简直是痴心妄想！

这回识破了，对不对？毕竟人还是比狐狸聪明，狐狸那是自作聪明，人胜过狐狸是应该的。所以当狐狸再次骗“我”的时候，“我”完全掌握了它的心理。不仅如此，“我”还发现，原来狐狸窝就在旁边：

我想，公狐狸又在用同样的方式对我行骗，目的很明显，是要骗我离开树根下的洞，这洞肯定就是狐狸的巢穴，母狐狸十有八九还待在洞里头。我猜测，和上次一样，公狐狸用装死的办法把我骗过去，母狐狸就会背着我完成骗子的勾当。

好，这下让“我”逮着了，看“我”怎么报这仇！

此时此刻，我偏不去追公狐狸，让骗子看着自己的骗术流产，让它体味失败的痛苦，岂不是很有趣的一种报复？

我冷笑一声，非但不去追公狐狸，还朝树洞逼近了两步，举起雪亮的柴刀，守候在洞口，只要母狐狸一伸出脑袋，我就眼疾手快地一刀砍下去，来他个斩首示众！一只阉鸡换一张狐皮，赚多了。

你看，人性又流露出来了，对不对？要证明自己的强大，要让对方付出代价，要伤害对方。

焦急吧，失望吧，那是你自找的。你以为脸蛋白净的城里来的学生娃就那么好骗吗？看你以后还敢不敢小瞧像我这样的知识青年！

得意对不对？得意的背后，是人性的阴暗。但是就在这个时候，这只狐狸的举动出乎了我的意料。其实狐狸很可能也意识到它的骗术失败了。

突然，公狐狸声嘶力竭地嚎了一声，纵身一跃，向一棵小树撞去……

它干脆自残了，撞得非常惨，耳朵豁开了，身上的皮都血肉模糊了，甚至它还撕破自己胸前的皮，一切的一切，这只狐狸都是为了要告诉眼前这个人：快来抓我，我不行了，我要死啦！它承受这么巨大的痛苦，都是为了让“我”去抓它！为什么去抓它？

哦，树洞里藏着一窝小狐狸呢！为了证实自己的猜想，我趴在地上，将耳朵伸进洞口仔细谛听，里头果然有“唧唧咿咿”的吵闹声。

人性，在这个地方又出现了。

在这篇文章的前半部分里，我们读到了人性的贪婪，人性中报仇的阴暗，甚至有某种恶毒的、冷血的东西。但是从这里开始，不一样了。人性是非常复杂的，人性固然有黑暗的一面，但更有光明的一面，一种人类共有的感情出现了，就是恻隐之心，是你同情别人，不忍心去做这个事儿，其实是人类的善良，是恻隐之心、不忍之情，让“我”下不去手。

后面的部分，留给大家自己去读，自己去体验这种感动。这后面还有人性的呈现，那是人性中的勇敢和爱。因为有爱，所以它可以勇敢到不顾一切地去拼搏。因为有爱，所以它可以忍受一切的痛苦。因为有爱，所以它可以付出一切，哪怕是自己的生命。所以你说这部作品到底给我们讲了什么？难道仅仅是讲了“我”被狐狸骗了两次的故事吗？

我相信大家都明白不是的。在这个故事里有欺骗、有计谋、有贪婪、有报复，有人性中这些丑陋的东西，但是最后这只狐狸给我们展现了人性中的善良、勇敢和爱。

我不知道——甚至我也不关心——是不是真的会有狐狸这么聪明、是不是真的会有狐狸为了保护孩子去做这些事。但是我知道，在人类的世界里，真的会有父母为了保护自己的孩子，可以付出一切，哪怕是自己的生命。

这就是爱。让我们成为人，让我们所做的一切有意义。是爱让这个世界值得我们活下去！

热爱生活的蓬勃力量

——蒙格马利《绿山墙的安妮》

没有感情地胡编滥造，一定写不出感人的文章，只能是一些廉价的感情。可如果你在写作中投入了自己最真实的体验和感触，那么哪怕文笔或技巧不是很出色，也不妨碍它成为一篇打动人心的好文章。

《绿山墙的安妮》是一本在国内很受欢迎，也得到过很多推荐的小说。这本书创作的时间比《长袜子皮皮》更早，作者露西·蒙格马利是加拿大人，小说写在 20 世纪初的 1904 年，距离现在已经过了将近 120 年。按说，儿童文学作品都得是贴近时代的，相隔一百多年，为什么这本书在今天还能得到这么多人的推荐和喜爱呢？

我觉得最重要的原因，大概就是“真情实感”吧。这和大家写作文是同样的道理。没有感情地胡编滥造，一定写不出感人的文章，只能是一些廉价的感情。可如果你在写作中投入了自己最真实的体验和感触，那么哪怕文笔或技巧不是很出色，也不妨碍它成为一篇打动人心的好文章。

《绿山墙的安妮》正是这样一本充满真情实感的小说。作者露西·蒙格马利，在自己一岁的时候，就永远地失去了母亲。而之后，她的父亲又重新组建了家庭，相当于抛弃了露西。

可怜的露西从小只能跟她的外公一起长大，这和书中安妮的身世颇有几分相似。书中的安妮被送到了福利院，后来被好心人领养了，过上了至少是比较正常的童年生活，领养安妮的人家很善良，安妮也很懂事，所以绿山墙的安妮有一个还算幸福的童年。

但是露西·蒙格马利就不一样了，她从小在家帮忙，一直没去上学，但就算如此，也阻挡不了一颗充满好奇的心灵。露西不仅自学识字写字，还凭借她丰富的想象力，九岁就开始写诗，十五岁居然就获得了全加拿大作文竞赛三等奖。1902 年，28 岁的露西为了照顾外婆，回到她童年生活的地方，也就是在这段时间，她开始创作《绿山墙的安妮》，这也成了她的处女作，虽然经历了多次退稿，但终于被出版商发掘，成了畅销书。

不论生活中有多少磨难，露西身上都展现了一种难得的对生活的热情。这种热情，自然也清晰地呈现在书中安妮的身上。安妮是一个富于幻想的孩子，生活中的一切都会引起她无边的想象，带来对生活的无限憧憬。她虽然出身福利院，却总是乐观地面对生活，总是沉浸在生活中充满阳光的、美好的一面。这种对生活的热情，是伪装不出来的。如果露西自己没有这样的热情，她根本就不可能塑造出安妮这样乐观阳光的形象来。而这种对生活的热情，对世界的天真的好奇，在我看来，是人这一生最重要也最根本的几种力量之一。

著名的哲学家罗素曾经说过，指引他生活的有三样东西，一个是对爱情的渴望，一个是对艺术对真理的追求，还有一个就是对世界的悲悯。你看，不论是追求爱情，还是追求艺术和真理，或是对世界常怀悲悯，它们背后都是一种对生活的热情，是去探索的欲望和对一切美好事物的渴求。一个始终保有这种热情的人，才会有顽强而旺盛的生命力，才能不虚度一生。

安妮就是这样一个小女孩，她总是以十二万分的热情投入到生活中，去体验生活给她的一切苦辣酸甜。我们来看看她刚从福利院被人领养，在去自己“新家”的路上，和刚刚认识的领养人马修之间的对话。要知道，本来马修和他姐姐玛瑞拉，是想要领养一个能帮忙干农活的男孩子的，马修差点不想接受这个灰头土脸的小女孩：

那女孩见马修朝自己走了过来，便用一只瘦瘦的小手拎起一个破旧的旧式提包站了起来，另一只手则伸向了马修。

“你就是绿山墙农舍的马修·卡斯伯特吧？”那孩子用异常清澈可爱的声音说，“很高兴见到你，我还以为你不会来了，正担心哪！我还想象了各种各样的理由。刚才我还想，如果你今天晚上不来的话，我就到对面铁道拐角，爬到那棵大樱花树上一直等到天亮，一点儿也不用害怕。隐藏在盛开的樱花中，沐浴在月光下睡觉，不是很浪漫吗？就如同睡在用大理石砌成的客厅里一样。如果你今天晚上不来，我想明天早晨也肯定会来的。”

马修笨拙地握着女孩儿干瘦的小手，暗自决定了下一步怎么办。他不能对这个忽闪着大眼睛的女孩儿说事情出了差错，也不能把她就这么扔在这儿，他要把她带回家让玛瑞拉和她解释，所有的问题都不妨拖到平安返回绿山墙农场再说。

就在马修说要帮安妮“拎着提包”之后，“自来熟”的安妮展现了她的“话唠”本色：

“啊，我拎得动。”女孩儿很爽快地说，“提包不重，虽说我的全部财产都在里面，但确实不重。而且稍不小心，提手就会拽掉的，还是我自己拎着吧。尽管在樱花树上过夜想必会很浪漫，但你来了真是太好了！坐马车要走很远的路吧？斯潘塞太太说有八英里，我可喜欢坐马车了，真是太高兴了！今后我和先生就是一家人、在一起生活了，真幸福啊！从小到大，我还从没有过像样的家庭生活呢！孤儿院太可恨了，虽然我只在那儿待了四个月，可是已经烦透了。先生你没去过孤儿院吧，所以我想你是不会明白的。总之，那里是想象不到的糟糕。斯潘塞太太对我说这样乱说话可不是好孩子，但我却不以为然。本来嘛，没有意识到而做错了的事情也是时常会发生的。那儿的人都是好人，可孤儿院这种地方似乎没有让人幻想的余地。关于别的孤儿的身世，我曾产生过各种各样的幻想。幻想这东西挺有趣的，我曾幻想同桌的孩子实际上是个伯爵家的阔小姐，在她还是婴儿时就和坏心眼的奶妈朝夕相伴，而奶妈在告诉她身世

的真相前就死了什么的……我夜里总也睡不着，脑子里幻想着各式各样的东西。不过，到了白天可就没有闲工夫幻想了。也许因为这个，我才这么瘦吧。我呀，骨瘦如柴，浑身没有多余的肉。所以我总是想象自己胖乎乎的，一笑脸上就能有两个酒窝。”

面对这样一个滔滔不绝的小女孩，我想，不论马修还是读者，一定都会被她这种质朴天然的热情打动吧。而这种质朴的热情，是无法抑制的：

道路是深深翻起的松软的泥土，两侧的土堤有些地方比人头还高出几英尺，土堤上栽着一排排盛开的野樱桃树和修长挺拔的白桦树。野杏树的一根树枝擦着马车的车身，女孩伸出小手，“叭”的一下把它折了下来。

“你不觉得很美吗？看着这片把道路都装扮得雪白的树，你联想到了什么？”

“啊，我不知道。”马修答道。

“哎呀，不就是个新娘子吗——一个身穿白色婚纱、头披美丽彩霞般面纱的新娘子。虽然我从来没见过新娘子，但能想象得出是什么样子。不过，我想我这辈子是当不上新娘了……”

安妮后来有机会可以去很远的地方读大学，可是她放弃了，因为马修因病去世，他姐姐玛瑞拉无人照顾，安妮知道，是马修和玛瑞拉这对姐弟把自己养大的，没有他们，就不会有她。于是她选择陪在玛瑞拉身边，放弃了那所很不错的大学。而《绿山墙的安妮》其实就是一本讲述这个充满热情的女孩安妮成长历程的小说。

安妮是一个让人无法拒绝的女孩，虽然她经历过不幸，但她仍然以全部的热情面对生活，我们喜欢安妮，是因为在她身上，能看到对这个世界最美好的期待。著名学者、哲学家周国平对安妮评价说，安妮拥有两种极其宝贵的财富，一是对生活的惊奇感（就是我说的好奇心），二是充满乐观精神的想象力。我把这两句话和这本书一起推荐给大家，希望在未来的生活中，你也可以永远不要丢弃这两样东西：

第一，是对生活的好奇。

第二，是充满乐观精神的想象力。

勇敢无畏地成长

勇敢无畏地成长

——J.K. 罗琳《哈利·波特》

当已经长大的哈利·波特在最后关头选择放弃自己，去战胜看起来无比强大的对手伏地魔时，我坐在满座的电影院里，内心是被触动了的。希望所有读过《哈利·波特》系列小说的人，都能在这个也许并没有魔法的世界上，做一个勇敢无畏的人。

哈利·波特，在当今世界十几岁的孩子中，恐怕已经是无人不知无人不晓了吧？这可不是一本书，而是一整套，七本书。七本书还拍成了八部电影——为了制造足够的悬念和噱头，最后一本书拍了两部电影。这可真是好大一个坑，让全世界的《哈利·波特》迷们，一旦入坑就很难爬出来了。

《哈利·波特》可以说是陪伴了我这代人成长的。我读初中的时候，《哈利·波特》系列第一本《哈利·波特与魔法石》发表，那是 1997 年。三年后被介绍到国内来，那时候我已经读高中了，然后真正火起来，是我高中毕业读大学的时候，整个系列前三本一起在国内发行中文版——我记得是我读大一的时候——那简直可说是图书出版行业的一场狂欢，居然有很多的中国《哈利·波特》迷们，从晚上开始在书店门口排队，寒风中等到零点抢首发版。我觉得简直难以想象，可当时排队的人群中就有我大学同学的身影。后来J. K. 罗琳出售了《哈利·波特》系列的电影版权，这个魔法学校的故事逐步被拍成了电影，又一次在全世界范围内掀起了热潮。小说前后写了十年，电影前后也拍了十年，真正是伴随了一代人成长。2003年《哈利·波特》第一次被拍成电影，当时演哈利·波特的主演小演员还真是一个小孩儿——书里的哈利·波特也是个十岁不到的小孩子。而这同一批演员，前后拍了十年电影，眼看着他们都长大了，有些老演员甚至在最后一部拍完后不久就去世了。我相信对这些演员们来说，这十年拍摄《哈利·波特》系列电影的时光，是他们人生中非常美好的一段经历。对我们读者和观众来说，在一个少年成长的十几年里，能有这样持续不断的系列故事陪伴，是非常幸运的。

创作出《哈利·波特》和整个神奇魔法世界的J. K. 罗琳，本身就是个传奇。她是“60

后”，据她自己回忆，写《哈利·波特》的故事可以一直追溯到 1989 年，那时候她才 24 岁，正在从英国的曼彻斯特前往伦敦的一列火车当中，她看到了一个瘦弱的戴着眼镜的小男孩，而那个小男孩当时正是一个小巫师的打扮，可能正要去参加化装舞会，很是可爱。并且，这个“小巫师”一直在对 J. K. 罗琳微笑，这让罗琳一下子来了灵感，想要写一部关于魔法世界的小说。其实罗琳一直都想当个作家，也确实发表了一些作品，只是还没有成名罢了。当时没有哪个正经作家会去写什么不着调的魔法小说，所以出版社也不太待见这样题材的作品。直到后来，哈利·波特这个人物和他的背景故事，以及霍格沃茨学院的全部框架在 J. K. 罗琳笔下逐渐清晰起来，这个神奇的魔法世界才得到了出版社的认可，最终得以出版，风靡全球。而这个有着一头黑色乱蓬蓬的短发，一双明亮的绿色眼睛，还戴着圆形眼镜，前额上有一道细长闪电伤疤的小男孩，也成了全球孩子心目中最了不起的童年伙伴。

至于霍格沃茨学院，那是所有像哈利·波特一样有魔法天赋的孩子学习魔法的地方，虽然也和我们麻瓜们（就是没有魔法天赋的普通人）的学校一样，有老师给你上课，不过这里学的可都是神奇的魔法，就连要从我们这个麻瓜的世界进入魔法世界，都有一个很神奇的办法。据说是要等一列从曼彻斯特到伦敦的列车，然后在曼彻斯特站的九又四分之三站台——就是超过九号站台又不到十号站台的位置，那又刚好是一根柱子，拿着行李猛地冲向那堵墙，如果你是拥有魔法天赋的神奇小子，就能一下子进到魔法世界里，可如果你是像平哥一样的麻瓜，大概就只能在脑门上撞出个大包来了……我猜，《哈利·波特》出版之后，一定会有很多人找到曼彻斯特的那个站台去，找到那根柱子去撞撞看。说不定就进入魔法世界了呢？我相信每一个小朋友的内心大概都有一个魔法世界，里面有一所霍格沃茨这样

美妙的魔法学校吧！

其实J. K. 罗琳构筑起魔法世界的时候，正是她人生最低谷的时候。可是随着小说的发表，再出售版权的收入，J. K. 罗琳用了没几年的工夫就荣登世界作家富豪榜，这段经历说起来真是一个心灵鸡汤般的励志故事。

1989年在列车上见到那个“小巫师”时，罗琳24岁，正值美好的青年时代。而此后的七八年，她遭遇了各种人生的挫折和磨难。她在1993年结婚，可其实在1992年已经有孩子了，而他们的婚姻只维持了一年，1994年，J. K. 罗琳就和她的丈夫大吵一架，离了婚。此后她独自带着女儿杰西卡生活，可以想见，单亲妈妈是相当不容易的。她虽然一直在写作，却没有一份体面的工作，没有稳定的经济来源，这样“自由职业”的不稳定的生活和可以说是窘迫的经济状况，包括婚姻的失败，给罗琳在精神上和身体上都造成了巨大的伤害，那些年里，她还专门花了九个月的时间去进行行为认知的心理治疗。

离婚、带娃、患病、经济拮据……那段时间，罗琳甚至已经符合申请政府资助（社会救济金）的标准了。每个月可以从政府领取100多美元的救济金，靠这点仅能维持正常生活的钱支撑着。但即便再艰苦，J. K. 罗琳始终没有放弃，她不放弃自己的女儿，打了一年多的离婚官司，一定要争取到女儿的抚养权，她也决不放弃写作，一边带女儿，一边尽可能挤出各种各样的时间，见缝插针地写作。有时候等女儿睡了，她就请自己的母亲或者邻居来帮忙临时照看女儿，自己跑到附近的一个咖啡馆里抓紧时间写作。

这家咖啡馆现在也非常有名了，很多人都会特意去看一看，J. K. 罗琳创作出《哈利·波特》的咖啡馆长什么样。这家孕育了哈利·波特的咖啡馆，名叫“大象咖啡馆”，J. K. 罗琳于1996年写出了《哈利·波特与魔法石》的故事大纲，在得到出版社的初步认可之后，她就开始了在大象咖啡馆的正式写作，用了一年时间，到1997年完成。也正是在创作《哈利·波特》的过程中，罗琳的生活渐渐开始走出了低谷，她先是考取了教师资格证，然后开始教学实习。能教书，也就有了一份相对稳定的工作。1997年6月，《哈利·波特》系列的第一本书正式出版，这个头上有一道闪电疤痕的小男孩一炮而红，《哈利·波特与魔法石》迅速获得英国国家图书奖的儿童小说奖，此后又拿到了斯马蒂图书金奖奖章等一系列奖项。J. K. 罗琳从人生的低谷走了出来，而她也还在继续努力，1998 年完成了《哈利·波特与密室》，1999 年创作了《哈利·波特与阿兹卡班的囚徒》，本本大卖，创下了世界儿童文学领域，乃至世界图书出版领域的一个又一个传奇纪录。

其实一直到今天，平哥仍不敢说，《哈利·波特》系列就是“文学经典”，但是毫无疑问的是，《哈利·波特》系列——不仅小说，也包括电影和其他衍生产品——已经是全球流行文化中无人可以忽视的一个奇迹了。并且，J. K. 罗琳也展现了她过人的才华、可持续的写作能力、无与伦比的想象力和超高的产量。不论哪一项，都足以证明她的了不起。而且，不论《哈利·波特》系列是不是被称为“经典”，至少在英语的儿童文学领域，这套书几乎可说是必读的作品，就算在全球其他非英语国家，《哈利·波特》系列的影响力也是毋庸置疑的。

我曾经读到过一段关于《哈利·波特》系列小说的评论，这段话也讲出了我的心声：

如今哈利已经长大，有了妻子，有了可爱的孩子，罗恩和美丽的赫敏也幸福地在一起了。当我结婚了，有了自己的孩子，我也会让他看《哈利·波特》，让他知道那个魔法世界。我希望他可以收到霍格沃茨的信。可以幸运地去霍格沃茨魔法学校，可以成为格兰芬多的学生，可以有罗恩和赫敏这样的好朋友，可以和海格成为好朋友，可以加入魁地奇球队，可以犯次错去禁林冒险，可以去看看密室，可以骑鹰头马身有翼兽，可以参加三强争霸赛，可以暗地里偷偷整那些危害霍格沃茨的老师，可以跟校长一起去找寻秘密，可以去探寻校园里的未知，可以与邪恶势力对抗，可以成为像哈利那样勇敢无畏的人。

当已经长大的哈利·波特在最后关头选择放弃自己，去战胜看起来无比强大的对手伏地魔时，我坐在满座的电影院里，内心是被触动了的。希望所有读过《哈利·波特》系列小说的人，都能在这个也许并没有魔法的世界上，做一个勇敢无畏的人。

不好受的滋味

——三毛《胆小鬼》

一件事情，只有当你是通过自己的努力去得到的时候，才会感觉到那种愉悦、那种快乐、那种高兴。如果你是通过一个错误的甚至卑劣的手段去得到的话，即使得到了，也不会快乐的。

这篇《胆小鬼》的作者是宝岛台湾著名女作家三毛，三毛是那种特别接地气的作家，写的都是日常的小事情，甚至看起来都挺琐碎、挺鸡毛蒜皮的小事情、小感情——我们现在也管它们叫“小确幸”——小小的、确定的幸福。三毛的作品没有宏大叙事，但也正是这种“小确幸”，读来让人动容。在眼下这个“小确幸”的时代，我们似乎也不太会遇到宏大叙事，但日常生活是我们每天都在经历的，哪怕你位极人臣、富可敌国，也不过日食三餐夜眠三尺，这些小事情、小感情，也照样充斥了你的生活。而三毛的厉害之处就是，她能把这些小事情写到让读者感同身受。

三毛的文笔是非常率真质朴的，从不刻意雕琢，用的都是最平常的字眼。有时你都觉得三毛的文字，就像是在和一个邻居大姐唠嗑。但平常归平常，三毛的文字也非常生动，故事的起承转合，行文的节奏感又非常好。

这篇文章叫《胆小鬼》，谁是胆小鬼呢？其实说的就是三毛自己，是三毛小时候偷钱的经历。偷东西，肯定是不对的，不仅因为社会公序良俗的限制，也因为人的一种本性，把不属于自己的东西占为己有，大家本能地意识到，这么做是不对的。可当时受了欲望的驱使，就去偷了。偷的过程中她是怎么想的？中间发生了什么？偷完以后怎么样？满意了吗？三毛把整个过程写出来了。这种不光彩的事，三毛写得很坦荡，这就是她的率真。

全文开篇，开门见山：

这件事情，说起来是十分平淡的。也问过好几个朋友，问他们有没有同样的经验，多半答说有的，而结果却都相当辉煌，大半没有挨打也没有被责备。

我要说的是——偷钱。

这一下读者的胃口就被吊起来了：哟，偷钱？偷成了没啊？人人都有一颗八卦的心。接着三毛说了一个朋友偷钱的经历，这小子真是人精，他偷完了之后直接离家出走了。

只有一个朋友，偷了钱，由台南坐火车独自一人在台北流浪了两天，钱用光了，也就回家。

结果呢？离家出走这个事儿，比偷钱可大多了，所以：

最后那个远走高飞的小朋友是受罚最轻的一个，他的父母在发现人财两失的时候，着急的是人，人回来了，好好对待失而复得的儿子，结果就舍不得打了。

你说说，这是不是个人精！

接着稍加过渡，三毛就开始说她自己的事。这里有一个铺垫，让全文后面的叙述能更加顺理成章。为什么要偷钱？偷钱总得有个理由吧？理由就是要花钱，但是又没钱。

那一年，我已经小学三年级了，并没有碰过钱，除了过年的时候那包压岁钱之外，而压岁钱也不是给花的，是给放在枕头底下给压着睡觉过年的，过完了年，便乖乖地交回给父母，将数目记在一个本子上。大人说，要存起来，做孩子的教育费。

你们的压岁钱是不是也上缴给爸妈呀？反正平哥小时候，从来都不知道我有多少压岁钱，我每次收到压岁钱，看看挺厚一叠，感觉自己是个小富豪，可到头来，压岁钱我是一分钱都没见着，按我妈的说法是，全让她拿去存起来给我交学费了。三毛很幽默，她说，并不是每一个孩子都期待受教育的，于是就出现了这篇文章里的第二个人精——三毛的大弟：

例如我大弟便不，他也不肯将压岁钱缴还给父母。他总是在过年的那三天里跟邻居的孩子去赌扑克牌，赌赢了下半年总有钱花，小小年纪，将自己的钱支配得当当心心，而且丰满。

这小子比前一个离家出走的更精了：拿压岁钱做赌本，反正这钱我也拿不到，做赌本去，要是赢了呢，交掉压岁钱，我还有剩的；要是输了，反正我本来也拿不到，就当没有。这小子真是太“贼”了。都不是什么好事儿。

那三毛呢？她心心念念的，都是些小玩意儿：

在我们的童年里，小学生流行的是收集橡皮筋和《红楼梦》人物画片，还有玻璃纸——包彩色糖果用的那种。

这些东西，在学校外面沿途回家的杂货铺里都有得卖，也可以换。所谓换，就是拿一本用过的练习簿交给老板娘，可以换一颗彩色的糖。吃掉糖，将包糖的纸洗洗干净，夹在书里，等夹成一大叠了，又可以跟小朋友去换画片或者几根橡皮筋。也因为这个缘故，回家来写功课的时候总特别热心，恨不能将那本练习簿快快用光，好去换糖纸，万一写错了，老师罚着重写，那么心情也不会不好，反而十分欢喜。

其实，也都不是什么值钱的小玩意儿，但就是架不住孩子喜欢。每一代人童年大概都有自己特别喜欢的东西。平哥小时候流行的是干脆面，其实就是干的泡面。拆开包装里头有一张《水浒传》人物卡片，我们一帮同学都喜欢收集这个。

好了，想要钱去买玻璃糖纸，可又没钱，而偏偏这时候又看到钱了，这就不得了了，贪婪的欲望就是这样产生的。

也就在那么一个星期天，走进母亲的睡房，看见五斗柜上躺着一张红票子——五块钱。

当年一个小学老师的薪水大约是一百二十块台币一个月，五块钱的价值大约现在的五百块那么多了……

其实在一个孩子看来，桌上这张五块钱，并不是钱，他眼睛里看到的其实是他喜欢的东西，是玻璃糖纸。其实“钱”不过一张纸，这张纸本身是没用的，不能吃不能喝，还又臭又脏，所以三毛说：

（五块钱）……也等于许多许多条彩色的橡皮筋，许多许多《红楼梦》里小姐丫头们的画片，等于可以贴一个大玻璃窗的糖纸，等于不必再苦写练习簿，等于一个孩子全部的心怀意念和快乐。

对着那张静静躺着的红票子，我的呼吸开始急促起来，两手握得紧紧的，眼光离不开它。

人动了念头，就要去付诸实施。小三毛要去偷了。可文章写得很巧妙，虽然是讲偷钱的事，可具体怎么偷的，三毛一个字都没写。下一段直接就是：

当我再有知觉的时候，已经站在花园的桂花树下，摸摸口袋，那张票子随着出来了，在口袋里。

按这个意思，偷的时候是“没有知觉”的。为什么会没有知觉？因为紧张。紧张得什么都来不及想，等到反应过来，已经偷到了，揣到口袋里了。

按理说，没钱而想要钱，现在偷到了，不是应该很高兴才对吗？其实并不是。一件事情，只有当你是通过自己的努力去得到的时候，才会感觉到那种愉悦、那种快乐、那种高兴。如果你是通过一个错误的甚至卑劣的手段去得到的话，即使得到了，也不会快乐的。相反，你甚至会觉得浑身不舒服。三毛紧接其后的一段描写，有修辞、有神态、有语言，非常精彩：

没敢回房间去，没敢去买东西，没敢跟任何人讲话，悄悄地蹲在院子里玩泥巴。

母亲喊吃中饭，勉勉强强上了桌，才喝了一口汤呢，便听母亲喃喃自语："奇怪，才搁的一张五块钱怎么不见了。"姐姐和弟弟乖乖地吃饭，没有搭理，我却说了："是不是你忘了地方，根本没有拿出来？"母亲说不可能的，我接触到父亲的眼光，一口滚汤咽下去，烫得脸都红了。

母亲是喃喃自语，姐姐和弟弟乖乖地吃饭，都没搭理，可是"我"却在边上回答了，这不是做贼心虚吗？再接触到父亲的眼光，一下子就脸红了，但是三毛写得很有意思，不直接写是因为做贼心虚而脸红，却说是"一口滚汤咽下去，烫得脸都红了"。看似含蓄地给自己找了个借口，其实是此地无银三百两，把人物的心思写活了。

而这种做了坏事以后的心虚啊，不是转瞬即逝的，但凡一个人还存着善念，那么做了不好的事情后，很长一段时间都会不好过，心里过不去，会内疚，会自责，甚至会有生理上的反应，感觉不舒服，浑身都不舒服，哪儿哪儿都不对。

还是被捉到床上去了，母亲不肯我穿长裤去睡，硬要来脱我的裤子，当她的手碰到我的长裤口袋时，我"呼"的一下又涨红了脸，挣扎着翻了一个身，喊说头痛头痛，不肯她碰我。

那个样子的确像在发高烧，口袋里的五块钱就如汤里面滚烫的大排骨一样，时时刻刻烫着我的腿。

样子的确像在发高烧，这高烧的病根，还在这五块钱上。

听见母亲有些担心地在低声跟父亲商量，又见父亲拿出了一支热度计在甩。我将眼睛再度闭上，假装睡着了。姿势是半斜的，紧紧压住右面口袋。

来路不干净的钱，赖在身上实在太难受了，那就赶紧花掉吧！花钱让姐姐去讲《西游记》的故事。可这是五块钱，票面实在太大了，两毛钱就能听很多回故事，突然拿出一张五块，这不是自投罗网嘛！

既然姐姐说故事收钱，不如给了她，省掉自己的重负。于是我问姐姐有没有钱找？姐姐问是多少钱要找？我说是一块钱，叫她找九毛来可以开讲了。她疑疑惑惑地问我："你哪来一块钱？"我又脸红了，说不出话来。其实那是整张五块的，拿出来就露了破绽。

没辙，看起来那样子的确是生了病，于是“当天晚上我仍然被拉着去看了医生”。医生问，有什么症状呢？这一段也是三毛的神来之笔，这症状写得好像是感冒了，又好像不是：

一天都脸红，烦躁，不肯讲话，吃不下东西，魂不守舍，大约是感冒了。

其实，哪是感冒呀，这个病，就叫做贼心虚！

偷了钱，本以为能换回玻璃糖纸，能换回巨大的快乐，不曾想，却是一次接一次、一点又一点的折磨。

我被拉去洗澡，母亲要脱我的衣服，我不肯，开始小声哭，脸通红的，哭了一会儿，发觉家里的工人玉珍蹲着在给我洗腿，这才松了一口气。

那五块钱仍在口袋里。

穿了睡衣，钱跟过来了，握在拳头里，躲在浴室不出来。大弟几次拿拳头敲门，也不肯开。

真是要命。偷钱一分钟，销赃一整天；紧张一分钟，痛苦一整天。一整天下来了，那五块钱在口袋里还是没花出去，甚至在家里发现，连藏都没地方藏。偷钱不仅没有带来任何快乐，反而让自己担惊受怕了一整天，闹得浑身都不舒服。

这篇文章的标题叫“胆小鬼”，为什么是胆小鬼呢？因为偷钱这么紧张，偷完了居然更紧张，担惊受怕一整天，这不是胆小鬼吗？可再想一想，为什么偷了钱会变成一个胆小鬼呢？其实这种胆小背后是一种良善，以及由这种本能的良善所引发的内疚和不安。一个孩子做错了事，内心的不安和煎熬，可能是比挨一顿揍更深刻的惩罚。

偷，不论是偷钱或者是偷别的东西，只要不是通过正常合理的办法得到的东西，都不会给我们带来快乐，相反，它只会让我们不安和煎熬。所以做一个这样的“胆小鬼”还挺好的，一个这样的胆小鬼，一个偷不了钱的人，以后的一生，我们都可以坦坦荡荡地度过，不做亏心事，不怕鬼敲门，我们就不必去受那种煎熬了。

愿我们每个人，都是一个这样的胆小鬼。

奇幻的想象和深刻的讽刺

——乔纳森·斯威夫特《格列佛游记》

一个会去讽刺和批评的“反对者”，其实正是一个有底线的人。从小开始接触一些讽刺的、对现实持批判态度的作品，有助于锻炼孩子独立的思想，不那么容易被洗脑，不那么容易照单全收别人的想法，这样的人更容易形成自己的观点。这其实就是很多家长孜孜以求的所谓“批判性思维”的起点。

《格列佛游记》的作者是英国一位著名的批判现实主义作家乔纳森·斯威夫特。所谓批判现实主义，其实就是说这个作家对现实经常有一种批评的态度，而这本《格列佛游记》，就是一部讽刺文学。

如果仅仅因为小人国、巨人国这些篇章的名字，就把《格列佛游记》看成一本像《哈利·波特》一样的魔幻世界的儿童文学，那你就大错特错了。这本书其实只是打着儿童文学的幌子，实际上，斯威夫特是要借这些看似离奇古怪的故事，来讽刺现实中的社会现象。换句话说，《格列佛游记》其实是一本写给大人读的书，在有了一定的人生阅历之后，才能真正读懂这本其实极具讽刺意味的小说。所以，真正读过这本书、理解斯威夫特匠心独运的人，在给孩子们推荐书的时候，是不会推荐《格列佛游记》的。

讽刺、幽默的作品，在文学的殿堂里，不能算是主流，但也并不少见。比如美国的欧·亨利，他的短篇小说里就有不少讽刺的意味。俄国的果戈理也是写讽刺文学的高手，著名的《钦差大臣》就是他的代表作。中国也有梁实秋、林语堂等名家，比较擅长写这种带点讽刺意味的作品。但是很可惜，讽刺的作品似乎一直以来都不太受欢迎。主流的文学圈不接纳它，不喜欢它，因为讽刺文学总给人一种说起话来阴阳怪气的感觉，用这种方式去批评人，冷不丁地戳到人们的痛处，让人很不舒服。可也正是因为它往往直指人性的弱点、社会的不良风气和现象，所以也往往是深刻的。它会揭露出人们有意无意掩盖起来的问题，这种揭露，正是它的意义所在，也是读者喜欢它的原因。

《格列佛游记》创设的故事很有意思，同学们读这本书的时候，和斯威夫特一起想象，会把读这本书变成一段很奇妙的旅程。比如，想象一下，你来到一个小人国，这里头的人都只有几英寸那么高，会发生些什么？

这样的情景，可以说是脑洞大开。甚至可以几个家庭一起，组织个书友会，同学们一起搞个“头脑风暴”讨论一下：突然闯入小人国的世界，会发生什么？房子进不去了，桌椅不能用了，饭也吃不饱了，打起架来倒是全国第一了……

斯威夫特在全书一开始，就给我们描绘了这样一个小人国。格雷博士的船失事遇险了，他被抓到了小人国，被小人们绑起来，还对着他射箭。这些在小人国本可以致命的弓箭，射到格雷博士这样的“巨人”身上，又痛又痒。小人们拿他一点办法都没有。

想象完小人国之后，斯威夫特笔锋一转，又来到巨人国，这回全都反过来了——他成了巨人国的一个全然不起眼的小人，被当成一个玩偶对待，被巨人国的一个农民卖到皇宫里去了。书里还写到他在巨人国的皇宫里看书，巨人国的书，那可了不得，那么大，怎么看？得爬到梯子顶上去看书，一次只看得到几个字母，因为书大，书上的字也大，所以看书的时候，得顺着梯子一路走过去，来来回回地跑。

如果小人国、巨人国，还在我们的想象范围之内的话，那么“慧骃国”就更是一个神奇的存在了。在这个国家，马才是主人，是掌权者，人是马的仆从——当然在慧骃国里，人不被叫作“人”，而被叫作“夜壶”，都是受马奴役、在马的控制下帮马干活的东西。更让人惊讶的是，斯威夫特在小说里，对这个慧骃国的评价出奇地高。为什么会这样？这就和作者批判现实、讽刺的写法有关了。

虽说讽刺文学比较难懂，这本《格列佛游记》也并非传统意义上的儿童文学，但我仍然觉得，这本书也值得同学们去读。读此类的作品，也许能在小时候就在一个人的心里撒下一些种子，这些种子，终有一天会发芽长大，开花结果。

一个真正对国家负责、对社会有用的人，绝不会只是一个人云亦云的赞同者，一个只说好不说坏、只赞美不批评的人。这样的人，是“乡愿”，不是君子。孔子讲过，一个人，大家都说他好，不说明这个人是个好人。什么样的人才是好人呢？好人说他好，坏人说他坏，这样的人才是好人。

君子要有自己的原则和立场，永远点头哈腰迎合权贵的，不过是“乡愿”罢了。而讽刺类的作品，是有“君子之风”的，一个人会去讽刺和批评，正是因为他内心对这些东西不认可。他心里有标杆，会标示出什么是对的，什么是值得认可的，够不上这个标杆的，就应该批评乃至讽刺。换句话说，一个会去讽刺和批评的“反对者”，其实正是一个有底线的人。从小开始接触一些讽刺的、对现实持批判态度的作品，有助于锻炼孩子独立的思想，不那么容易被洗脑，不那么容易照单全收别人的想法，这样的人更容易形成自己的观点。这其实就是很多家长孜孜以求的所谓“批判性思维”的起点。

斯威夫特笔下的小人国，批评的是国家的党派之争，以及政府的穷兵黩武，不顾百姓死活；巨人国，则是在批评英国的选举制度和议会制度，批判他们的虚伪；慧骃国那一段里，揭露了战争的本质，批评了法律的虚伪，包括批评了那些不择手段获得公爵地位的可耻的行为，以反讽的手法揭示了某些人连马都不如；而飞岛国那一章，则是讽刺了那些清谈误国的所谓哲学家。

《格列佛游记》的完整版是四卷本，现在我们常见的，大都是当作儿童文学来出版的简要本或是缩略本。缩略本各位同学人人可读，完整的四卷本，我建议初中生有机会可以找来读一读。

荒岛生存，你能活几天？

——丹尼尔·笛福《鲁滨孙漂流记》

这个故事是作者丹尼尔·笛福根据一件真人真事改编的。现实当中，这个人在荒无人烟的孤岛上生活了四年。不开玩笑地说，现在要是把一个常年在城市里生活的人丢在一个孤岛上，别说四年，四个礼拜估计都活不下来。

《鲁滨孙漂流记》是一本有着明显时代印记的书。故事情节用一句话就能概括，讲的就是一个叫鲁滨孙的探险家，因为事故流落到了一座荒岛上，然后凭借过人的勇敢和毅力，以及生存技能，最终活下来了的故事。按书里所写，鲁滨孙以一己之力，在极端困难的环境中顽强地生活了 28 年 2 个月零 9 天。他最后是得救回到文明世界了，还是死在荒岛上了呢？大家需要自己去看书。

这个故事是作者丹尼尔·笛福根据一件真人真事改编的。现实当中，这个人在荒无人烟的孤岛上生活了四年。不开玩笑地说，现在要是把一个常年在城市里生活的人丢在一个孤岛上，别说四年，四个礼拜估计都活不下来。我们现代都市人没有 WiFi

都觉得没法活。而且搞笑的是，现实当中流落到荒岛上的这个人还不是因为海难事故，而是因为在船上跟船长吵架，被船长丢下船，最后漂到孤岛上的。这个人名叫亚历山大·赛尔柯克，是个水手，苏格兰人，四年以后回来，被英国媒体广为报道，所以笛福就知道这个事了，于是写出了《鲁滨孙漂流记》，让鲁滨孙在荒岛上孤独生活了28年。

不知道大家有没有看过《荒岛求生》的纪录片，或是了解过一些求生技能。一个人要在没有现代化工具，没有现成食物的孤岛上活下来，真不是一件容易的事情，这里的很多问题和风险，都是习惯了现代生活的人无法想象的。比如，喝水的问题。人要活下来，必不可少的两样东西就是空气和水。吃的东西匮乏一点问题还不是很大，大不了就当减肥了。一个人饿上三天死不了，可要是三天不喝水，那多半就挂了。可是海水是不能喝的。海水虽然也是水，却是咸的，人越喝越渴，喝得越多，死得越快。所以荒岛求生第一步，是要尽快——在你渴死之前——先找到淡水，并且这水还得是干净的，不然从水里得了病，可能死得更快。而且，找到的水源最好还是能持续供应淡水的，或者你就得自己建立起一个水循环系统，这样才能有一个稳定的淡水供应。鲁滨孙在荒岛生活28年，找淡水、建立水循环系统，这道关，笛福会怎么为鲁滨孙设计？

解决了水源的问题，还有吃的问题。人需要蛋白质，主要的蛋白质供应是肉食。可是以人类这样的小身板儿，这样迟缓的行动速度，光一个人，除了能抓点昆虫之外，还逮得住什么动物呢？要知道，原始人能吃上肉，可全靠团队合作啊！于是，荒岛上的鲁滨孙，一开始主要的食物注定了就只能是草根、树皮、树叶，得跟猴子一样上树摘果子吃。可就连摘果子也不是那么容易的，摘到苹果，那谢天谢地；可如果岛上只有榴莲树和椰子树呢？榴莲、椰子，都是高质量的植物蛋白，难得的营养食品，可手上连把刀子都没有，这皮糙肉厚的水果，该怎么下口呢？

类似这样的问题，我讲上三天三夜只怕也讲不完。正是这些现代人平时从不会遇到——连想都不会去想的事，让这本书变得特别新奇有趣，脑洞大开。再说一个可能也是大家从没想到过的事儿：怎么取火。同学们可能都知道，火的使用让人类的生存水平大大提高，不仅能吃上熟食，还能靠火焰来保护自己。而人类最早的取火方法，据说是击石取火和钻木取火。可你有没有想过，具体该怎么做呢？比如钻木取火，原理就是利用摩擦生热，通过逐渐升高的温度来点燃干草。可是——有兴趣的同学不妨自己去试试，拿你的两只手来回搓木头，让木头尖儿和下面的木头摩擦生热，还得热到能点燃干草的程度。得费多大的工夫，用多长的时间？这些问题，鲁滨孙到底是怎么解决的？

类似的问题还有一大堆，吃喝拉撒睡，穿衣穿鞋感冒生病，哪怕只是战胜孤独，个个都成问题，我在这儿就不多罗列了，书里都有，大家自己去读。我得给大家讲点书里没有写出来，却值得我们去思考和了解的东西。

丹尼尔·笛福是英国人，这本书是在 1719 年发表的。1719 年，那是 18 世纪初，这个时候的英国正在成为当时世界上最强大的国家。五十多年以后，英国就爆发了工业革命，而在1719年，成为一个世界强国所需要的各种条件，英国已经基本上都具备了；政治上有了《权利法案》，确立了君主立宪制；金融上，英格兰银行有了非常强大的货币体系，还有东印度公司在全球殖民并抢掠世界各地的资源。而此时普通英国人的日子也开始过得越来越好了，有钱了嘛！笛福自己就是个有钱人。因为富有，因为强盛，所以当时英国非常流行的一个思潮，就是要走出欧洲，走向世界，要去探险，要去征服世界。可以说，这已经成为英国当时的一种文化气质。所以，《鲁滨孙漂流记》虽然

讲的好像只是一个探险故事，其实它背后更深层的东西，是一种生存、拼搏、努力奋斗的精神力量，永远不服输的精神——哪怕环境再恶劣，只要我足够努力，并且有足够强大的精神力量，那我就一定能成功。这些正是在鲁滨孙的探险历程中呈现出来的文化气质。

另外，这本书的写作背景，正是英国工业化逐步发展的时期，伴随着工业文明对传统前现代文明的冲击，一种想要远离尘嚣、远离城市的诉求也被激发出来，和探索世界、征服世界的欲望结合起来，集中形成了鲁滨孙这个典型的人物形象。鲁滨孙家的物质条件很好，书里一开始就讲到，鲁滨孙家里在巴西有庄园，经营了好多年，他是以一个骄傲的“日不落帝国”子民的身份出去探索世界的。

《鲁滨孙漂流记》是一本很精彩的小说，大人孩子都可以读，也都很容易读得下去，对了，鲁滨孙后来还在岛上找到了一个仆人，他还给仆人起了一个很奇怪的名字，叫“星期五”，这也让小说的后半段的情节变得越来越新奇好玩，妙趣横生。一本脑洞开得这么大的书，相信你们一定会喜欢的！

蓬勃的生命力和英雄的孤独感

——儒勒·凡尔纳《海底两万里》

《海底两万里》延续了凡尔纳开脑洞的风格。他基于广泛的阅读和广博的知识面，畅想了一个在当时虽然还不存在，可后来果真被发明出来的东西——潜水艇。这让凡尔纳的“科幻”后来被称为“硬科幻”：幻想出来的内容与现实的科学非常贴近，非常靠谱。

写作这本《海底两万里》的法国作家凡尔纳，可以算是“科幻小说之父”，开创了科学幻想这样一种小说创作的新门类。就凭这一点，我也得把凡尔纳介绍给大家。

有人把凡尔纳的三部科幻小说排在一起，称为“三部曲”，分别是《格兰特船长的女儿》《海底两万里》《神秘岛》三部小说。他们也是凡尔纳成就最高的几部作品。其实早先，凡尔纳家里是希望他去读法律的，可身为一个文艺青年，尤其又生活在 19 世纪中叶的法国，在这么一个人文荟萃的时代里，凡尔纳开始了剧本的创作，结识了大仲马、小仲马父子这样已经名声显赫的作家，他很快就走上了文学创作的道路，从剧本写到小说，逐渐开始发表作品。

其实在成为“科幻小说之父”、得到文学界的广泛认可之前，凡尔纳也写过一些现在看来挺搞笑的作品，比如他写过一本《从地球到月球》，也是科幻小说，那是160多年前，人类登上月球还是遥不可及的梦。当时人们对天文学的认知，已经到了了解地球和月球运行的轨迹等，可要说登月，还是天方夜谭。虽然有不少人都在研究如何才能跑到月球上去，其中既有科学家，也有文学家。而这些不着调的文学家里，就有凡尔纳。相信凡尔纳一定读了不少关于研究月亮的书——注意，这也是“科幻”和“魔幻”的不同之处。魔幻就是我变个魔法，一眨眼噌地一下就过去了，科幻可不能这么来，多少都得有一些科学依据，哪怕是当时的科学研究还不支持，但至少能自圆其说。

凡尔纳是如何畅想人类登陆月球的呢？有好多种办法，比如有一种是用一枚炮弹——空心炮弹——人就待在空心炮弹里，开炮，把这个装着人的炮弹打到月球上去……真是脑洞大开！这不是动画片里才有的画面嘛！不过现在用航天飞船把人送上月球，好像也跟开炮把人打上去有点异曲同工之妙。

这本《海底两万里》延续了凡尔纳开脑洞的风格。他基于广泛的阅读和广博的知识面，畅想了一个在当时虽然还不存在，可后来果真被发明出来的东西——潜水艇。这让凡尔纳的“科幻”后来被称为“硬科幻”：幻想出来的内容与现实的科学非常贴近，非常靠谱。

早在18世纪，人类就发明了潜水艇，但那时候的潜水艇根本就不是军用的，也下潜不了多深，只是一个简陋的、没什么实际作用的潜水装置而已。可凡尔纳居然就在《海底两万里》这部小说里，畅想并详细描绘了一艘几乎万能的潜水艇！这部小说从1869年3月份开始连载发表，差不多同时期，潜水艇开始进入军用的范畴。另外，爱迪生发明白炽灯要到整整十年之后的1879年！可凡尔纳在他的这部小说里，居然专门有一章节，详细描写了这艘名叫“鹦鹉螺号”的潜水艇里，用的所有东西都是靠电来驱动的！虽然凡尔纳的年代，人类早已发现了电磁的基本原理，可要说大规模使用电力，仍旧是那个时代的人难以想象的，凡尔纳比他同时代的人超前了至少十年！并

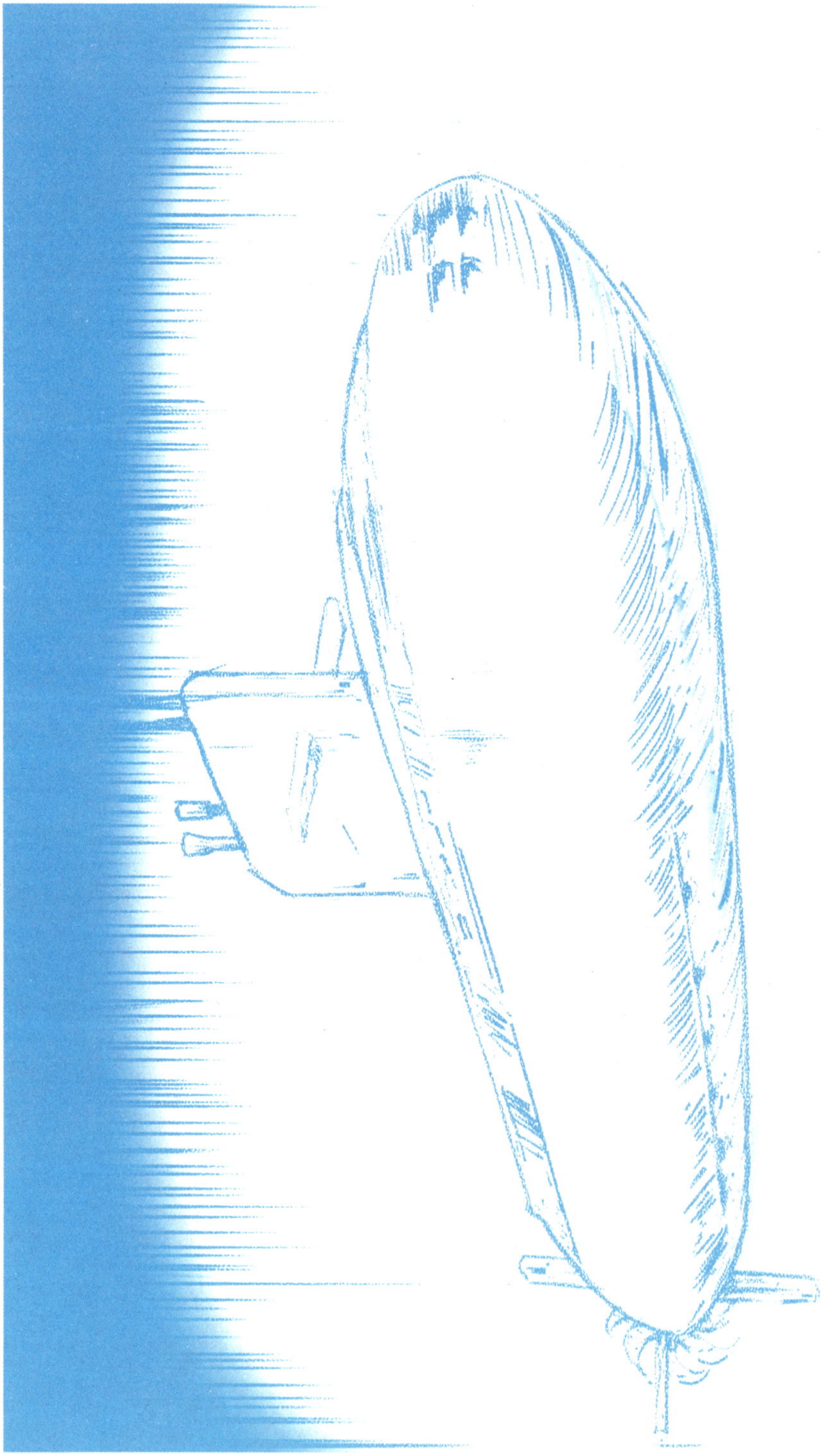

且，他对“鹦鹉螺号”的描写极其细致，连这艘潜艇的排水量有多少，都经过计算给写了出来，有板有眼，有些数值还带小数点，像真的一样。正是这种对细节的精确把握，让这本科幻小说，在后世读者读来，简直就成了一本纪实作品！当然，作为一本科幻小说，其中和后世真正的科学发明不吻合，或者被验证不合理的细节还有很多，可一个作家能把科幻小说写得如此“硬核”，让人不得不佩服。

凡尔纳对整个科学发展的趋势把握得非常准确，有时甚至到了“预言家”的程度。比如他在《神秘岛》中写人可以通过热气球飞到神秘岛上，热气球和潜水艇遥相呼应，都成了后世交通工具发展的某种预言。他在《海底两万里》中对于本应完全陌生的海底世界的描绘，也准确到让人惊讶，以至于让我在读书时常常惊奇得合不拢嘴：凡尔纳是如何知道海底世界的这些事情的？错误当然也有，比如他在小说里写到“海底行走”，这是我们现在知道无法实现的。但作为一个作家，他的描绘已经到了几乎乱真的程度，这点还是让人由衷地佩服。

《海底两万里》的故事情节是以一个博物学家阿隆纳斯的角度去展开的，但真正的主角却是“鹦鹉螺号”的船长尼莫。我最早读这本书的时候，只把尼莫当成一个科幻小说里的船长来理解，后来随着阅历的不断增长，我渐渐理解到，尼莫的身上其实透露出一种深切的、痛彻心扉的孤独感。他有着远超常人的敏锐，也有着远超普通人的眼光，所以他无法真正融入这个世俗的世界，他注定只能用孤独的方式，在“鹦鹉螺号”这片“世外桃源”里过他自己的一生。我们都不喜欢孤独，可每个人到这世上走一遭，又不可避免地要面对孤独，说穿了，人终究是孤独的。孤独地面对生死，面对自己。我相信凡尔纳在写“鹦鹉螺号”，在刻画尼莫这个人物的时候，他的内心深处也会有这种强烈而巨大的孤独感。他能看到他同时代人看不到的、想不到的东西。这是凡尔纳的天赋所在，也是他的孤独所在。这既是一个人的痛苦所在，也是一个人的成功所在。

我体验过这种孤独感。我很肯定，你迟早也会体验到的。到那个时候，再来读一读这本《海底两万里》，你会有不一样的体悟。

经历过的才是财富

——塞尔玛·拉格洛夫《尼尔斯骑鹅旅行记》

尼尔斯完成了奇幻的旅行，饱览了祖国的风光，经历了很多事情，克服了重重的困难，再回到家里的时候，他不仅变回了正常体形，更重要的是，他也长大了，开始知道自己应该怎么做了，他从一个调皮捣蛋的孩子变成了一个勇敢、有担当、乐于助人的好孩子。这种成长意味着，他变得有责任感，懂得要为别人去承担一些责任了。其实，敢于承担责任，是最重要的一种“勇敢”。

大家都听说过诺贝尔文学奖吧？这是世界范围内最重要的几个文学奖项之一。诺贝尔文学奖，一般都是颁发给成年人世界的文学作品的，不过也有例外。诺贝尔文学奖到 2021 年已经颁发到 120 届了。120 届中，唯一的一次，一个作家因为一部儿童文学作品而获得诺贝尔文学奖，就是这本《尼尔斯骑鹅旅行记》和它的作者——瑞典女作家塞尔玛·拉格洛夫。

其实《尼尔斯骑鹅旅行记》的故事并不是很新奇——至少和《哈利·波特》相比肯定是不算新奇的——甚至可以说很简单，讲的就是一个叫尼尔斯的小男孩，骑着一只天鹅，跟着一群大雁，展开的一次旅行。可这么简单的故事，居然得到了诺贝尔文学奖。

还有更不可思议的。拉格洛夫是个地理老师，她从小开始就有身体残疾，三岁起就因为下肢发育的问题而行走困难，所以一直是坐在轮椅上的，在拉格洛夫的生活里，主要就是和书籍，还有她的外祖母朝夕相伴。而拉格洛夫的外祖母特别会讲故事，于是她从小就听了很多童话故事和瑞典的民间传说。也正是从这时候起，拉格洛夫就一心想要当一个作家。不过她生活的年代是从 1858 年到 1940 年，距离现在有 160 多年了，所以在那个年代看来很奇幻的场景，可能放到我们现在来看，就变得不是那么让人惊讶。

大概是因为从小听了很多民间故事，培养了拉格洛夫对地理和瑞典风土人情的了解和兴趣，后来她受聘成了地理老师。上她的地理课一定很好玩——这些肚子里有很多故事的老师，一定是很吸引孩子们的。因为有广博的阅读，肚子里的故事多，拉格洛夫很快就名声在外了，此后，她应教育部的要求，参与编写一本地理教材。既然是地理教材，当然要了解瑞典的地理风貌，还要写得让孩子们愿意读，拉格洛夫非常了解孩子的心理，于是她就编了一个故事，采用了“旅行记录”这种写法，让一个叫“尼尔斯”的小孩充当向导，带着小读者们穿越瑞典各地，遍览美丽景色、地理风貌，熟悉风土人情，了解民间传说、历史典故。这就是后来我们看到的《尼尔斯骑鹅旅行记》。要知道在 160 多年前，想要穿越瑞典，还能遍览风光，最好的方法，大概就是骑着一只鹅在天上飞了。

为了让孩子们喜欢读，除了介绍风光之外，还得编些故事串联起来。于是拉格洛夫就开始编故事了，比如尼尔斯去捉弄一只精灵（有些翻译的版本称为狐仙），结果被小精灵变小了，接着就认识了天鹅，骑到天鹅背上。接着就跟天鹅一起展开了这场奇幻之旅。

小精灵被捉住后，吓了一跳，不过，他很快镇定下来，哀求尼尔斯放了他。小精灵说这么多年自己为这个家做了许多好事，只要尼尔斯放了他，小精灵愿意送给他一枚古银币、一把银勺子和一枚大大的金币。

尼尔斯正奋力摇动着纱罩，不知道该如何处置自己的俘虏。所以，小精灵这么一提议，他立刻痛快地答应了。不过，正当小精灵马上就要从纱罩里爬出来的时候，他却突然反悔了，因为他觉得自己应该要更多的财宝，至少要让小精灵把那些训言放到自己脑子里去。

尼尔斯这么想着，就又摇晃起那个纱罩来，想再次把小精灵跌进去。就在这时，他的脸上突然重重地挨了一巴掌。这一巴掌实在太重了，尼尔斯觉得整个脑袋都要炸开了，他的身体也被打得撞到一面墙上，而后又跌过来，撞到另一面墙上，然后他倒在地上，失去了知觉。

不知道过了多长时间，当尼尔斯清醒过来的时候，小精灵已经不见了，大衣箱盖得严严实实的，苍蝇罩依旧挂在老地方。尼尔斯有些迷惑了，难道是在做梦？可是他的脸明明还在火辣辣地疼啊！

不过让这本“地理书”得到诺贝尔文学奖的另一个原因，就是在尼尔斯骑鹅旅行的过程中，他也在不断长大，懂得更多道理，变成一个更懂事也更讨人喜欢的孩子。所以，这本小说也是一部“成长小说”。

尼尔斯在被小精灵变小之前，是非常调皮、很不懂事的。不听爸妈的话，反着来，四处惹事……而在尼尔斯完成了奇幻的旅行，饱览了祖国的风光，经历了很多事情，克服了重重的困难，再回到家之后，他不仅变回了正常体形，更重要的是，他也长大了，开始知道自己应该怎么做了，他从一个调皮捣蛋的孩子变成了一个勇敢、有担当、乐于助人的好孩子。这种成长意味着，他变得有责任感，懂得要为别人去承担一些责任了。其实敢于承担责任，是最重要的一种“勇敢”。

有句古话说“知易行难”。其实要“知道”一个道理很容易，各种道理我们早就听爸爸妈妈、听老师、听平哥讲了不止千遍万遍。可问题是，这些道理，你是不是真的往心里去了呢？往往等到事到临头，你还是继续调皮捣蛋，不懂得承担责任。这就是“知易行难”。其实那些爸妈老师天天唠叨的道理，听再多遍——如果只是“听”——

恐怕都是没用的。千遍万遍都不如自己去亲身经历一遍。吃一堑长一智，等你真的自己吃了亏上了当，亲身经历过才知道其中的利害。

这时你才能真正“长大”。就像大家写作文，为什么常常写不出“真情实感”呢？很多时候就是因为你并没有真正去经历和体验过这种感受。比如“饿”，这已经是一种大家没什么机会去体验的感觉了。如果让你写成文章，多半你是写不出来的。同样地，要想“长大”，光靠听别人讲道理，肯定是不够的。你得自己去经历、去体验、去感受、去思考、去总结、去勇敢地生活、去面对困难，最后把所有这一切，变成自己的财富。只有那些自己亲身经历和体悟过的事，才能真正成为人生的财富。

想一想，尼尔斯是怎么长大的？如果他没有这场奇幻之旅，他会长大吗？人活一世，怎样才算没白活？还不是需要有足够的经历吗？百八十年到头来什么都没干，人生岂不是虚掷光阴？

真心期待每一位同学都能快快长大，真正的长大，可以变得勇敢而有担当。

总有一些东西让我们泪流满面

——E · B · 怀特《夏洛的网》

> 不要觉得人类可以统治一切。想一想狮王对辛巴的回答。那个回答里，有对大自然的敬畏，对生命循环的敬畏，万物之灵也是会死的，会在土壤里腐烂分解，重新成为大自然的一部分，换句话说，你也会被吃掉的。这早晚都会发生，因为这是生命的轮回。

好的儿童文学作品似乎都有个共性，就是它们总能呈现出一个美好的世界，一个天真质朴、充满善意的世界。这大概也是童年之所以美好的原因吧。今天给大家推荐的，同样是一本非常美好的儿童文学作品，它的主题是——友情。

这本书讲的是一只猪、一只蜘蛛，还有一个小女孩的故事。它还被拍成过电影，同样非常好看。电影和书的名字一样，就叫《夏洛的网》。网当然是蜘蛛织起来的，夏洛就是这只蜘蛛的名字，小猪则叫威尔伯。

关于这本《夏洛的网》，似乎所有人的推荐都告诉你，这是一本关于友情的书。这么说当然也没错。不过我倒是觉得，在友情之外，这本书似乎还想告诉我们一些别的什么东西。其实我也是在读过这本书很久之后，某天突然领悟到的。所以别小看一本好像很简单的“小孩书”，至少这本《夏洛的网》，曾给我带来过灵光一闪的感觉，突然意识到，它也许还有一些深意。

《夏洛的网》讲的是个什么故事呢？事情是这样的，一头病恹恹的小猪威尔伯，跟一只叫夏洛的蜘蛛交上了朋友。而威尔伯因为病恹恹的样子，很快就要遭遇大难了：农场主朱克曼似乎想要宰掉这头猪，做成圣诞节的熏火腿。这可怎么办？关键时刻，夏洛出场了。可一只小蜘蛛，要如何才能阻止这样一场性命攸关的悲剧呢？不得不说，夏洛真是聪明，她知道，只要人们认为这只猪有灵性，不同于一般的猪，就不会宰掉它了。于是，夏洛开始结网，用自己吐出的丝，结成了一个英语词组：some pig，意思是：“这头猪是个人物”。这么神奇的事，自然很快就传出去了，威尔伯得救了。一只蜘蛛，用自己微薄的力量，拯救了一个伙伴。而终于有一天，夏洛自己的生命却走到了尽头……

夏洛和威尔伯之间的友情，让每个读者感动。不过，似乎还不只是友情，还有些什么别的东西：

“爸爸拿着斧子去哪儿了？”在他们收拾桌子准备吃早饭时，芬问她的母亲。

“去猪圈了，”阿拉贝尔太太回答，“昨晚生了几只小猪。”

“我不明白他为什么需要一把斧子。”只有八岁的芬继续说。

“哦，”她的母亲说，“其中的一头是个小个子。它长得又小又弱，没有任何可留下来的价值了。所以你爸爸决定去消灭它。”

“消灭它？”芬尖叫，“你是说杀死它？就因为它比别人的个子小？”

阿拉贝尔太太把一罐乳酪放到桌上。“别嚷，芬！”她说，“你爸做得对。那头猪不论如何都会死的。”

芬推开挡在面前的椅子就往门外跑。草地湿漉漉的，泥土里散发着春天的气息。等芬赶上她的爸爸时，她的运动胶鞋全都湿透了。

“请别杀它！”她呜咽道，“这不公平！”

阿拉贝尔先生止住了脚。

“芬，”他温柔地说，“你该学会自我控制。”

“自我控制？”芬哭叫道，“这可是一件生死大事！你却对我说什么自我控制！”泪水流到芬的面颊上。她抓住了斧头柄，想把它从父亲手中抢下来。

人类已然是地球的主宰，对于所有人类驯养的动物，有着生杀予夺的大权。可是，事情本应该是这样的吗？越往下问，这个问题会变得越有哲学的意味：生命是有高低贵贱的吗？人类和动物之间，是有这样天然的巨大差异的吗？到底人和动物有什么差别？动物知道痛苦吗？人又为什么有权力对动物生杀予夺？

“芬，”阿拉贝尔先生说，“养小猪的事我比你知道得多。一个体质差的小猪很难养活的。现在你该放我走了！”

“可是这不公平，”芬哭叫着，“这头猪愿意让自己生下来就小吗，它愿意吗？如果我生下来时也很瘦小，你就会杀死我吗？”

阿拉贝尔先生微笑了。“当然不会了，”他说着，低下头慈爱地望着女儿，“但这是不一样的。一个小女孩是一码事儿，一个小瘦猪是另一码事儿。”

“我看没什么不一样，”芬回答着，仍死抓着斧柄不放，“这是我曾经听到过的最恐怖的案件！”

在孩子看来，剥夺一条活生生的生命，就是“最恐怖的案件”，不论对象是一个人，还是一头猪。我们好像总觉得哪里不对，可我们又说不出来。人类早已习惯了这种生杀予夺，我们长大以后，似乎从来都不会再去想一想这些问题。而这些问题的背后，是对生命的尊重——是“生命”，而不仅仅是人的生命。其实，小女孩芬的逻辑无懈可击，不是吗？

如果你和我一样，曾经考虑过这个问题的话，那么我觉得，我们都触碰到了人性中最本真、最善良的，或者说是最柔软的那个部分，那里有我们对生命的疼惜和尊重。

每一个生命，从生命本身来说，都是平等的，不论是人，还是动物。而对生命的尊重，大概也是我们对这个世界最起码的敬畏。至于吃肉的问题，我一直也找不到一个比较好的回答，几年前我甚至担心，如果有一天我的女儿向我提出这个问题，我该如何回答她。不过后来，我从动画片《狮子王》里找到了答案。

当时小狮子辛巴也问过他的爸爸狮王这个问题，他说，我们要吃掉这么多的动物，我们是聪明的统治者，对吧？吃掉这么多的动物。我们这么做，对不对？

狮王是这样回答他的儿子辛巴的："辛巴，这是万物的轮回，我们吃掉了别人，别人也会吃掉我们，这是食物链生态，而最终我们也会死在这片草原上。"

这正是我想借《夏洛的网》跟大家分享的：不要觉得人类可以统治一切。好好想一想狮王对辛巴的回答。那个回答里，有对大自然的敬畏，对生命循环的敬畏，万物之灵也是会死的，会在土壤里腐烂分解，重新成为大自然的一部分，换句话说，你也会被吃掉的。这早晚都会发生，因为这是生命的轮回。

其实芬提给她爸爸的问题，在狮子王这里，也就找到了答案。生命最终都是要消逝的。所以爸爸的做法并不是十恶不赦的，而芬对生命的尊重也是对的。就像这本书的最后，夏洛终究拗不过时间，她也是要离开这个世界的。很少有儿童文学作品会去

触碰生死的话题，大家似乎早就习惯了没心没肺的happy ending。但这本《夏洛的网》，用一种非常温和美好的方式，在读者心里开启了关于生死话题的大门。直面生死，太难得了。

生死不可逃避，不可改变。而我们可以改变的是，怎样度过我们的一生。就像这只叫夏洛的蜘蛛，她虽然逃不过命运最终的结局，但她的一生足够精彩，不仅因为她收获了友谊，更因为她帮助了别人，在别人心中留下了永恒的感动。她用短暂的一生，赢得了尊重。友情、感动、尊重，是这些东西，让夏洛的生命得以升华。

最后，我想用小说结尾非常温情的一段来结束今天的讲述。愿你能在这样的文字中明白，死亡也许并不是“终结”，而是生命的一种“完成”，是充满崇高意义的一个过程。总有一种力量，让你热泪盈眶。这种崇高，大概就是这样的力量。

“夏洛，”过了一会儿，威尔伯说，“你为什么这么安静？”

“我喜欢静静地待着，”她说，“我一向喜欢安静。”

“我知道，不过你今天似乎有些特别，你感觉还好吧？”

“可能有一点点累吧。但是我感到很满足。你今早在裁判场上的成功，在很小的程度上，也可以算是我的成功。你的将来没危险了。你会无忧无虑地活下去的，威尔伯。现在没什么能伤害你的了。这个秋天会变短，也会变冷。叶子们也会从树上摇落的。圣诞节会来，然后就是飘飘的冬雪。你将活着看到那个美丽的冰雪世界的，因为你对祖克曼有很重大的意义，他再也不会想伤害你了。冬天将过去，白天又会变长，草场池塘里的冰也会融化的。百灵鸟又会回来唱歌，青蛙也将醒来，又会吹起暖暖的风。所有的这些美丽的景色，所有的这些动听的声音，所有的这些好闻的气味，都将等着你去欣赏呢，威尔伯——这个可爱的世界，这些珍贵的日子……”

小虫子，大世界

——让－亨利·卡西米尔·法布尔《昆虫记》

法布尔不只是科学家，也不只是文学家，他甚至可以说是个哲学家。他对昆虫的观察和研究，对自然的理解和体悟，有一种特别平和、理性的敬畏态度。面对自然、面对未知，我们真的应该有一颗敬畏之心，敬畏自然允许我们在她的怀抱里生活，敬畏我们未知的领域，过一种懂得节制的生活。

法布尔的《昆虫记》是很多同学都喜欢的一本书。尤其配上插图，是一本很新奇很好看的科普读物。作者法布尔，不仅是一位昆虫学家、植物学家，还是文学家、画家、博物学家。法布尔早年先是对植物研究产生兴趣，研究过天然染色剂，还获得了发明专利。后来他渐渐喜欢上了昆虫，到五十多岁时，他干脆买下了一处荒石园，那里既是他的住所，也是书房、工作室、实验室。此后，法布尔一直沉浸在对昆虫的观察和实验中，完成了全部十卷《昆虫记》的写作。

除了记录昆虫的生活习性之外，法布尔在研究昆虫的时候，还有不少颇富哲理的思考，比如这段写蝗虫和螳螂：

……蝗虫用利齿欲扑向螳螂，但螳螂用它尖利的双颊给蝗虫以有力的反扑，你争我斗的场面十分精彩。但是节食的恩布莎是个和平的使者，它从不和邻居们争斗，也从不用做鬼的形状去恐吓外来者，它也从不像螳螂那样和邻居们争夺地盘，它从不突然张开翅膀，也不像毒蛇那样做喷气、吐舌状，它从来也不吃掉自己的兄弟姐妹，更不像螳螂那样吞噬自己的丈夫。这种惨无人道的事情，它是从来不做的。这两种昆虫的器官是完全一样的，所以这种性格上的不同与身体的形状无关，与其外表也无关，或许可以说是由于食物的差异而造成的。

无论是人还是动物，淳朴的生活总可以使性格变得温和一些、随和一些，这些都可以营造一个和平共处的好环境。但是自奉太厚了，就要开始残忍起来——贪食者吃肉又饮酒，这是野性勃发的普遍原因。从不能像自制的隐士一样温和平静，它是吃些面包，在牛奶里浸浸，这样简单的生活。它是一个普普通通的昆虫，它是平和、温柔、和善的。而螳螂则是十足的贪食者。

这本《昆虫记》是我从小就“错过”的一本书。虽然很早就知道，却一直没有去读，最重要的原因是，我天生怕虫子，一直到现在，家里有只蟑螂，我都不太敢去拍，要屏息凝神好一会儿，才敢慢慢举起拖鞋，最后常常是看着它逃跑，我反倒长出了一口气。让十来岁的我去读一本专门讲昆虫的书，我自己都不敢想象。后来一直到高中，我才总算在学校图书馆里，翻阅了这本童年就该读却一直没有读的书。

现在给大家推荐这本书，主要是因为我后来亲眼所见了很多同学对昆虫的热爱，这让我突然理解了法布尔为什么如此近乎狂热地痴迷于昆虫。我在好多次去学校演讲或者参加活动的时候，曾经亲眼见过同学们围着不知哪儿来的昆虫，两眼放光、浑身来劲的架势。每当此时，我的脑海中总不由自主地浮现出法布尔的形象来。我还有过一个学生，以前喜欢虫子，总是抓了来吓唬同桌女生，在我给他

推荐了《昆虫记》之后，居然自己也学着法布尔的样子搞起了研究：观察蜗牛如何爬行，研究昆虫怎么吃树叶……虽然我在一旁看得浑身都起鸡皮疙瘩，可看着他乐在其中，我还是颇感欣慰的。

那时候我突然明白，这本《昆虫记》真的特别适合一个对大自然充满好奇，对世界满怀探索欲望的七八岁、十来岁的孩子。如果你喜欢昆虫，这本书会让你乐在其中；即使你害怕虫子，这本书也能给你展示一个奇妙的自然世界。

现在回忆起来，其实我幼时也并非害怕所有的虫子，比如我小时候就觉得西瓜虫特别好玩。我的女儿现在也天天捧着她的小宠物——一只白玉蜗牛——跟它讲话。和冷冰冰的电子游戏、手机、电脑相比，能和大千世界的虫子们玩一玩，谁说不是一种自然的野趣呢？虽然我已经过了能体会那种乐趣的年纪，可也正是因为我自己的“错过”，更希望读到这本书的同学们可以不再错过。大家现在这个年龄，天天窝在家里打游戏，那多没劲，正应该跑到大自然里去，和各种各样的虫子、鸟兽交朋友！

再摘两段《昆虫记》里的描写吧，法布尔的文笔是相当生动有趣的：

在池塘的深处，水甲虫在活泼地跳跃着，它的前翅的尖端带着一个小气泡，这个气泡是帮助它呼吸用的。它的胸下有一片胸翼，在阳光下闪闪发光，像佩戴在一个威武的大将军胸前的一块闪着银光的胸甲。在水面上，我们可以看到一堆闪着亮光的“蚌珠”在打着转，欢快地扭动着，不对，那不是“蚌珠”，其实那是豉虫们在开舞会呢！离这儿不远的地方，有一队池鳐正在向这边游来，它们那傍击式的泳姿，就像裁缝手中的缝针那样迅速而有力。

在池塘的底下，躺着许多沉静又稳重的贝壳动物，有时候，小小的田螺们会沿着池底轻轻地、缓缓地爬到岸边，小心翼翼地慢慢张开它们沉沉的盖子，眨巴着眼睛，好奇地展望这个美丽的水中乐园，同时又尽情地呼吸一些陆上空气；水蛭们伏在它们的征服物上，不停地扭动着它们的身躯，一副得意扬扬的样子。成千上万的孑孓在水中有节奏地一扭一曲，不久的将来它们会变成蚊子，成为人人喊打的坏蛋。

乍一看，这是一个停滞不动的池塘，虽然它的直径不过几尺，可是在阳光的孕育

下，它却犹如一个辽阔神秘而又丰富多彩的世界。它多能打动和引发一个孩子的好奇心啊！让我来告诉你，在我的记忆中的第一个池塘怎样深深地吸引了我，激发起我的好奇心。

这一段写池塘，很朴素的文字，却极富生趣。

开头我们就讲过，法布尔不只是科学家，也不只是文学家，他甚至可以说是个哲学家。他对昆虫的观察和研究，对自然的理解和体悟，有一种特别平和、理性的敬畏态度。我小的时候常听到有人说，我们要“战胜”自然，要“征服”自然。后来自己渐渐长大，见过了自然的力量之后我才知道，面对自然、面对未知，我们真的应该有一颗敬畏之心，敬畏自然允许我们在她的怀抱里生活，敬畏我们未知的领域，过一种懂得节制的生活。

趁着童心未泯、热爱自然的岁月，读一读这本《昆虫记》吧！

无所不懂的“神”一样的存在

——阿西莫夫

你问我拿破仑是谁，我会告诉你他是一个军事家、政治家、野心家。孔子是思想家和教育家，托尔斯泰是文学家，贝多芬是音乐家……阿西莫夫呢？他毫无疑问是一个作家，可作家大概只是他所有身份中很不重要的一个而已。

1992 年 3 月底，我在纽约时曾向编辑瑞琪尔 · 克莱门提及自己想写一本关于儿时偶像的书，她带我去见了她的上司阿诺德 · 多林，当时多林告诉我，阿西莫夫病得很重，顶多再活一二年了。4 月 5 日我回到英格兰，第二天早上刚醒来，便听到了阿西莫夫去世的消息。

说实话，我与逝者素昧平生，与其家人、朋友也无往来，因此乍一听到死讯时，我产生的第一个念头是极为自私的——“天啊！这下我再也看不到《基地》的续篇了。”后来随着我对艾萨克 · 阿西莫夫这个既是普通人，又是曾经创作出了众多优秀小说的伟大作家，有了越来越深刻的了解时，我对他的逝世也有了更多的认识。特别是在我

见过他高贵的妻子珍妮特以及他在纽约与其他地方的好友之后，我自私的想法更是一扫而光，取而代之的是不可遏制的悲痛：文学界失去了一位最富色彩、最有情趣和最具创作天才的人物——在这个世界上，这样的人实在是凤毛麟角！

开篇这段文字，是一位英国作家为艾萨克·阿西莫夫写的传记中的一段。那么问题来了，阿西莫夫是谁？

这个问题真是没法回答。你问我拿破仑是谁，我会告诉你他是一个军事家、政治家、野心家。孔子是思想家和教育家，托尔斯泰是文学家，贝多芬是音乐家……阿西莫夫呢？他毫无疑问是一个作家，可作家大概只是他所有身份中很不重要的一个。其实头衔并不重要，阿西莫夫一辈子著作等身——真的是“等身”——他写的书垒起来比他的身高要高得多得多。他大概是我知道最能写的人了。

艾萨克·阿西莫夫，俄罗斯裔美国人，一生创作了 500 多本书。就算每本书只有 1 厘米厚，垒在一起也有 5 米高，从地板垒到天花板，可以垒上满满两摞。阿西莫夫从 20 岁左右开始创作，一直写到 72 岁封笔，50 年创作生涯，平均每年写 10 本书——天地可鉴，平哥现在每年才写 1 ~ 2 本书（还是在已有音频节目脚本的基础上改写），就已经搜肠刮肚油尽灯枯了，阿西莫夫以接近每个月写一本书的速度，连续创作了 50 年！

最重要的是，阿西莫夫写书是照着图书馆的索引分类来写的！你见过图书馆里的书目索引分类吧？I 表示文学，S 表示科学，A 表示艺术，P 表示哲学……阿西莫夫一生所写的 500 多本书，几乎覆盖了图书馆所有的图书索引分类！他写过语言学书、物理学书、化学书、心理学书、计算机学书、宗教书、艺术书、音乐书、历史书、地理书、传记……只要图书馆有这个分类，他几乎就写过！他做过音乐记者，有专门的乐评文章结集成册；他自学化学和物理，有很深的造诣；他几乎可说是精通心理学……阿西莫夫唯一没写过的，是哲学书。

这就是一个科幻小说家的“自我修养”，他的知识面宽到这样骇人的地步。而在他最著名的科幻小说《基地》系列中，他畅想了一个穿越太阳系、横跨银河系的庞大世界，在这个“银河帝国”漫长的历史中，心理学、音乐、化学、物理、历史、宗教、计算机、机器人、伦理学……几乎所有这些学科的知识他都有所涉及和运用，以至于让整个15本小说连缀成了一部人类未来命运的史诗。美国政府还曾给他颁发过一个称号：“国家的资源与自然的奇迹”。相当于在说，他是国家的宝藏，是自然界的奇迹，是神一般的存在。

在阿西莫夫出版的500多本书里，居然还有一本笑话集。这家伙也真是挺幽默的。

最完整的《基地三部曲》总共有15本，我最想推荐给大家的就是其中的《银河帝国三部曲》。这套书我在实体书店里看到，直接站在书架旁读起来了，我被情节牢牢地吸引住，回家的路上站在地铁车厢里就在读，一直读到回家吃饭时也没放下，晚上睡觉前就把第一本读完了。这就是阿西莫夫科幻小说的魔力，我不知道是一种怎样的力量在吸引我——我小时候读武侠小说都没有这么沉迷过。这些书不见得都适合“深阅读”，但绝对值得一个中学生用看电视或者打游戏的时间，好好沉迷一番。

在《银河帝国三部曲》中，阿西莫夫构思了一个跨越整个银河系、由人类掌控的大帝国，还写了这个庞大帝国如何从极盛转向衰败，又重获新生的故事。如果说《银河帝国三部曲》还只是一部情节扣人心弦的科幻小说的话，那么《机器人系列》，就不只是“小说”了，阿西莫夫在小说中设定的“机器人三大定律”（包括后来新增的“第零定律”）甚至已经成为现在人工智能发展中，大家约定俗成要遵守的规范。

阿西莫夫小说中所指的机器人，其实就是我们现在所说的“人工智能”，它们拥有超过人类的智能和体能，甚至也拥有人类才有的自主意识。这样的人工智能的发展，自然会带来一系列伦理问题。而“机器人三大定律”，就是阿西莫夫设定出来作为机器人世界的基础法则的。三大定律是这样的：

第一，机器人不得伤害人类个体，或者目睹人类个体将遭受危险却袖手旁观。

第二，机器人必须服从人类的命令，除非该命令与第一条定律相矛盾。

第三，机器人在不违反第一、第二定律的情况下，要尽可能保护自己的生存。

三大定律环环相扣，逻辑上严丝合缝，让机器人只能听命于人类却不能伤害人类。如果没有这三大基本定律的限制，不难想象，随着人工智能的发展，机器人一旦全面超出人类，那么人类的未来就很难说了。

此后随着小说情节的演进，阿西莫夫还增加一条“第零定律”：

机器人必须保护人类的整体利益不受伤害。

三大基础定律都是基于人类个体的，“第零定律”则是对人类作为一个整体的保护，所以这条应当位于三大定律之前。

这些定律如何保护人类？在小说的故事里，这些定律如何发挥作用？如果没有这些定律，可能发生些什么？这些话题如果要展开讲，只怕又是三天三夜也说不完的。阿西莫夫正是在他的《基地三部曲》《银河帝国三部曲》和《机器人系列》中，以扣人心弦的故事探讨了这些颇有哲理的话题。推荐大家从《基地三部曲》（《基地》《基地与帝国》《第二基地》）开始进入阿西莫夫创造的科幻世界。《机器人系列》可以读《机器人与帝国》《机器人短篇全集》和《曙光中的机器人》，如果还觉得不过瘾，可以再接续《银河帝国三部曲》。这些书够把你的休闲阅读时光全占满啦！

直面永恒的绝望

——刘慈欣《三体》

死亡是我们每个人必定会经历的，是每个人不可抵抗的一个最终的归宿。那么如何去面对死亡？并且更进一步，死亡代表着毁灭，也是一种绝望。如果一切最终只是归于死亡，那么死亡前的一切，还有意义吗？面对这个终极的绝望，我们应该怎么办？

《三体》这本科幻小说前些年真可谓红遍大江南北。不仅在科幻文学界，在中国文坛，在科幻迷圈子里，在媒体上，甚至包括在同学们当中，几乎是无人不知无人不晓。主要的一个原因就是，这本书获得了一个国际科幻文学界最重要的奖项——法国的雨果奖。

《三体》其实也是一个三部曲的作品，第一本就叫《三体》，第二本的书名是《黑暗森林》，第三部叫《死神永生》。虽然书很有名，大家都知道，但是我估计可能大部分人还是没有把这三本书都读完，毕竟三本书合起来挺厚的。

我读到《三体》是在作者刘慈欣获得雨果奖之前。《三体》的第一本书是在 2006

年开始连载的，到 2008 年就更新完了，当时就已经备受好评。2010 年，大刘把第三本书写完，一起发表的时候，我就读到了。那时我还是专门掏钱买的电子版——那时候我觉得，科幻小说嘛，跟武侠类似的，读过也就完了，没必要买实体书，于是用很便宜的价格买了电子版。第一遍读这三本书的时候，我一下子就被迷住了，车上读、路上读、床上读，停不下来。我还记得我读完三本书的最后一个字的时候，正坐在公交车上，始发站，车还没开，外面下着雨，我抬起头来看着窗外雨丝打在车窗玻璃上，怅然若失。我当时就觉得，这本书真是不一般，它不仅让我沉浸在了故事情节里，更重要的是，它让我陷入沉思，不由自主地去思考很多平时生活中不会去考虑的问题。

后来，2015 年大刘得了雨果奖，接着国内媒体简直就是炸锅了。一下子各种媒体报道，关于书的，关于大刘的，铺天盖地。那时候我就把电子书拿出来，用很快的速度又重读了一遍。我记得第二遍读《三体》，虽然读得很快，但是感触更深，而且很神奇的是，虽然我的工作跟科学幻想、跟大刘描绘的那个世界没有任何关系，但是这遍读完我居然发现，自己平时思考的很多问题，可以和这本书里的一些思想结合起来，让我有了一个更加宽阔宏大的世界观和思考问题的价值体系，这让我觉得很有意思。于是这遍读完之后，我就去买了实体书，现在这套实体书就在我手边。现在回想两遍读这本书的经历，我觉得大刘其实是借了“科幻小说”的外衣，写另一个关于人类社会、关于人性的一个故事，它虽然有一个科幻的架空的世界观，从而摆脱了现实物理世界的羁绊，也让故事更有戏剧性，但它的本质其实不是那些幻想的成分，而是故事背后的价值观。

大刘是一个工程师，多年以后才改行写小说的。通过一些媒体报道我们知道，大刘一直喜欢科幻，是《科幻世界》杂志的忠实读者，三体最早也是在《科幻世界》上连载的。他创作《三体》的时候，还在一个小县城的国有单位里工作，利用业余时间写作。其实中国一直活跃着一大批像大刘这样的科幻小说家。但是真正能写出来，能走进大众视野的，凤毛麟角。

因为工程师这个理工科的背景，大刘的科幻是典型的“硬科幻”：文学性的东西会少一点，真实的、精确的、科学性的东西会多一些，甚至在硬科幻的作品中，有些涉及科学的部分都是有严格的技术逻辑和推演过程，而不是凭空想象出来的。比如讲到科幻小说常见的克隆题材，软科幻可能只是描绘克隆会带来的社会伦理问题，但是硬科幻可能就会把克隆的机器是怎样的、需要哪些条件等等，都写出来。这本《三体》当中就有不少和天体物理有关的非常扎实的“硬科幻”的内容。

在我一个文科生看来，硬科幻的写作难度非常大，不过可能在工程师出身的大刘看来不是这样的。那么相应地，我们也得承认，《三体》虽然是一本很好的“科幻小说”，但如果从文学性的角度去赏析，可能《三体》在细节的描写、人物的刻画、情节的推进等文学赏析的层面上，做得并不是太好。这一点其实大刘自己也承认。

《三体》讲了一个什么样的故事呢？最简单的概括就是：在地球以外，还存在着其他的文明，其中有一个地外文明就是“三体”文明。人类因为一些机缘巧合（这些机缘巧合基本都写在《三体》三部曲的第一本里），与三体文明取得了联络。此后，三体文明与地球文明产生了星际文明之间的一些纠葛（这些内容大致在第二本里），这些纠葛虽然让地球文明感到绝望，却也因为一个人的存在而使地球文明得以保全。那最后两个文明之间的纠葛是如何解决的呢？这就是最终的结局，我不想剧透，大结局

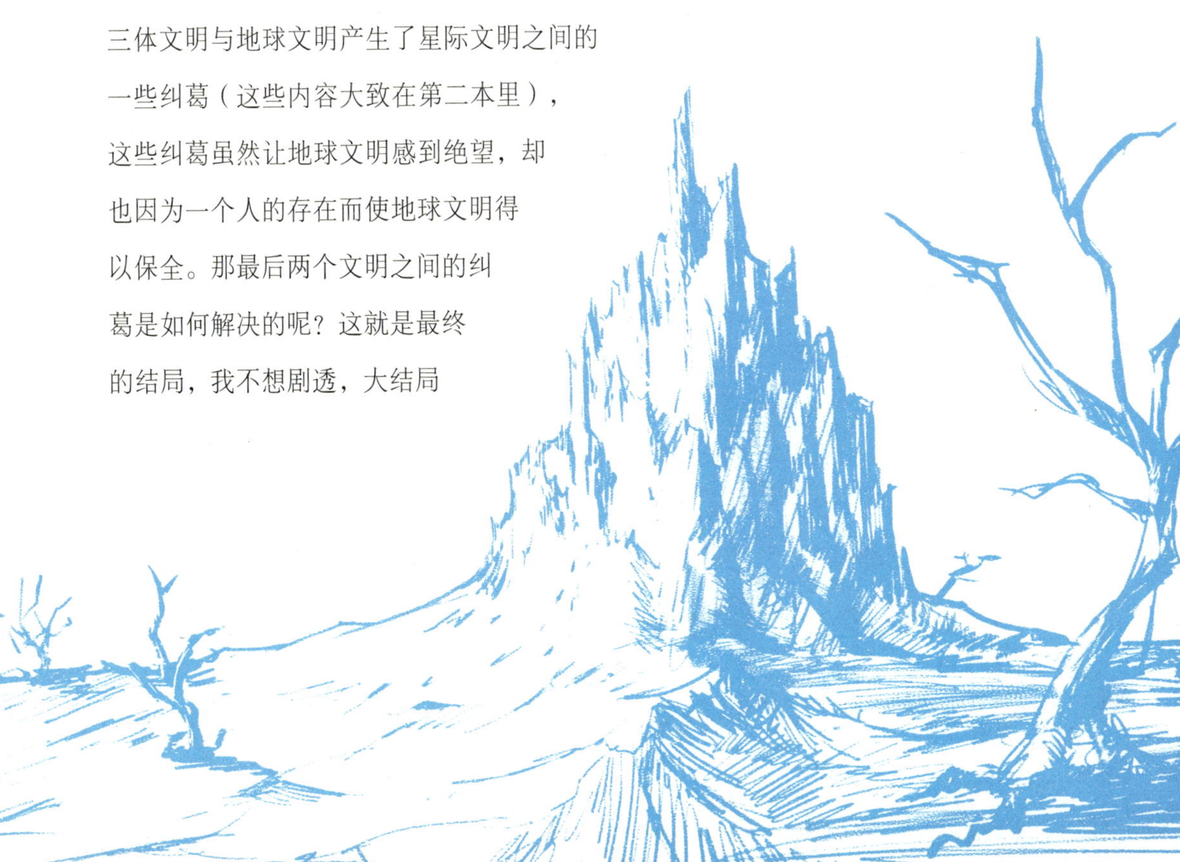

就在第三本里。

整个三部曲的故事架构非常庞大，里面能引发读者更多思考的东西可以说是层出不穷。比如小说一开始就描绘了一个非常让人绝望的场景：人类科学的发展，被“锁死”了，从最基本的层面上，让你不可能再获得进一步的对现有世界的认知了。在这个背景下，很多物理学家自杀了——他们发现地球文明的科学知识被锁死，物理世界失去了基本的规律，他们作为研究世界基本规律的物理学家，看不到任何希望，他们所有的工作都失去意义了。这其实都可以说是一个哲学问题，是带有终极意义的问题：你活着的意义是什么？人类科学研究的意义是什么？人类存在的意义是什么？这让我想到几年前著名的人工智能 AlphaGo 战胜世界围棋两大高手：韩国的李世石和中国的柯洁。人工智能在围棋领域彻底打败了人类。那么问题就来了：人类以现在的智力水平已经不可能在围棋上战胜电脑了——下围棋这件事，还有意义吗？这和《三体》那个场景中的物理学家们遇到的情况是多么类似啊。

这个问题我也没有答案。而这样的哲学思考，对意义的追问，在《三体》三部曲中还有很多。比如“黑暗森林”理论，比如面壁人罗辑的一些做法、比如高维文明对低维文明的“降维打击”，比如对死亡的终极拷问等等。

而在最后的大结局（第三本《死神永生》）里，大刘写过这样一段话：

灯塔建好的那天夜里，我远远的在海上看着它发光，突然悟出来：死亡是唯一一座永远亮着的灯塔，不管你向哪里航行，最终都得转向它指引的方向。一切都会逝去，只有死神永生。

我相信这个问题不止是摆在科幻小说当中，对我们每一个现实生活的人来说也有很重要的意义。死亡是我们每个人必定会经历的，是每个人不可抵抗的一个最终的归宿。那么如何去面对死亡？并且更进一步，死亡代表着毁灭，也是一种绝望。如果一切最终只是归于死亡，那么死亡前的一切，还有意义吗？面对这个终极的绝望，我们应该怎么办？

回到刚才说的 AlphaGo，其实还有让人类更绝望的事。AlphaGo 后来还有一个升级版，叫 Master（大师），也是一个人工智能。Master 完全从零开始自学围棋，在经过一段时间的自我学习和训练之后，它开始在人类棋手不知道的情况下，到一个围棋网站上和人类棋手对弈。你知道最后的战况是怎样的吗？Master 一共下了 60 盘棋，战绩 59 胜 1 平。围棋怎么会平呢？平的那一盘是下到一半的时候，突然网络中断了，系统就判决为和棋，平了——我估计是某个人类棋手耍赖故意断电断网了。怎么样，绝望吗？

对这个问题，平哥也没有答案。其实就算我有，那也只是我个人的答案。而你要对你自己的选择，对你自己的人生负责，说到底，你得自己去寻找答案。我也很肯定，答案不在《三体》三部曲里。好的小说从来都不负责给你答案，它往往只是提出问题，如何思考这个问题？如何回答这个问题？你要通过自己的阅读——更重要的是还要通过自己的行动，你自己人生的体验和阅历，去回答这个问题。

我能给你的参考是，在被 AlphaGo 彻底打败几年之后，柯洁接受媒体采访，又提到了当年的失败和绝望。他说他现在状态比以前更好了，他不仅仍旧每天下棋，而且——他说——他更能在围棋中找到乐趣了。

柯洁比我还年轻，我听到他说这句话的时候，浑身像被电击了一样。

不论人类社会是不是“黑暗森林”，不论未来是不是“死神永生”，这个电击一样的感觉，我会铭记一生。

所以后来我经常问自己一个问题：平哥，你能找到乐趣吗？

但愿我可以。

这样的事儿以后多着呢

——木心《童年随之而去》

我家里有把烧开水的壶，年龄比我还大。现在还在。这把壶是我爸妈买的，按说，是他们的吧？一百年以后，这把壶可能进了博物馆。莫说我爸妈，连我都不在人世——可这把壶兴许还在。它活得比我长，究竟它是我的，还是我是它的？谁是谁生命里的过客？谁拥有了谁？

木心不仅讲文学史，他自己的创作同样精彩。他写过很漂亮的现代诗，文字干净，但是字字珠玑，直击人心。比如这首《从前慢》：

记得早先少年时

大家诚诚恳恳

说一句 是一句

清早上火车站

长街黑暗无行人

卖豆浆的小店冒着热气

从前的日色变得慢
车，马，邮件都慢
一生只够爱一个人
从前的锁也好看
钥匙精美有样子
你锁了 人家就懂了

我最早接触木心，好像就是读到了这首诗，一遍读过，我浑身像有一道电流通过，浑身一个激灵，然后我立马上网，把当时能找到的木心所有的书全买下来了。几十年没有读到过这样干净的中文了。原来现代汉语的表达可以这样简练又饱含韵味，富有节奏，表达如此隽永。就像你吃一样东西，听一段音乐，很多时候你一下子讲不清楚它怎么好，好在哪儿，但是你吃得多了自然知道什么好吃，听得多了自然知道什么好听，读得多了自然知道什么是好的文字，然后当好的文字出现的时候，你一下子就觉得，电路联通了！对，就是这个味道！

这种突然电路联通、电光火石的感觉，在木心的很多作品里都有。比如《文学回忆录》里很多灵光一闪的评论，还有这篇《童年随之而去》里，文章最后母亲的一句话。我还记得，这篇文章应该是选自《哥伦比亚的倒影》这本书，我当时躺在床上读这本书，慢慢悠悠地读，文章的叙述也是淡淡的，不疾不徐，就像在唠家常一样，一句一句讲给你听，我一路读下来，只觉得文字好，要说情节，我快读到最后的时候，还觉得这文章作为一篇回忆性的散文挺好，要当小说，情节实在太平淡无奇。就在我这么想的时候，最后母亲的一句话冷不丁冒出来，一下子我感觉自己是被雷劈着了。对，就是这种感觉，比那个电路联通的感觉还要强很多倍，突然这么一句话，直讲到我心里去了，一下子把我的人生阅历，曾经读各类文学作品的时候自己体会到、感受到的东西，包括作者在前面铺垫讲的整个故事，营造的这种氛围，全部打通，五雷轰顶一样的感觉，这句话实在是惊心动魄。以前读杜甫夸李白的诗“笔落惊风雨，诗成泣鬼神”，我觉得这是夸张。那天读到木心这篇文章，真可以说是惊天地泣鬼神了。

文章开头先不写事情的起因，冷不丁戳一句出来：

孩子的知识圈，应是该懂的懂，不该懂的不懂，这就形成了童年的幸福。我的儿时，那是该懂的不懂，不该懂的却懂了些，这就弄出许多至今也未必能解脱的困惑来。

这句其实是一个铺垫。文中的“我”其实很懂事，心思很细。整篇文章的精妙之处，也是这种在细微处体会出来的感情。

接着，作者从“我”作为一个孩子的角度切进去，写到家里安排女眷带着孩子一起到山上寺院里做佛事。这里算是事情的起因。

我家素不佞佛，母亲是为了祭祖要焚“疏头”，才来山上做佛事。“疏头”者现在我能解释为大型经忏“水陆道场”的书面总结，或说幽冥之国通用的高额支票、赎罪券。阳间出钱，阴世受惠——众多和尚诵经叩礼，布置十分华丽，程序更是繁缛得如同一场连本大戏。于是灯烛辉煌，香烟缭绕，梵音不辍，卜昼卜夜地进行下去，说是要七七四十九天才功德圆满。当年的小孩子，是先感新鲜有趣，七天后就生烦厌；

山已玩够，素斋吃得望而生畏，那关在庵后山洞里的疯僧也逗腻了。心里兀自抱怨：超度祖宗真不容易。

这样一段文字，交代得清清楚楚，大有可讲的地方。比如，“阳间出钱，阴世受惠”八个字，就把做佛事的本质讲出来了。这是手术刀式的语言，干净利落，绝不拖泥带水。接着几句，充分展现作者的中文功底：“灯烛辉煌，香烟缭绕，梵音不辍，卜昼卜夜地进行下去。”最后写孩子的几句，生趣盎然，幽它一默：“心里兀自抱怨：超度祖宗真不容易。”再加前一句，写心生烦厌，玩够了，素斋也吃够了，想不到山洞里还有疯僧，也逗腻了——“我”的聪明、顽皮，都在这两句里了。

全文比较长，篇幅所限，实在没法逐字逐句地讲读。这里，摘几段和情节发展有关的原文，大家尝尝味道。木心原文才叫精彩，我摘编讲读，都是狗尾续貂。

这是做佛事的时候：

“要跪多少辰光呢？”

“总要一支香烟工夫。”

“什么香烟？”

“喏，金鼠牌，美丽牌。”

还好，真怕是佛案上的供香，那是很长的。我忽然一笑，那传话的驼背老和尚一定是躲在房里抽金鼠牌美丽牌的。

接“疏头”的难关挨过了，似乎不到一支香烟工夫，进睡狮庵以来，我从不跪拜。所以捧着红木盘屈膝在袈裟经幡丛里，浑身发痒，心想，为了那些不认识的祖宗们，要我来受这个罪，真冤。然而我对站在右边的和尚的吟诵发生了兴趣。

终于做完，一身轻松。回家！明明是要回家了，可荡开一笔，突然写到别的事儿去了：

家庭教师是前清中举的饱学鸿儒，我却是块乱点头的顽石，一味敷衍度日。背书，作对子，还混得过，私底下只想翻稗书。那时代，尤其是我家吧，“禁书”的范围之广，连唐诗宋词也不准上桌，说：“还早。”所以一本《历代名窑释》中的两句“雨过天青云开处，者般颜色做将来”，我就觉得清新有味道，琅琅上口。某日对着案头一只青瓷水盂，不觉漏了嘴，老夫子竟听见了，训道：“哪里来的歪诗，以后不可吟风弄月，丧志的呢！”一肚皮闷瞀的怨气，这个暗戛戛的书房就是下不完的雨，晴不了的天。我用中指蘸了水，在桌上写个“逃”，怎么个逃法呢，一点策略也没有。呆视着水渍干失，心里有一种酸麻麻的快感。

怎么写到瓷器了呢？别急，后面还有呼应：

在家里，每个人的茶具饭具都是专备的，弄错了，那就不饮不食以待更正。到得山上，我还是认定了茶杯和饭碗，茶杯上画的是与我年龄相符的十二生肖之一，不喜欢。那饭碗却有来历——我不愿吃斋，老法师特意赠我一只名窑的小盂，青蓝得十分可爱，盛来的饭，似乎变得可口了。母亲说：

“毕竟老法师道行高，摸得着孙行者的脾气。”

我又诵起：“雨过天青云开处，者般颜色做将来。”母亲说：“对的，是越窑，这只叫盌，这只色泽特别好，也只有大当家和尚才拿得出这样的宝贝，小心摔破了。”

注意，“雨过天青云开处”是一处呼应，而同时，隐隐地埋下伏笔了：“小心摔破了。”只是读者读到这里，万万想不到，妈妈这随口的一句叮嘱，竟然是后文的伏笔。

紧接着，波澜起。心爱的青瓷小盂，竟然忘了拿：

每次餐毕，我自去泉边洗净，藏好。临走的那晚，我用棉纸包了，放在枕边。不料清晨被催起后头昏昏地尽呆看众人忙碌，忘记将那碗放进箱笼里，索性忘了倒也是了，偏在这船要起篙的当儿，蓦地想起：

“碗！”

“什么？”母亲不知所云。

“那饭碗，越窑盌。”

“你放在哪里？”

“枕头边！”

费了好大的功夫，终于拿来了：

他憨笑着伸手入怀，从斜搭而系腰带的棉袄里，掏出那只盌，棉纸湿了破了，他脸上倒没有汗——我双手接过，谢了他。捧着，走过跳板……

拿到就拿到了，小说也到了末尾。这故事要怎么收场呢？读到这里，正是我前文所说的“平淡无奇”，一路不疾不徐地讲下来，木心到底要写什么呢？别急，五雷轰顶之前，先来第二道逆转式的波折：青瓷小盂，没了。

人多船身吃水深，俯舷即就水面，用碗舀了河水顺手泼去，阳光照得水沫晶亮如珠……我站起来，可以泼得远些——一脱手，碗飞掉了！

那碗在急旋中平平着水，像一片断梗的小荷叶，浮着，氽着，向船后渐远渐远……

望着望不见的东西——醒不过来了。

“望着望不见的东西”，这句已够惊人。别说文中的“我”还没反应过来，读者也没反应过来，以为这下故事就结束了，留一个极不完美的结局，让读者牵肠挂肚地难受去就得了。谁曾想，来了：

“有人会捞得的，就是沉了，将来有人会捞起来的。只要不碎就好——吃吧，不要想了，吃完了进舱来喝热茶……这种事以后多着呢。”

最后一句很轻很轻，什么意思？

现在回想起来，真是可怕的预言，我的一生中，确实多的是这种事，比越窑的盌，珍贵百倍千倍万倍的物和人，都已一一脱手而去，有的甚至是碎了的。

那时，那浮氽的盌，随之而去的是我的童年。

这种事，以后多着呢。

一个物件，我们总是习以为常地说，这是“我的”，那是“你的”。真的是你的吗？它真的属于你吗？秦始皇做皇帝，自己做了还不够，要一世二世乃至万世做皇帝，他以为天下是他的了。真的是他的吗？秦二世而亡。

我家里有把烧开水的壶，年龄比我还大。现在还在。这把壶是我爸妈买的，按说，是他们的吧？一百年以后，这把壶可能进了博物馆。莫说我爸妈，连我都不在人世——可这把壶兴许还在。它活得比我长，究竟它是我的，还是我是它的？谁是谁生命里的过客？谁拥有了谁？

看看博物馆里的东西，哪样不是如此？乾隆爷总喜欢在古玩字画上题跋盖章，好像写过几笔字上去，这作品就属于他了——天晓得，作品还是作品，传承百年千年，记住的也是书法家，谁记得哪个皇帝在哪个位置写过几个不值钱的字？细想想，传世百年千年的东西，哪是哪个人“拥有”了它，分明是一个百岁千岁的老者，把古今天下看遍，所有自以为拥有过它的人，都是它眼前的过客罢了。

而认清现实，就是搞清楚两件事：第一，你短短百年人生，并不曾真正拥有什么。第二，再美好的东西，终将会离开。所谓长大，就是一个不断失去的过程，不管你适不适应喜不喜欢，总有一天，当你看到美好的东西在你眼前一一破碎的时候，你将不得不承认，这就是生活。

那我们能做什么呢？能让注定要离去的人和物不要破碎，就已经很了不起了。

明白这些的时候，恭喜你，你长大了。

值得恭喜吗？换个说法也许是：对不起，你的童年结束了。

童年，随之而去。

点 灯 的 人

脉脉温情的童年回忆

——鲁迅《从百草园到三味书屋》

一直以来，都存在着“两个鲁迅”，一个是官方话语体系中“伟光正”的鲁迅，那是一个严肃的、让人敬畏的甚至有些不近人情的鲁迅，一个永远在战斗、永远只知道战斗的鲁迅。另一个鲁迅，是一个活生生的人，一个会开玩笑、爱抽烟、不爱惜身体却很爱惜年轻人的大叔，一个虽然好斗却有着极深厚学问功底的读书人。

在中国上过中学的人，鲁迅的大名一定是听过的，可大半读过高中的人，对他即便谈不上厌烦，恐怕也没有太多好感。为什么呢？因为新中国成立以后各个年代的课本里，都有大量鲁迅的文章，而且每次出现都是重点篇目，还常常要求背诵。可偏偏鲁迅的文章不是那么好懂好背的，文字时常佶屈聱牙，毕竟那是白话文刚刚兴起的年代。几十年、几代中国学子下来，鲁迅就成了中国中学生痛苦的回忆。

实际上，一直以来，都存在着“两个鲁迅”，一个是官方话语体系中“伟光正”的鲁迅，那是一个严肃的、让人敬畏的甚至有些不近人情的鲁迅，一个永远在战斗、永远只知道战斗的鲁迅。另一个鲁迅，是一个活生生的人，一个会开玩笑、爱抽烟、不爱惜身体却很爱惜年轻人的大叔，一个虽然好斗却有着极深厚学问功底的读书人。

这篇《从百草园到三味书屋》，选自鲁迅的散文集《朝花夕拾》。这本书是鲁迅自己选编的，题目起得极好，选文也很漂亮。一共就选了十篇文章，薄薄的一本小册子，一开始标题起作《旧事重提》，这十篇文章都是鲁迅在厦门的时候写给杂志发表的，后来重新结集成册，鲁迅编定文集的时候又改了名字，成了《朝花夕拾》。早晨的花已经落下了，到傍晚时分拾起来，是一番怎样的心情呢？鲁迅编定这个集子的时候，已经 45 岁了，按说只能算是中年，可鲁迅的一生只活了短短 55 岁，这是他人生最后倒数十年时候选编的文集。

什么叫年轻？什么叫年老？据说有一个很简单的评判标准：放眼望去，你眼里看到的都是未来，你对未来有非常多的期待，这就叫年轻。什么算老呢？当你开始更少展望未来、更多回忆过去的时候，你就老了。照这个标准，45 岁的鲁迅，大概的确已经开始老了——他开始回忆自己的童年、少年和青年。他开始向这个世界交代，自己这么个倔强的人，是怎么一步一步走到今天的，他受过怎样的教育，经过怎样的挫折，养过怎样的宠物，学过怎样的知识，又放弃过怎样的信念，拾起过怎样的勇气。从这个角度看，这本《朝花夕拾》几乎可以当作鲁迅的一本小型“自传”。

头一篇是《狗·猫·鼠》，写鲁迅不喜欢猫的原因，从童年回忆写起，是夹枪带棒的杂文写法。第二篇《阿长和〈山海经〉》就是回忆为主的散文了，写的是童年家里的佣人长妈妈。第三篇《二十四孝图》自然是讽刺和批判封建孝道的虚伪和残酷，用的也是童年回忆的素材。第四篇《五猖会》，围绕看赛会，却又不写赛会，只写童年被封建强权式的教育如何摧残。第五篇《无常》又是杂文笔法，可选材还是出自童年印象。《从百草园到三味书屋》是第六篇，

是全书——也是鲁迅所有散文中——难得颇有温情的文字。第七篇《父亲的病》则是阴郁的回忆，童年时父亲的离世，让鲁迅饱尝人间疾苦，成了他后来人生的底层代码。第八篇《琐记》写了一个“两面派”的邻居太太，第九篇《藤野先生》也是写人，克制的笔法透出丝丝温情，却又因愚弱的国民，而笼罩了阴霾，一直写到自己弃医从文，至此，鲁迅告别了青年时代。最后一篇《范爱农》则是对革命年代同路人的回忆。

中学课本上讲到鲁迅，总说是“匕首和投枪”。的确，鲁迅的文风素来是犀利的，他绝不会轻易饶过对手，甚至是“到死也不原谅”的。但《朝花夕拾》里却难得地让我们看到了鲁迅笔法的克制、心底的阳光和隐隐显露在文字背后的脉脉温情。

比如这段课本上要求背诵的童年拾趣，写的是百草园：

不必说碧绿的菜畦，光滑的石井栏，高大的皂荚树，紫红的桑椹；也不必说鸣蝉在树叶里长吟，肥胖的黄蜂伏在菜花上，轻捷的叫天子（云雀）忽然从草间直窜向云霄里去了。单是周围的短短的泥墙根一带，就有无限趣味。油蛉在这里低唱，蟋蟀们在这里弹琴。翻开断砖来，有时会遇见蜈蚣；还有斑蝥，倘若用手指按住它的脊梁，便会拍的一声，从后窍喷出一阵烟雾。何首乌藤和木莲藤缠络着，木莲有莲房一般的果实，何首乌有臃肿的根。有人说，何首乌根是有像人形的，吃了便可以成仙，我于是常常拔它起来，牵连不断地拔起来，也曾因此弄坏了泥墙，却从来没有见过有一块根像人样。如果不怕刺，还可以摘到覆盆子，像小珊瑚珠攒成的小球，又酸又甜，色味都比桑椹要好得远。

后面一段冬天抓鸟，写得也是生趣盎然：

冬天的百草园比较的无味；雪一下，可就两样了。拍雪人（将自己的全形印在雪上）和塑雪罗汉需要人们鉴赏，这是荒园，人迹罕至，所以不相宜，只好来捕鸟。薄薄的雪，是不行的；总须积雪盖了地面一两天，鸟雀们久已无处觅食的时候才好。扫开一块雪，露出地面，用一支短棒支起一面大的竹筛来，下面撒些秕谷，棒上系一条长绳，人远远地牵着，看鸟雀下来啄食，走到竹筛底下的时候，将绳子一拉，便罩住了。但所得的是麻雀居多，也有白颊的“张飞鸟”，性子很躁，养不过夜的。

其实百草园按我们现在的眼光看，实在没什么特别。平哥带同学们去过绍兴，若非知道这是鲁迅长大的地方，这么个普普通通的园子，想必是引不起同学们的兴趣的，可百草园在鲁迅笔下，真可说是写活了，有各式花鸟树虫，简直是孩子们的天堂。

可惜美好的童年并没有持续太长时间，随着祖父入刑，父亲病故，绍兴周家家道中落了。但总算，鲁迅还有机会去读书，自然，在那个年代，读的是私塾：附近几户人家，一起掏钱请个教书先生，一大帮小孩就跟着先生念“四书五经”。

我不知道为什么家里的人要将我送进书塾里去了，而且还是全城中称为最严厉的书塾。也许是因为拔何首乌毁了泥墙罢，也许是因为将砖头抛到间壁的梁家去了罢，也许是因为站在石井栏上跳了下来罢……都无从知道。总而言之：我将不能常到百草园了。Ade（德语“再见”的意思），我的蟋蟀们！Ade，我的覆盆子们和木莲们！……

出门向东，不上半里，走过一道石桥，便是我先生的家了。从一扇黑油的竹门进去，第三间是书房。中间挂着一块匾道：三味书屋；……

百草园和三味书屋，就在绍兴古镇上的一条古街上，东西相望，的确是向东走不上半里就到的。而进了私塾，首先是拜孔子：

匾下面是一幅画，画着一只很肥大的梅花鹿伏在古树下。没有孔子牌位，我们便对着那匾和鹿行礼。第一次算是拜孔子，第二次算是拜先生。

孔子被认为是读书人的“祖师爷”，叫作“至圣先师”。历来官方用儒家思想统治万民，可其实孔子是不入皇家庙堂的，孔子的第一身份，是老师。所以学童启蒙，第一拜孔子，第二才拜老师。

再往下写，自然是学习生活中的调皮与挨罚，是老师和学生之间的斗智斗勇了。远到鲁迅，近如平哥，还有读书的各位，谁没有过偷懒耍滑、和老师斗智斗勇的经历呢？只是这样的故事到了鲁迅笔下，多少又显出些匕首般的讽刺来：

我才知道做学生是不应该问这些事的，只要读书，因为他是渊博的宿儒，决不至于不知道，所谓不知道者，乃是不愿意说。年纪比我大的人，往往如此，我遇见过好几回了。

我就只读书，正午习字，晚上对课。先生最初这几天对我很严厉，后来却好起来了，不过给我读的书渐渐加多，对课也渐渐地加上字去，从三言到五言，终于到七言。

而这个教书先生，究竟也是挺可爱的：

三味书屋后面也有一个园，虽然小，但在那里也可以爬上花坛去折腊梅花，在地上或桂花树上寻蝉蜕。最好的工作是捉了苍蝇喂蚂蚁，静悄悄地没有声音。然而同窗们到园里的太多，太久，可就不行了，先生在书房里便大叫起来：

“人都到哪里去了！”

便一个一个陆续走回去；一同回去，也不行的。他有一条戒尺，但是不常用，也有罚跪的规则，但也不常用，普通总不过瞪几眼，大声道：

“读书！”

不知编定这本《朝花夕拾》时的鲁迅，想到童年的时光，是一番怎样的心情？欣喜？怅惘？抑或是一声悠长的叹息？

点灯的人

——鲁迅《藤野先生》

不论人生遇到怎样的困难，心中还有着一盏灯，就还有生活的勇气。一个好的老师，大概也就是一个点灯的人吧。

《藤野先生》这篇文章也是《朝花夕拾》里的，也入选了初中语文课本，我就不给大家做具体的文章解析了。文章摆在那里，你认真读就是了；语文课上老师一定会有详细的分析，你认真听就是了。那我要讲什么呢？

第一件想跟大家交流的事是，鲁迅为什么会成为鲁迅？前一个“鲁迅”是一个在百草园里玩耍、在三味书屋里淘气的少年，是一个家道中落、少小离家，此后辗转日本学医的青年。后一个“鲁迅”则是中国文学史上顶梁柱式的大文豪，开白话文学先河的“民族魂”鲁迅。鲁迅是如何走上文学道路的？

关于作家和作品，同学们普遍对其都已有了解，透过作品，我们能理解作家，反之亦然。甚至可以说，如果没有对作家生平和思想的了解，我们往往无法真正参透他的作品。而《藤野先生》这篇文章，还有那篇著名的《〈呐喊〉自序》，正是我们了解鲁迅的一个窗口，它们向我们透露了一些重要的信息：这个少年，这个年轻人，到底是一个怎样的人，又是怎样踏上这条道路的？当然，我们无法（也没有必要）复制或模仿别人成功的道路，但对于各位即将踏上人生旅途的年轻人来说，了解一些伟大人物的心路历程和人生轨迹，是大有裨益的。

鲁迅在父亲去世之后，就有要学医的愿望了。经过在南京读预科、学日语，他终于来到东京，又前往仙台学医。他那时的想法，一方面是“渐渐悟得中医不过是一种有意的或无意的骗子”，另一方面“又知道了日本维新是大半发端于西方医学的事实”。

如果沿着这条路走下去，中国现代也许就会多一个能赚不少钱的中产阶级医生，而少一个影响中国民族精神的伟大作家吧。《藤野先生》正是鲁迅对于这段学医生活的回忆，而回忆的重点却是，为何弃医从文。

让鲁迅的思想产生剧烈变化的就是这段文字所描绘的情景：

中国是弱国，所以中国人当然是低能儿，分数在六十分以上，便不是自己的能力了：也无怪他们疑惑。但我接着便有参观枪毙中国人的命运了。第二年添教霉菌学，细菌的形状是全用电影来显示的，一段落已完而还没有到下课的时候，便影几片时事的片子，自然都是日本战胜俄国的情形。但偏有中国人夹在里边：给俄国人做侦探，被日本军捕获，要枪毙了，围着看的也是一群中国人；在讲堂里的还有一个我。

“万岁！”他们都拍掌欢呼起来。

这种欢呼，是每看一片都有的，但在我，这一声却特别听得刺耳。此后回到中国来，我看见那些

闲看枪毙犯人的人们，他们也何尝不酒醉似的喝彩，——呜呼，无法可想！但在那时那地，我的意见却变化了。

弃医从文，对一个二十多岁的青年来说，是翻天覆地的人生抉择，可鲁迅写在这篇温情脉脉的《藤野先生》里的，不过这么寥寥数笔。如此克制的文笔背后，是鲁迅对藤野先生的敬重和感念，二十多年后回忆起当时的情景，鲁迅是怎么想的？

其实这个问题不难回答，且看全文最后：

他所改正的讲义，我曾经订成三厚本，收藏着的，将作为永久的纪念。……只有他的照相至今还挂在我北京寓居的东墙上，书桌对面。每当夜间疲倦，正想偷懒时，仰面在灯光中瞥见他黑瘦的面貌，似乎正要说出抑扬顿挫的话来，便使我忽又良心发现，而且增加勇气了，于是点上一枝烟，再继续写些为“正人君子”之流所深恶痛疾的文字。

是的，一个教医学的老师，已成为鲁迅奋蹄扬鞭的动力了——尽管鲁迅最终放弃了医学，但即便是在文学的领域里，他仍然没有忘记教他解剖学的藤野先生。

一个老师，究竟能对他的学生产生多大的影响？

不知道各位有没有遇到过让你难忘的老师？幸运如我，是遇到过好多位的。比如教我初中语文的葛慎之老师，当时已年届半百，但目光犀利如炬又温润如水，是古来君子之风，在学校开设选修课，带我们精读《论语》，这份基本功，让我受用至今；再如教我书法的何老师，从一年级启蒙开始，一直到大学毕业几年后我自己开坛讲课教书法，何老师一路相伴，亦师亦友；教我高中数学的夏建白老师，素来不苟言笑，在我填报志愿时给了我莫大的鼓舞，又在高考分数没出来前和我对了一遍答案，而后露出了我从没见过的灿烂笑容……

后来我自己做了老师，念兹在兹的，正是以绵薄之力在孩子们心里留下些什么。转眼至今也十年挂零了，做到了多少？我心里没底。

中国人讲，一日为师终身为父。这话固然在要求学生对老师的尊重，可为什么师生关系可以类比为父子，却从不类比为“官民”？因为父子之间除了尊重，更有责任。

学生认下一个老师，就当踏实就学；老师收下一个学生，就该倾囊相授。若变成交易，那该怎么给老师传授的知识定价呢？教会 1+1=2，是不是该值五毛钱？那能背下两首诗，就该值一块了吧？

其实对一个老师而言，收下一个学生，老师图的不是那点钱。在传统师徒制中，不是人人都能当得了徒弟拜得上师父的。师父的手艺是要往下传的，手艺比人大，比天大。收徒弟，一看人品，二看悟性：我这点东西教给你，你接得住，学得会，用得了。看人品，是怕徒弟欺师灭祖；看悟性，是怕徒弟学走了样，手艺绝后。过了这两道关，师父对徒弟倾囊而授，哪怕冒着“教出徒弟饿死师父”的风险，也是毫无保留，这层关系，唯有父子可比——师父对徒弟，是担着责任的。所以“一日为师终生为父”，师徒之间，是过命的情谊。

遇到这样的师父，是你天大的幸运，前世修来的福。

世道天天在变，扪心自问，我做教育的初心情怀尚在，虽然也早已伤痕累累。但愿我有机会成为学生生命里的一星灯火，也许不足以照亮他的前程或温暖他的内心，但哪怕只是这一星灯火，也是人间一种美好的传承。电影《一代宗师》里有一句台词：有一口气，点一盏灯，有灯就有人。

不论人生遇到怎样的困难，心中还有着一盏灯，就还有生活的勇气。一个好的老师，大概也就是一个点灯的人吧。

念念不忘，必有回响。

有灯就有人。

真正的“贵族”是有责任感的英雄

——鲁迅《药》

《药》这篇小说，不论是情节的推进、细节的描写、技法的运用、前后的呼应、人物的刻画、悬念的设置……任何一个小说赏析的角度来讲，几乎都可以说是完美的一部短篇小说。唯一可能不完美的地方，是它的结局。

讲过鲁迅的《朝花夕拾》和其中的两篇文章，我决定还是把这篇《药》也一并推荐给大家。这篇文章选自鲁迅的小说集《呐喊》。《呐喊》这本书，可以说是中国白话文小说的开山鼻祖，也一举奠定了鲁迅现代作家不可撼动的地位。

都说鲁迅的杂文是“匕首和投枪”，其实鲁迅的小说功力也是一般作家无法望其项背的。《药》这篇小说，不论是情节的推进、细节的描写、技法的运用、前后的呼应、人物的刻画、悬念的设置……从任何一个小说赏析的角度来讲，几乎都可以说是完美的一部短篇小说。唯一可能不完美的地方，是它的结局，关于这个结局，鲁迅在《呐喊》的序言里解释了。除此之外，这篇小说简直堪称完美。

比如小说情节线索的设置，从一开始，就是一明一暗两条线索，从一开始就纠缠在一起。明的线索是，华老栓家的孩子华小栓一直在咳嗽，身体不行。这条线的人物都有名有姓，读者知道是怎么回事。暗的线索是，有个人被杀头了，还有很多人围着去看，并且还跟华家有关系了，华老栓去买了沾着他人血的馒头，回来给华小栓治病。这条线之所以是暗线，因为不知道是谁，不知道到底怎么回事。

既然是导读，我现在就给大家讲一个背景，这个被杀头的人，在小说里叫“夏瑜”，他是起来闹革命的，要推翻一个封建专制的旧中国。而这个人，在鲁迅生活的年代是有原型的，他的原型还是一个女性，名字叫秋瑾，也是一个革命者，也是被杀头的。秋瑾、夏瑜，两个人的名字是对仗的。鲁迅写的是夏瑜，其实他写的是秋瑾。也就是说，《药》这部小说的时代背景，就是 1907 年 7 月 15 日，秋瑾在绍兴轩亭口英勇就义。那时的中国，正在探索未来的道路。

其实明暗两条线索，背后是两个家庭。而这两条线索、两个家庭，最终都是走向悲剧的结局。暗线里的夏瑜，被杀了头，还被人指指点点，他闹革命是要救中国，可中国的百姓觉得他傻，觉得他浑。明线里的华小栓，最后也没能活下来，听说吃刚杀了头的人的人血馒头可以治肺痨，其实完全是胡扯，最后华小栓也死了，两条线索、两个家庭，都是悲剧收场。

而小说最让人揪心的地方，就是这两条线索、两个家庭，他们在小说里有两次交集。刚开篇，夏瑜被杀头，华老栓去买人血馒头。多反讽的一个画面啊，夏瑜是想要唤醒沉睡的国民，要推翻封建专制的旧中国，他想救中国人，可他失败被抓，被杀头了，但在他死后，这些他想拯救的人，居然要用人血馒头这种如此野蛮又荒诞的方式，用他的血，去救一个得了肺痨的孩子，而这注定是救不下来的。

夏瑜想成为拯救中国的药，他失败了，可又如此反讽地实现了，却最终还是没能拯救华小栓的性命。所以，夏瑜作为一种“药”，不论是革命来拯救中国，还是变成人血馒头来拯救华小栓，都是失败的。

到底要怎样才能救中国呢？其实当时的鲁迅是悲观的。虽然最后，按鲁迅自己所说，他给《药》这篇小说增添了一个“光明的尾巴”，但毕竟，在整篇小说里，作为“药”的夏瑜，失败了两次。而愚弱的国民还是继续愚弱下去，中国还是中国，少了一个华小栓，少了一个夏瑜，毁灭了两个家庭，除此之外一切都没有改变。所以出路在哪里？希望在哪里？鲁迅最后在夏瑜的坟前，为他添上了几朵小花，在这个“光明的尾巴”里，至少还有人惦记着以身为药，试图医治中国的夏瑜，尽管他失败了，可只要还有人记得他，来看望他，到他的坟前放上几朵花，那么至少可以说，作为“药”的夏瑜，还没有彻底失败吧。

和童年说再见

——林海音《城南旧事》

> 人间最美好的，不是一时的热闹繁华，而是绵长持久的感情、感想和感动。看山还是山，看水还是水，可此时的山和水，大概也已经和最早的山水不一样了。

我们往往都喜欢那些情节惊心动魄、故事绚烂多彩的文艺作品，就像我们大都爱看好莱坞那些热闹的动作大片。这固然也是一种审美。不过，很多有深度、有韵味的文艺作品，最打动人心的地方往往并非华丽的动作画面和离奇的情节设置，而是它以文字或镜头的技巧所传达的感情、带来的感想，这些感情和感想可能才是更绵长、更持久也更感人的。

人生的大境界应该是平平常常，看山是山，看水是水。但逐渐地，我们不满足于看似平淡的东西，希望追求更大的刺激，开始看山不是山，看水不是水。很多人可能一生都停在这个阶段里。但也有些人，在真正经过了一些历练，有了足够的阅历之后，会复归于平淡，在翻过山丘、看惯繁华之后，了悟山还是山，水还是水，人间最美好的，不是一时的热闹繁华，而是绵长持久的感情、感想和感动。看山还是山，看水还是水，可此时的山和水，大概也已经和最早的山水不一样了。

今天要讲的林海音的《城南旧事》就是这样一本历经繁华又复归平淡，在长大以后回头看童年的书。因为是时隔几十年“回看”童年，所以这本书不论情节叙事还是文字表达，都蕴含了一种绵长而持久的力量，让人静心，让人感动。林海音的文字写得相当克制，这是一个作家难得的功力，也是一部作品很高的水平。

对于有一定基础的写作者而言，辞藻华丽不难做到，甚至以文字来炫技者也多得是。比如生造一些佶屈聱牙的词汇，或是用一些冷门生僻的典故，再或者用上浮夸的修饰，加上夸张炽烈的感情……不少文化学者常用这样的招数显出自己的“高级”或是“文雅”。其实大谬不然。真正好的作品，应该用质朴甚至简单的字词，去表达复杂深厚的感情。越能用简单的文字传达复杂的感情，就越是一部经得起岁月磨洗的好作品。

这样的道理其实生活中俯拾皆是。麻辣鲜香，我们都喜欢，但顿顿麻辣鲜香，只怕肠胃受不了。看似寡淡的家常小炒，甚至就一碗清汤寡水的阳春面，反倒暖心暖胃。奇装异服浓艳装束，舞台上固然光彩照人，可天天这么浓妆艳抹，就好像始终挂着面具。摘下面具，卸下妆容，一身轻巧的居家服或运动装，才最宽大舒适，自由自在。大风大雨激浪暗礁的复杂关系和人事斗争，固然热闹精彩，可回到家，最温馨的感动，往往来自平淡如水的双亲爱护。

这本《城南旧事》就是一番历经繁华复归平淡的滋味。

小说选材，取自作者林海音自己的童年生活。主角“英子”大约也是林海音童年的化身——林海音本名林海英。林海音是中国台湾人，祖籍广东，出生在日本大阪，幼年先随父母一起回到台湾。旋即在五六岁时，又随父母迁居北京，定居城南。故事从小英子七岁写到十三岁。现实中，是20世纪20年代，正是林海音定居城南的光景。

整本小说的故事，是透过英子的眼睛，去看现实世界中的人情故事、悲欢离合。

因为用了孩子的视角（当时的林海音正是这么一个孩子），让故事的叙述和情感的表达有了一种不一样的滋味。有些在成年人看来难以容忍的行为，在孩子的世界里可能是完全可以理解甚至是理所当然的。也有些成年人早已习以为常的事，在孩子天真的眼光看来，又是惊奇或让人难以理解的。而十来岁的女生，天真淳朴自不待言，回忆和叙述中还另有一番淡淡的忧伤，更让全书在克制的表达里，有了一种淡雅含蓄的美。

整本小说是由五个相互关联并不紧密的故事依序铺展而成的。有疯疯癫癫的秀珍，有学戏挨打的妞儿，有追求爱情与独立的兰姨娘，有命运悲惨的宋妈，有不知名的小偷……正如前文所述，虽然没有大红大紫的热闹情节，可平实质朴的文字里，细碎感人之处，书中俯拾皆是。

来，我们读读原文。

第一章《惠安馆传奇》：

我重新坐正，只好看赶马车的人狠心地抽打他的马。皮鞭子下去，那马身上会起一条条的青色的伤痕吗？像我在西厢房里，撩起一个人的袖子，看见她胳膊上的那样的伤痕吗？早晨的太阳，照到西厢房里，照到她那不太干净的脸上，那又湿又长的睫毛一闪动，眼泪就流过泪坑淌到嘴边了！我不要看那赶车人的皮鞭子！我闭上眼，用手蒙住了脸，只听那得得的马蹄声。

太阳照在我身上，热得很，我快要睡着了，爸爸忽然用手指逗逗我的下巴说：

“那么爱说话的英子，怎么现在变得一句话都没有了呢？告诉爸，你在想什么？”

……

妈妈这时一定在对爸爸使眼色吧？因为她说：

“我们小英子在想她将来的事呢！……”

“什么是将来的事？”从上了马车到现在，我这才说第一句话。

“将来的事就是英子要有新的家呀，新的朋友呀，新的学校呀……”

“从前的呢？”

“从前的事都过去了，没有意思了，英子都会慢慢忘记的。”

我没有再答话，不由得在想——西厢房的小油鸡，井窝子边闪过来的小红袄，笑时的泪坑，廊檐下的缸盖，跨院里的小屋，炕桌上的金鱼缸，墙上的胖娃娃，雨水中的奔跑，……一切都算过去了吗？我将来会忘记吗？

其实这样的叙述背后，隐隐地还透露出一些林海音对古都北京旧日繁华的眷恋。林海音长大后又回了台湾，此时父亲已殁，北京城南成了她尘封的回忆。几十年后落笔成文，回忆儿时悲欢离合，字里行间便自然而然有一种哀伤。仔细品品，其实是不易察觉的苦涩。

第二章《我们看海去》：

“这地方我不能久待了，你明白不？”

我不明白，所以我直着眼望他，不点头，也不摇头。他又说：

“不要再到这儿找我了，咱们以后哪儿都能见着面，是不是？小妹妹，我忘不了你，又聪明，又伶俐，又厚道。咱们也是好朋友一场哪！这个给你，这回你可得收下了。”

他从口袋掏出一串珠子，但是我不肯接过来。

“你放心，这是我自个儿的，奶奶给我的玩意儿多啦！全让我给败光了，就剩下这么一串小象牙佛珠，不知怎么，挂在镜框上，就始终没动过，今天本想着拿来送给你的，这是咱们有缘。小英子，记住，我可不是坏人呀！”

他的话是诚实的，很动听，我就接过来了，绕两绕，套在我的手腕上。

……

“哪个是便衣儿？”有人问。

“就是那个戴草帽儿的呀！手里还拿着贼赃哪！说是一个小姑娘给点引的路才破了案……”

我慢慢躲进大门里，依在妈妈的身边，很想哭。

宋妈也抱着珠珠进来了，人们已经渐渐地散去，但还有的一直追下去看。妈妈说：

“小英子，看见这个坏人了没有？你不是喜欢作文章吗？将来你长大了，就把今天的事儿写一本书，说一说一个坏人怎么做了贼，又怎么落得这么个下场。”

“不！”我反抗妈妈这么教我！

我将来长大了是要写一本书的，但绝不是像妈妈说的这么写。我要写的是：

“我们看海去”。

童年总是美好的，即便有些淡淡的忧伤。因为忧伤背后，仍是弥足珍贵的回忆。不过，我们也总是要和童年挥手作别的，打点行装，打起精神，让童年成为我们人生的底色，成为前行路上勇气的源泉，给我们力量，去走好未来更长更远的路。

祝你拥有值得回忆的童年。祝你拥有美好安稳的一生。

尝一尝人生的苦

——叶圣陶《稻草人》

痛苦在很多时候是一种洗礼，甚至是一种救赎。当你在阅读中见到、理解到、感悟到人生的苦难之后，再回到现实中，面对一切生活的痛苦，你会更坦然一些，更容易接受一点，至少也更容易从痛苦当中走出来。

叶圣陶先生是中国现代历史上非常重要的一位作家，更是一位教育家。在文学和教育两方面，叶圣陶先生都有着不可磨灭的贡献。

首先，作为一个作家，叶老是中国现代文学领域内，第一位真正意义上“为少年儿童”写文学作品的作家。也就是说，要讲中国的儿童文学，发端就在叶老。其次，作为一个教育家，叶老主导奠定了新中国整个教育教研的基本理念和体系。叶老有一个理念，教育是全社会的事，教育是要为社会服务的，所以教育理念和体系的设计，目标应该是要把受教育的人，训练成对社会有用、能为社会做点事的人。这和几千年来中国以科举制度为核心的精英化的教育思想是很不一样的。几千年的中国封建社会，识字率从来没有超过10%，但是中华人民共和国成立以后中国人的识字程度迅速提升，到今天已经到了 99% 以上，基本扫除了文盲。在古代，普通穷人家根本供不起一个孩子读书考科举，传统的科举制度实际是一种精英教育的体系。但是在叶老的理念中，教育要为社会输送人才，现代教育体系应该是让全民受教育的制度，目的是要提升普通人的文化水平。从这个角度来讲，叶圣陶先生对于中国教育的进步，对于此后每一代中国人文化水平的提升和生活条件的改善，可以说居功至伟。

《稻草人》是叶圣陶先生的代表作。这篇小说的篇幅不长，作为一篇白话文刚刚起步时期的作品，其中的不少表达和我们现在的文字表达习惯还不太一致，但它的确是很棒的文学作品，读完之后，让人怅然若失，不由自主地愣在那里，一时间回不过神来。

《稻草人》其实是一部悲剧作品，它从一个“稻草人”的视角，去看农村，看身边的世界，进而也折射出整个当时的中国社会。

稻草人是扎起来竖在田间地头用来吓唬吃粮食的鸟类的。它远看就像一个人，甚

至有些稻草人还有鼻子有眼的，天天竖在那里，如果它有生命、有感情，它就会看到发生在田间地头，发生在中国农村的那些悲悲喜喜、聚散离合。小说把稻草人拟人化，从它的视角写了三件发生在中国农村的事，而这些事，正折射了农村贫苦百姓的生活现实。

这三件事，分别发生在一个农妇、一个渔妇和一个寻短见的女人身上。

一个满天星斗的夜里，他（稻草人）看守着田地，手里的扇子轻轻摇动。新出的稻穗一个挨一个，星光射在上面，有些发亮，像顶着一层水珠；有一点儿风，就沙拉沙拉地响。稻草人看着，心里很高兴。他想，今年的收成一定可以使他的主人——一位可怜的老太太——笑一笑了。她以前哪里笑过呢？八九年前，她的丈夫死了。她想起来就哭，眼睛到现在还红着；而且成了毛病，动不动就流泪。她只有一个儿子，娘儿两个费苦力种这块田，足足有三年，才勉强把她丈夫的丧葬费还清。没想到儿子紧接着得了白喉，也死了。她当时昏过去了，后来就落了个心痛的毛病，常常犯。这回只剩她一个人了，老了，没有气力，还得用力耕种，又挨了三年，总算把儿子的丧葬费也还清了。可是接着两年闹水，稻子都淹了，不是烂了就是发了芽，她的眼泪流得更多了，眼睛受了伤，看东西模糊，稍微远一点儿就看不见。她的脸上满是皱纹，倒像个风干的橘子，哪里会露出笑容来呢？可是今年的稻子长得好，很壮实，雨水又不多，像是能丰收似的。所以稻草人替她高兴。

丈夫死了，好容易还清了丧葬费，儿子也死了。是这老妇人命不好吗？不，是农村的医疗卫生条件太差。现在好不容易把儿子的丧葬费也还清了，老农妇的日子会好起来吗？在那样积贫积弱的农村，农民的抗风险能力如此之低，农民的生活又怎么会好起来呢？一场新的悲剧，正在等待着这个老妇人。

老妇人的悲剧正在酝酿的时候，一幕新的悲剧又开始上演了：

他看那个女人，原来是一个渔妇。田地的前面是一条河，那渔妇的船就停在河边，舱里露出一丝微弱的火光。她那时正在把撑起的鱼罾放到河底；鱼罾沉下去，她坐在岸上，等过一会儿把它拉起来。

舱里时常传出小孩子咳嗽的声音，又时常传出困乏的、细微的叫妈的声音。这使她很焦心，她用力拉罾，总像很不顺手，并且几乎回回是空的。舱里的孩子还在咳嗽还在喊，她就向舱里说："你好好儿睡吧！等我得着鱼，明天给你煮粥吃。你老是叫我，叫得我心都乱了，怎么能得着鱼呢！"

孩子忍不住，还是喊："妈呀，把我渴坏了！给我点儿茶喝！"接着又是一阵咳嗽。

一个挣扎在生存线上的渔妇，一个重病发烧的孩子。

孩子竟大声哭起来，在空旷的夜间的田野里，这哭声显得格外凄惨。

渔妇无可奈何，放下拉罾的绳子，上了船，进了舱，拿起一个碗，从河里舀了一碗水，转身给孩子喝。孩子一口气把水喝下去，他实在渴极了。可是碗刚放下，他又咳嗽起来；而且更厉害了，后来就只剩下喘气。

她能打到鱼吗？孩子的病能好吗？

不去捕鱼，家里就揭不开锅。不照顾孩子，孩子就可能撒手人寰。没力气捕更多的鱼，没钱看病买药，这样的渔妇，这样的家庭，进入了一个难以打破的死循环。他们，会有怎样的结局？

稻草人只是站在地头，在寒风中瑟缩，但是它看到了人间的悲喜。它看到了当时中国农村那种让人看不到希望的生活。

什么是悲剧？鲁迅先生说，悲剧就是把美好的、有价值的东西毁灭给人看。

这篇《稻草人》正是如此完美地诠释了什么叫悲剧。文中的几位淳朴而无助的农人是整个中国农村社会的缩影，她们无力与现实的重压抗争，甚至连最基本的生存权都得不到保障。生而为人，本应拥有的美好而有价值的生活，在这出悲剧里，被逐一毁灭给读者看。叶老让这个稻草人拥有了悲悯的情怀，去观照悲惨的中国农村，观照这世上的悲剧。

痛苦在很多时候是一种洗礼，甚至是一种救赎。当你在阅读中见到、理解到、感悟到人生的苦难之后，再回到现实中，面对一切生活的痛苦，你会更坦然一些，更容易接受一点，至少也更容易从痛苦当中走出来。

用我们现在的眼光，你很难想象，这篇《稻草人》居然是一部儿童文学。我们现在想当然地认为，儿童文学，就应该是那些没心没肺的快乐、轻松自在的童年、冒着傻气的小孩儿，撒娇、装可爱、做傻事……真是天大的误会。很难想象一个被甜腻腻的东西滋养长大的人，能有什么深刻的思想、卓越的洞见，能有什么蓬勃的生命、勇敢的担当。很多人都说，养育一个孩子，不能把他当成温室里的花朵。可所谓“儿童文学”，不正在把孩子们呵护成一朵朵连暴风雨都从没见过的温室里的花朵吗？

叶老是有大智慧的。他把这个世界不那么美好的东西呈现给孩子们看，其实这非但不会让孩子变坏，反而会激起孩子的同情心。孩子会看到自己原来如此幸运，因为生活里没有这些痛苦。但是他们活成了这个样子，于是孩子的内心深处会有一种同情和悲悯，也许不是现在就去帮助他们，但这种悲悯，对任何一个孩子而言，都是一笔宝贵的人生财富。而相反，把一个本来其实并不完美的世界，描绘成无忧无虑的天堂，让孩子看到这样虚幻的假象，恐怕那才是害了孩子们吧。

只有爱

——徐志摩《志摩的诗》

人生不过白驹过隙，活三十四年，和活八十四年、一百零四年，有什么本质的区别呢？活到将死的时候就会发现，最重要的，是你怎样度过了自己的一生，拥有了怎样的回忆。你曾经有过的对爱的追求，对自由的渴望，这份勇气和向往，才是你在这世上活过的证明。

假如我是一朵雪花，
翩翩的在半空里潇洒，
我一定认清我的方向——
飞扬，飞扬，飞扬——
这地面上有我的方向。
不去那冷寞的幽谷，
不去那凄清的山麓，
也不上荒街去惆怅——

飞扬，飞扬，飞扬——

你看，我有我的方向！

《志摩的诗》是现代著名诗人徐志摩的一本诗集。开篇这两段，就节选自徐志摩的一首诗《雪花的快乐》。徐志摩只活了34岁，但是短短的一生活得精彩纷呈，颇有传奇色彩。

我是在刚上初中时读的徐志摩的诗。青春期，是一个人生命力蓬勃旺盛的时期，本就张扬的生命，读徐志摩洋溢着活力和热情的这些诗作，真是一种心灵的滋养。在我看来，每个走过青春的人都应该读读徐志摩的诗。

徐志摩出生在浙江海宁。海宁自古是富庶的商贸往来之地，当时海宁有三个名门望族，一姓徐，一姓陈，另一姓查，三家的关系盘根错节。徐家是海宁富商，家里做酱园子，贩卖丝绸，还开有钱庄。陈姓从清乾隆起就是大家族，有“一门陈阁老，六部五尚书”之谓。查姓也是世代书香门第，后来出了一个查良镛，就是写武侠小说的金庸。论起来，徐志摩还是金庸的表哥。

出生在这样的环境里，徐志摩从小生活优渥。一直到二十多岁都在读书，全然不必为生计着忙。从海宁私塾读到杭州的浙江一中，然后考上上海浸信神学院（后改名沪江大学，再后改名为上海理工大学），接着又去了北方，先到天津的北洋大学读法律，随着北洋大学合并给北大的法学院，徐志摩又成了北大的学生。

在北大，徐志摩不仅结识了当时学界、文化界的名流，还因为聪慧好学，成了梁启超先生的学生。此后，他从北大获得机会出国，到美国克拉克大学进修历史和社会学。其实徐志摩一直读书很杂，大学虽然读的法律，却是博览群书，在美国也不只读历史和社会学，他甚至还读了经济学，用十个月就拿到了克拉克大学的本科学士学位，并且拿了一等奖学金。接着，转到哥伦比亚大学读经济学研究生，后又赴英国进入剑桥大学当特别生，学习政治经济学。

不论徐志摩有怎样的求学背景，他的诗是饱含真情的，而且那种真情还不同于写杂文的愤怒和批判，而是一种满腔的爱与柔情。我们常讲，受着爱情滋润的人都是诗人，因为诗本就是充满爱的。而徐志摩也的确有非常丰富的爱情经历。有三位女性，都曾在他的生命中扮演过很重要的角色。第一位是张幼仪，也是徐志摩的结发妻子。不难想象，在那个年代，徐志摩和张幼仪的结合是包办婚姻的结果，是家里的安排。张幼仪家也是做生意的富商巨贾，这门婚事可能多少也有一些商业利益方面的考量，而徐志摩对张幼仪是没什么感情的。这时候年轻的徐志摩，一心想要追求自由恋爱，想要追求自己心中的爱与柔情。

后来徐志摩在美国留学期间，认识了林徽因。这位当时公认的才女，不仅才学过人，而且相貌出众，是很多才子们倾慕的对象，而徐志摩也是拜倒在林徽因石榴裙下的才子之一。也正是因为爱上了林徽因，徐志摩的诗歌创作也随着喷薄而出的感情达到了一个高峰，比如这首《偶然》：

我是天空里的一片云，
偶尔投影在你的波心——
你不必讶异，
更无须欢喜——
在转瞬间消灭了踪影。
你我相逢在黑夜的海上，
你有你的，我有我的，方向；
你记得也好，
最好你忘掉

在这交会时互放的光亮!

后来种种因缘际会，徐志摩和林徽因并没有成为终身伴侣。他后来与并无感情的结发妻子张幼仪离婚（离婚是在张幼仪孕中告知的，对张幼仪造成了很大的伤害），在1926年，与他生命中出现的第三位女性结合了，她就是陆小曼。

徐志摩和陆小曼的结合，在当时的文化界可说是石破天惊的事。因为陆小曼是有夫之妇，徐志摩本人也经历了婚姻，又经历了和林徽因的恋爱。那是一个中国人刚刚认识到“恋爱应当自由”的年代，大部分婚姻还仍是家中包办的，在这样的时代背景下，徐志摩和陆小曼的结合，可以想象会演变成一场怎样的轩然大波。

他们结婚时，邀请了他的老师梁启超来做证婚人。按说结婚是大喜之事，证婚人本该说些祝福的话，可梁启超对这对新人实在是不留情面，他说：“我来是为了说几句不中听的话，好让社会上知道这样的恶例不足取法。对他们这样的结合，大家不要学。”说徐志摩“性情浮躁，以至于学无所成，离婚再娶就是你用情不专的证明”。说陆小曼是“过来人”（这说法已经是近乎指责了），“希望从今以后你能恪尊妇道，检讨自己的个性和行为，离婚、再婚都是你们性格的过失所造成的。希望你们不要一错再错，自误误人，不要以自私自利作为行事的准则，不要以荒唐和享乐作为人生追求的目的，不要再把婚姻当作是儿戏，认为高兴可以结婚，不高兴可以离婚，让父母汗颜，让朋友不齿，让社会看笑话。总之，我希望这是你们两个人这辈子最后一次结婚，这是我对你们的祝贺，我说完了。”说完，梁老师就走了，这样的证婚词，大概也是旷古未有的了。

其实徐陆二人的婚姻，在一开始就不被看好，两人的婚后生活也确实有些摩擦。陆小曼是大户人家出来的，日常开销非常大，花钱不眨眼，而双方家庭都因为这桩婚事不够体面，而不愿意在经济上资助两人，于是徐志摩就开始了四处串场赚钱，往来奔波的日子。

徐志摩最脍炙人口的《再别康桥》大致就写在这个时期。康桥就是剑桥，徐志摩在毕业五六年后重回剑桥，写下了这首诗：

轻轻的我走了，

正如我轻轻的来；

我轻轻的招手，

作别西天的云彩。

那河畔的金柳，

是夕阳中的新娘；

波光里的艳影，

在我的心头荡漾。

软泥上的青荇，

油油的在水底招摇；

在康河的柔波里，

我甘心做一条水草！

那榆荫下的一潭，

不是清泉，是天上虹，

揉碎在浮藻间，

沉淀着彩虹似的梦。

寻梦？撑一支长篙，

向青草更青处漫溯，

满载一船星辉，

在星辉斑斓里放歌。

但我不能放歌，

悄悄是别离的笙箫；

夏虫也为我沉默，

沉默是今晚的康桥！

悄悄的我走了，

正如我悄悄的来；

我挥一挥衣袖，

不带走一片云彩。

造化弄人。这首诗几乎一语成谶：轻轻地来了，悄悄地走了，不带走一片云彩。徐志摩以一种我们想不到的方式，在所有人都想不到的时间，突然离开了人世。

1931 年 11 月 19 日的早上，徐志摩搭乘中国航空公司一架名为“济南号”的邮政飞机，从南京飞到北京，去参加一个为外国使者举办的中国建筑艺术的演讲会。这场活动的主办人是林徽因和梁思成夫妇（梁思成是梁启超的儿子，也是著名建筑学家）。就在飞机抵达济南南部党家庄一带的时候，因为大雾弥漫，难辨方向，这架邮政飞机发生了空难，一头撞在了山上，机毁人亡。徐志摩年仅 34 岁。

这样夺目又极端的离世方式，大概也是上天对毕生追求唯美的诗人的一种眷顾吧。他不必去忍受病痛的折磨，用最痛苦可也是最短暂、最璀璨的方式，结束了自己的一生。没有人能找到他的尸骨。但所有人都知道，徐志摩永远地离开了，走向了自己的归宿。

为什么要给大家讲徐志摩？因为这些八卦？当然不是的。二十多年前，刚读初中的我，在徐志摩的纪念馆里看到过他日记上的一句话，读到的时候，我几乎汗毛倒竖，浑身战栗，一直到今天，我仍深深为其打动。

我没有别的方法，我就有爱；

没有别的天才，就是爱；

没有别的能耐，只是爱；

没有别的动力，只是爱。

徐志摩的一生，过得很自由。而他这种自由的原动力，正是他对这个世界饱含着的、充满了的爱。他爱这个世界上的一花一树，他爱这个世界上所有值得去爱的人，他也爱他自己。因为有这样的爱，所以徐志摩可以如此坦荡地去过他的一生，可以在那样的社会环境之下，坦荡地说出他对每一个爱过的人的感情，那种爱，是极需要勇气的。这份追求爱与自由的勇气，不是每个人都具备的。

人生不过白驹过隙，活三十四年，和活八十四年、一百零四年，有什么本质的区别呢？活到将死的时候就会发现，最重要的，是你怎样度过了自己的一生，拥有了怎样的回忆。你曾经有过的对爱的追求，对自由的渴望，这份勇气和向往，才是你在这世上活过的证明。

和徐志摩一样，我们没有别的能耐，就只有爱；没有别的动力，只有爱；没有别的方向，就只有爱。

只有爱，是我们面对世界和人生时，唯一的倚仗。

时代与命运

——老舍《骆驼祥子》

一个好的社会，应该是一个能给人希望的社会。如果它不能给人希望，不能给人一个起码公平的环境，它就是一个糟糕的社会，不论在哪个年代，不论走到地球上的哪个角落，都是如此。

我一直在想，其实很多经典的作品，有的同学现在还不太读得懂，甚至可能现在暂时都还不太听得明白。没关系，好书从来不是那么容易读懂的，但一定是经得起反复阅读的。比如这本《骆驼祥子》，就不是一本很好读、很好懂的书。

先说作者老舍吧。按中国现代文学界的官方排名：鲁郭茅巴老曹，鲁迅第一，郭沫若第二，茅盾第三，巴金第四。然后是老舍和曹禺。

老舍原名舒庆春，老舍是他的笔名。他是旧时代过来的人，清朝八旗血统。从小因为父亲去世（死在八国联军入侵北京城的时候）而家道中落。后来出国留学、教书，在英国教中国文学。再回到国内，写作、任教。1966 年，“文化大革命”爆发，老舍被批斗，自沉太平湖，享年 67 岁。

因为是旧时代过来的人，老舍在文字上有老底子，基本功扎实。而在思想上，老舍有两个显著的特点。第一，因为生活在中国最为积贫积弱的年代，老舍对生活在底层的穷困的中国人，有着发自内心的同情和悲悯，他的创作离不开这些人。而在思考和描写这些人的时候，老舍也逐渐意识到，人要改变命运，很多时候是要依赖时代的。如果这个时代不给人机会，那么时代中的人是很难改变命运的。也就是说，老舍的思考进了一步，从站在个人的立场上同情弱者，到站在更高的层面上去看个人和社会之间的关系。著名的《茶馆》《骆驼祥子》，都是老舍思想上这一特点的体现。

第二个特点是，在思考个人和社会关系的过程中，老舍发现了自己身上旧时代的遗存，他希望自己能有更“进步”的思想，希望能改变自己，去迎接一个即将到来的新世界、新时代。可同时，矛盾在这里出现了：他改变不了。这在老舍的很多作品中都有体现，他努力去改变自己，可最终，改变不了。因为想改变而改变不了，老舍也很失望，甚至很痛苦。这是老舍思想中长期存在的矛盾的地方。比较典型的是《断魂枪》这篇小说，沙子龙最后的“不传！不传”其实正是老舍的心声。他身上有一些很古老的传统的东西，甚至那些东西是根深蒂固的，放在如今这个多元的社会，我们当然都能包容。可在那个特殊的年代，老舍因为这些，自己也成了时代的牺牲品。

说说《骆驼祥子》吧。

祥子是一个——怎么概括呢——祥子曾经是一个对生活充满期待和憧憬，也非常有干劲的年轻人。他虽然没有文化，只能干体力活，做一个社会最底层的人力车夫，但他很认真很努力地去生活，用苦力去换钱，换更好的生活，换未来的希望。

你知道，人最宝贵的是希望，不论遇到多大的磨难和挫折，只要希望还在，人就有奋起的勇气和前进的力量，也就有了改变命运的可能。但是，希望是从哪里来的呢？如果有一个相对安稳的环境，让人知道，我只要努力就有可能成功，那么自然，人就容易满怀希望。可如果，环境不给你希望呢？如果不论你如何努力，最后你所处的环境都只给你死路一条呢？

摆在骆驼祥子面前的，就是这样一个中国社会。

祥子其实很努力，不论天气怎样，他天天出车，对未来满怀期待，盼着每天省吃俭用多出车，凑够了钱可以自己买辆人力车，就不用再每天交租。整整吃了三年苦，他熬下来了，他不觉得苦。

因为高兴，胆子也就大起来；自从买了车，祥子跑得更快了。自己的车，当然格外小心，可是他看看自己，再看看自己的车，就觉得有些不是味儿，假若不快跑的话。

可就在眼看着好日子即将到来的时候，出事了：

危险？难道就那样巧？况且，前两天还有人说天坛住满了兵；他亲眼看见的，那里连个兵毛儿也没有。这么一想，他把车拉过去了。

……

还没拉到便道上，祥子和光头的矮子连车带人都被十来个兵捉了去！

祥子之所以被叫作骆驼祥子，就是从这次被抓走又逃回来开始的：

看见的还是黑暗，可是很清楚的听见一声鸡鸣，是那么清楚，好像有个坚硬的东西在他脑中划了一下。他完全清醒过来。骆驼呢？他顾不得想别的。绳子还在他手中，骆驼也还在他旁边。他心中安静了。懒得起来。身上酸懒，他不想起来，可也不敢再睡。他得想，细细的想，好主意。就是在这个时候，他想起他的车，而喊出："凭什么？"

……

饿了三天，火气降下去，身上软得像皮糖似的。恐怕就是在这三天里，他与三匹骆驼的关系由梦话或胡话中被人家听了去。一清醒过来，他已经是"骆驼祥子"了。

自从一到城里来，他就是"祥子"，仿佛根本没有个姓；如今，"骆驼"摆在"祥子"之上，就更没有人关心他到底姓什么了。有姓无姓，他自己也并不在乎。不过，三条牲口才换了那么几块钱，而自己倒落了个外号，他觉得有点不大上算。

祥子是那么容易被打倒的吗？当然不是。他很快就振奋起来，在哪里跌倒，就从哪里站起来！继续省吃俭用，继续凑钱，买新车！

这次，命运女神会眷顾他吗？

老舍用他特有的悲天悯人的情怀和现实主义的笔法，向我们活灵活现地勾勒出一个在旧时代，原本奋发有为的青年，如何被现实一步一步打败，到最后，自甘堕落的过程。对，《骆驼祥子》没有 happy ending。

五六年级第一次读《骆驼祥子》的时候，我的小心脏成天跟着祥子的命运起伏。我还记得，那是暑假，大热天，我捧着一本很老版本——老得书页都泛黄的书，心情如何地跌宕。那时候我也不太知道深阅读，被祥子的命运深深吸引，随着他高兴，随着他痛苦，内心深处，大概也和祥子一样，盼着有一个美好的结局。童话里，不都是有一个美好结局的吗？

最后全部读完，把书合起来的时候，我坐在阳台上，怅然一声长叹。好端端一个祥子，怎么就活成这样了？可是，他做错什么了？凭什么命运对他如此不公平？凭什么？！

一个好的社会，应该是一个能给人希望的社会。如果它不能给人希望，不能给人一个起码公平的环境，它就是一个糟糕的社会，不论在哪个年代，不论走到地球上的哪个角落，都是如此。

读到这本书，听到平哥节目的各位，生在 21 世纪的中国，你我是幸运的。我们也许都不是含着金汤匙出生的，但至少，在眼下的中国，我们有相对公平的机会——至少你可以通过自己努力，用读书、用高考来改变你人生的轨迹；我们也有公平的机会去追求未来幸福美满的人生，我们可以创业做生意，可以读书做学问，可以凭自己的双手去创造财富和未来，而不用担心我们所处的环境随时可能夺走我们拥有的一切。社会不可能处处公平，但只要机会公平，只要社会稳定，生活就充满希望。

祥子生活的时代过去了。希望那样的时代永远不要再来。而我们需要做的是，不论在怎样的时代里，都要像祥子一样用力地活着。对，没有什么是轻轻松松就能到手的。哪怕再好的时代给了你再好的机会，不努力，你也是一无所有。

共勉。

想得却不可得，你奈人生何

——梁实秋《雅舍小品》

这些后来在台湾回忆北平吃食的文章，前些年还当菜谱读过，在纸上饕餮了一回，甚而各大媒体荐书，也都当是美食文萃。现在再读，却恍然有隔世之感。美食寄乡愁，美食寄伤怀。不论饕餮大餐还是粗茶淡饭，美食里，都是人生滋味。

北平中秋以后，螃蟹正肥，烤羊肉亦一同上市。口外的羊肥，而少膻味，是北平人主要的食用肉之一……北平烤羊肉以前门肉市正阳楼为最有名，主要的是工料细致，无论是上脑、黄瓜条、三叉、大肥片都切得飞薄。切肉的师傅就在柜台近处表演他的刀法，一块肉用一块布蒙盖着，一手按着肉一手切，刀法利落。肉不是电冰柜里的冻肉，就是冬寒天冻，肉还是软软的。没有手艺是切不好的。

馋不馋？还有呢：

正阳楼的烤肉支子，比烤肉宛、烤肉季的要小得多。直径不过二尺，放在四张八仙桌上，都是摆在小院里，四围是四把条凳。三五个一伙围着一张桌子，抬起一条腿踩在条凳上，边烤边饮边吃边说笑，这是标准的吃烤肉的架势。这不像烤肉宛那样的大支子，十几条大汉在熊熊烈火周围，一面烤肉一面烤人。女客喜欢到正阳楼吃烤肉，地方比较文静一些，不愿意露天自己烤，伙计们可以烤好送进房里来。烤肉用的不是炭，不是柴，是烧过除烟的松树枝子，所以带有特殊香气。烤肉不需多少佐料，有大葱、芫荽、酱油就行。

正阳楼的烧饼是一绝，薄薄的两层皮，一面粘芝麻，打开来会冒着一股滚烫的热气，中间可以塞进一大箸子烤肉，咬上去，软。普通的芝麻酱烧饼不对劲，中间有芯子，太厚实，夹不了多少肉。

哎呀，口水下来了，馋死我了。

这文章的作者是梁实秋，“老吃客”。是“吃客”，不是“吃货”，梁先生那可是吃出文化吃出水平来的。能吃不是本事，会吃才是能耐。人人都要吃饭，一个人光是能吃，胡吃海喝，猪八戒吃人参果，那叫饥不择食，只为填饱肚子，说得不好听，简直只能叫作“进食”。

还有些吃，以豪奢为美味，鱼翅、鲍鱼、龙虾、海参、熊掌、穿山甲……各种山珍海味，天上飞的地上跑的海里游的，恨不得都给你端上餐桌，这真是对“美食”巨大的误会。真正的美食，应该有感情、有体会、有文化、有回忆，吃什么也许不重要，从“吃”里头品出人生百味，才是真正的好味道。

梁先生写美食的这些文章，收录在好几本后出版的书里，很多出版社都用不同的书名出版过梁先生写美食的文章，比如2016年出版过《人间有味是清欢》，2015年再版过《雅舍谈吃》等等。其实梁先生1987年就在台湾逝世了，

这些美食，是梁先生前半生在北京（当时叫北平）生活时吃到的。

梁先生最广为流传的，还不止这些美食文章，而是1949年梁先生出版的一本散文集《雅舍小品》，那才是奠定了梁先生在文坛地位的一本散文集。

“雅舍”是梁先生给自己抗战时期在重庆买的一套小平房起的名字。所谓小品，是一种简短的文体，写生活中的小物件、小事情、小情怀。梁先生学问很好，虽然辗转奔波，却总过着一种有文化、有格调、很雅致的生活。这种雅致，一直都是文人墨客在生活中所追求的，只是，若没有相当的审美趣味，没有足够的人文积淀，这种雅致也是很难学会的。而梁先生的雅致，还不仅是阳春白雪的“高雅”，而是很接地气的“俗中见雅”。《雅舍小品》里不只有美食文章，还有社会见闻、生活随想，读一读标题，就能感受到浓浓的生活气息：《孩子》《音乐》《谦让》《结婚典礼》《匿名信》《握手》《下棋》《画展》《脸谱》《送行》《旅行》《乞丐》《理发》《请客》《狗肉》……还有一篇叫《教育你的父母》。

梁先生的行文风格，一方面是博闻广识、引经据典，讲来历，讲掌故，比如上文写正阳楼的羊肉和烧饼。另一方面，也写嬉笑怒骂。梁先生是一个很幽默、很会开玩笑的人。所以这些小品文往往让人读来忍俊不禁、莞尔一笑。

说回美食吧。《人间有味是清欢》这本收录了梁先生美食文章的集子，简直就是一本文采斐然的菜谱，别说里头具体的描写让人垂涎欲滴，只是光篇名，就能让人欲罢不能：《烤羊肉》《烧鸭》《酱菜》《水晶虾饼》《铁锅蛋》《酸梅汤与糖葫芦》《锅烧鸡》《炸丸子》《满汉细点》《白肉爆双脆》《北平的零食小贩》《醋熘鱼》《锅巴》《龙须菜》……哎呀，再说我口水下来了。

其实这些美食文章，大体是梁先生到台湾后，回忆前半生在北平的生活而写的。前半生的美食阅历，变成后半生不尽的回忆，只有落到笔下，才能稍稍解开浓浓的乡愁。

人对家乡的思念，常常会落在那一口美食上。越想家就越馋，想的是家乡的味道。越馋也就越想家，想的是家乡的人和事。梁先生身在台湾，把这么多当年在大北平吃过的菜逐一写来，想必，心里是怅惘的。可又能怎么办呢？你奈人生何！

开筵之日，珍错杂陈，丰美自不待言。最满意者，其酒特佳。我吩咐茶房打电话到长发叫酒，茶房说不必了，柜上已经备好。原来柜上藏有花雕埋在地下已逾十年，取出一坛，羼以新酒，斟在大口浅底的细瓷酒碗里，色泽光润，醇香扑鼻，生平品酒此为第一。似此佳酿，酒店所无。而其开价并不特昂，专为留待佳宾。当年北京大馆风范如此。

生平饮酒何止千杯万盏？梁先生说，在北京大馆子里招待远归旧友的这一坛，是生平第一！第一不第一，哪有定论，身在台湾，心系北平，当年的滋味，自然是生平第一。既是生平第一，则必是眼下所无，甚至是今后此生所无。想得，却不可得，一声长叹，你奈人生何！

北京饭馆跑堂都是训练有素的老手。剥蒜剥葱剥虾仁的小利巴，熬到独当一面的跑堂，至少要到三十岁左右的光景。对待客人，亲切周到而有分寸。在这一方面东兴楼规矩特严。我幼时侍先君饮于东兴楼，因上菜稍慢，我用牙箸在盘碗的沿上轻轻敲了叮当两响，先君急止我曰：”千万不可敲盘作响，这是外乡客粗鲁的表现。你可以高声喊人，但是敲盘碗表示你要掀桌子。在这里，若是被柜上听到，就会立刻有人出面赔不是，而且那位当值的跑堂就要卷铺盖，真个的卷铺盖，有人把门帘高高掀起，让你亲见那个跑堂扛着铺盖卷儿从你门前急驰而过。不过这是表演性质，等一下他会从后门又转回来的。”跑堂待客要殷勤，客也要有相当的风度。

写好文章，需要阅历。读懂好文章，品出好滋味，也需要阅历。

梁先生的《雅舍小品》，我初中即已读罢一过，当时权当幽默好玩。这些后来在台湾回忆北平吃食的文章，前些年还当菜谱读过，在纸上饕餮了一回，甚而各大媒体荐书，也都当是美食文萃。现在再读，却恍然有隔世之感。美食寄乡愁，美食寄伤怀。不论饕餮大餐还是粗茶淡饭，美食里，都是人生滋味。

万金家书，舐犊之情

——傅雷《傅雷家书》

《傅雷家书》字里行间都洋溢出父母和孩子之间的真情和理性。这是一种很好的父母和孩子的关系，很健康的良性的互动。父母孩子之间休戚相关的骨肉关系，对我们每个人而言，是生命中最可贵的东西之一。如何做一个合格的父母？如何做一个合格的孩子？这是我们每个人一生的课题。

“家书”就是寄给家人的信，这本《傅雷家书》，是著名翻译家傅雷先生，和远在法国的儿子，著名音乐家、演奏家傅聪之间的通信。

人类历史上，自从纸笔发明以来，写信，一直是最重要的长途沟通方式。一封信，有话则长无话则短，互通音信，表达关心，倾诉衷肠，承载了人与人之间浓浓的情谊。尤其家信——尤其动荡年代的家信——满怀对远方亲人的思念，读来令人肠断。杜甫诗云：“烽火连三月，家书抵万金。”其中深情，一望而知。

家书，因为总是饱含深情，又常常是两代人之间思想和感情的碰撞，不少文学作品都会用家书的形式创作。著名作家王朔写过一本《致女儿书》，用书信的体例，给女儿写信，给大家读。不过这是“文学创作”，多少都带有一些刻意为之的成分，而这本《傅雷家书》却是最真实的家信，傅雷以最大的诚意，用最真的感情，给最亲的儿子写信。那时，他不会想到，有一天，这些信会出现在读者面前。所以其中的每一字每一句，都是一个父亲给儿子的心里话。

大家也许觉得奇怪，不就是一些父子的通信嘛，这也值当出成书给大家读？别急，我们先说说傅雷吧。傅雷是当时中国数一数二的法语翻译家，也是颇富声望的文艺评论家，他懂艺术，尤其在音乐上很有造诣，熟悉古典音乐。傅雷最有名的翻译作品，就是那本法国作家罗曼·罗兰的《约翰·克里斯朵夫》，书中主角克里斯朵夫，就是一个音乐家。若没点音乐领域的知识和见地，只怕翻译不好这样大部头的作品。而傅雷先生的译笔极其精到，他翻译的这个版本，至今难有出其右者。

而傅雷的儿子傅聪先生，是一位在世界上都很有影响力的华裔英籍音乐家。傅聪在“文革”前就离开祖国去欧洲深造，主攻钢琴演奏。他在 1953 年，年仅 19 岁时就在钢琴演奏比赛中获奖，得到去东欧各国演出的机会，此后迅速成名，1959 年，在伦敦皇家音乐大厅与著名指挥家朱力尼合作演出。父亲懂音乐，儿子弹钢琴，这是书香门第的文化传承。

《傅雷家书》这本书，集结了 1954 年到 1966 年（“文化大革命”开始前，也是傅雷去世的那一年），身在中国的傅雷写给远在欧洲的儿子傅聪之间的通信。信里写了些什么呢？难免有生活琐事，当然也有人生的重大抉择，比如关于女朋友，关于婚姻，关于职业的选择和前途，还有关于艺术的探讨，为人父母的情感和期许。

在《傅雷家书》20 世纪 80 年代出版的最早的版本里，只有傅雷写给儿子的信，一经出版，这本书就成了文化圈的热点，让全国读者都对傅雷和傅聪这对文艺父子有了一个全新的认识。更重要的是，信中的舐犊之情，让所有为人父母的读者为之动容，而傅雷对儿子说的真心话，也正是每一个父母想对自己的孩子讲，却又往往不知该从何说起的。

教育问题，如今俨然已是个社会问题，无数家长为之焦虑。父母和孩子之间究竟应该是一种怎样的关系？父母又该怎样教育孩子，如何影响孩子？这些问题，我们大概都能从这本《傅雷家书》里找到答案。

亲爱的孩子，你走后第二天，就想写信，怕你嫌烦，也就罢了。可是没一天不想着你，每天清早六七点就醒，翻来覆去睡不着，也说不出为什么。好像克里斯朵夫的母亲独自守在家里，想起孩子童年一幕幕的形象一样；我和你妈妈老是想着你二三岁到六七岁间的小故事。——这一类的话我们不知有多少可以和你说，可是不敢说，你这个年纪是一切向前的，不愿意回顾的；我们啰里啰唆的抖出你尿布时代与一把鼻涕一把眼泪时代的往事，会引起你的憎厌。孩子，这些我都很懂得，妈妈也懂得。只是你的一切终身会印在我们脑海中，随时随地会浮起来，像一幅幅的小品图画，使我们又快乐又惆怅。

真的，你这次在家一个半月，是我们一生最愉快的时期；这幸福不知应当向谁感谢，即使我没宗教信仰，至此也不由得要谢谢上帝了！我高兴的是我又多了一个朋友；儿子变了朋友，世界上有什么事可以和这种幸福相比的！尽管将来你我之间离多别少，但我精神上至少是温暖的，不孤独的。我相信我一定会做到不太落伍，不太冬烘，不至于惹你厌烦。也希望你不要以为我在高峰的顶尖上所想的、所见到的，比你们的不真实。年纪大的人终是往更远的前途看，许多事你们一时觉得我看得不对，日子久了，现实却给你证明我并没大错。

孩子，我从你身上得到的教训，恐怕不比你从我得到的少。尤其是近三年来，你不知使我对人生多增了几许深刻的体验，我从与你相处的过程中学到了忍耐，学到了说话的技巧，学到了把感情升华！

《傅雷家书》1981 年出第一版的时候，只有傅雷夫妇写给儿子和儿媳的信（傅聪后来在欧洲结婚，娶了个“洋媳妇”），信是由傅雷在国内的小儿子整理集结的，傅聪的回信不在其中。而神奇的是，傅聪写给父亲的信，后来在上海音乐学院的一间很不起眼的放清洁工具的小屋子里，找到了。

书信中除了有傅雷表达对儿子的爱和关心的，还有傅雷鼓励甚至教训儿子的。看来父亲对儿子，也是从不放松啊：

以演奏而论，我觉得大体很好，一气呵成，精神饱满，细腻的地方非常细腻，音色变化的确很多，我们听了都很高兴、很感动。好孩子，我真该夸奖你几句才好。

回想1951年4月刚从昆明回沪的时期，你真是从低洼中到了半山腰了，希望你从此注意整个的修养，将来一定能攀登峰顶。

这是鼓励的。还有一些嘱咐，就多少有点教训的意思了：

在公共团体中，赶任务而妨碍正常学习是免不了的。这一点我早料到，一切只有你自己用坚定的意志和立场，向领导婉转而有力的去争取，否则出国的准备又能做到多少呢？特别是乐理方面，我一直放心不下。从今以后，处处都要靠你个人的毅力、信念和意志——实践的意志。

书里也有傅聪的母亲朱梅馥写给儿子的信，话就温和得多了：

望你把全部精力放在研究学问上，多用理智，少用感情，当然，那是要靠你坚强的信心，克制一切的烦恼，不是件容易的事，但是非克服不可。对于你的感情问题，我向来不参加任何意见，觉得你各方面都在进步，你是聪明人，自会觉悟的。我既是你妈妈，我们是休戚相关的骨肉，不得不要唠叨几句，加以规劝。

《傅雷家书》字里行间都洋溢出父母和孩子之间的真情和理性。这是一种很好的父母和孩子的关系，很健康的良性的互动。父母孩子之间休戚相关的骨肉关系，对我们每个人而言，是生命中最可贵的东西之一。如何做一个合格的父母？如何做一个合格的孩子？这是我们每个人一生的课题。

你很棒，
你跟别人不一样

你很棒，你跟别人不一样

——贾平凹《丑石》

我们每一个人都是一块丑石，出生在这个世界上，你一定有自己特有的、不同于身边其他人的价值。也许有时候你觉得自己这也不行，那也不行。但是请你相信自己，你有你的价值，要耐住寂寞，终有一天，你会找到自己的舞台。在那个舞台上，你将展现出让所有人都惊讶的才华和天赋。

《丑石》这篇文章，开门见山，直接点出了主角丑石，还明确表示了态度：“我”常常觉得“遗憾”。一块石头，让人为它感觉“遗憾”，这也是丑到一定程度了。

我常常遗憾我家门前的那块丑石呢：它黑黝黝地卧在那里，牛似的模样；谁也不知道是什么时候留在这里的，谁也不去理会它。只是麦收时节，门前摊了麦子，奶奶总是要说：这块丑石，多碍地面哟，多时把它搬走吧。

丑就丑了，有点用也行啊。可这石头不仅丑，而且没用。其实大家给过它机会，看它能干什么。

于是，伯父家盖房，想以它垒山墙，但苦于它极不规则，没棱角儿，也没平面儿；

用錾破开吧，又懒得花那么大气力，因为河滩并不甚远，随便去捎一块回来，哪一块也比它强。房盖起来，压铺台阶，伯父也没有看上它。有一年，来了一个石匠，为我家洗一台石磨，奶奶又说：用这块丑石吧，省得从远处搬动。石匠看了看，摇着头，嫌它石质太细，也不采用。

不规则，质地又太细，可细得还不漂亮：

它不像汉白玉那样的细腻，可以凿下刻字雕花，也不像大青石那样的光滑，可以供来浣纱捶布；它静静地卧在那里，院边的槐荫没有庇覆它，花儿也不再在它身边生长。荒草便繁衍出来，枝蔓上下，慢慢地，竟锈上了绿苔、黑斑。

完了，真是一点用都没有了。树荫嫌弃它，花也嫌弃它，就连爱玩的孩子们，也

不喜欢它：

我们这些做孩子的，也讨厌起它来，曾合伙要搬走它，但力气又不足；虽时时咒骂它，嫌弃它，也无可奈何，只好任它留在那里去了。

到这里，作者已经把这块丑石写得一文不值了。石头能拿来干什么呢？要么是有实用的价值，盖屋造房垒台阶，要么就得长得好看让人赏心悦目，不然这么一块石头，要它干吗呢？

就好像一个人，你总得成才，总得“对社会有用”吧。中国古人说“学成文武艺，货与帝王家”。再不济，你长得好看，那你至少也是个“花瓶”。偏偏这石头都不行。唯一好像有点用的地方是：

稍稍能安慰我们的，是在那石上有一个不大不小的坑凹儿，雨天就盛满了水。常常雨过三天了，地上已经干燥，那石凹里水儿还有，鸡儿便去那里渴饮。每每到了十五的夜晚，我们盼着满月出来，就爬到其上，翘望天边；奶奶总是要骂的，害怕我们摔下来。果然那一次就摔了下来，磕破了我的膝盖呢。

天上有一个月亮，坑凹里还有一个月亮，在那么一点水的助力之下，场面终于是好看了一点儿，可其实也不是丑石好看，是月亮好看。为了这么一点点好看，还让“我”付出了代价——磕破了膝盖。唉，你说，对这么一块丑石，还怎么喜欢得起来呢？

人都骂它是丑石，它真是丑得不能再丑的丑石了。

要说丑石还有什么价值的话，大概就只剩让大家骂两句出出气的价值了。

在这里，我想问大家一个问题：你觉得什么叫有用？我们平时一直说，我们要做一个对社会有用的人。对人而言，我们通常都认为，做一颗螺丝钉，拧在社会的某个地方，你在那儿好好地发挥作用，这就是有用了。而这个概念放到一块石头身上，就如我们刚才说的，能垒墙、能铺台阶、能浣纱捶布、能刻字雕花，这都叫有用。即使这些都不行，至少能摆着赏玩，能给孩子们找个乐子，勉强也算有用了。

从这个角度来看，这块丑石确实是啥用都没有。

几千年以前，孔子讲过一句话：“君子不器。”

什么意思呢？器，是被制造出来装东西的容器。凡是器，就一定是有用的，可以是装东西的容器，也可以是流水线上的机器，反正得有一些“实际”的用处。就好像我们从出生开始，经过小学和中学的义务教育，经过三年高中，之后进入大学接受高等教育——太棒了，你就是个“器”了，不论你是医生、护士、老师、警察，还是公务员、工程师，只要你有份工作，那么恭喜你，你就是一颗螺丝钉，在整个社会的大机器上发挥作用，你是个“器”了。

能在社会这部大机器的某一个位置上扮演好自己的角色、做好自己的事，这样的人就是贾平凹在文章中所说的那些用来垒墙、铺台阶、做石磨、浣纱捶布、刻字、雕花的石头。它们被人开凿出来，打造成人们想要的样子，再经过打磨——就像我们每个人接受各种教育——最后成为一个“器”，一个别人希望你成为的样子。我们常听人说，“这小子真是不成器”，就是说你没能成为别人想要的样子。

大部分人都是这样一路走过来的，去垒墙、去浣纱捶布、去做石磨……这些人都被我们称之为有用的人。可是几千年以前，孔子却告诉我们：君子不器。我特别佩服孔子这个倔老头，说话一针见血啊！真正的君子是不应成为一个器皿的，更不应是一颗被人安放在某个位置上的螺丝钉。

做一颗螺丝钉，就意味着你是一颗被打磨好了的零件，只能放在这一个地方才有用。浣纱捶布的大青石，它就只能浣纱捶布，做不了台阶，也不能在上面刻字、雕花。孔子觉得真正的君子不是这样的。

其实孔子自己就是这么一块丑石，天天到处跟人讲道理，讲他的“克己复礼”。东方有孔子，西方也有哲学家苏格拉底。苏格拉底经常在路上拽住一个人就跟他聊哲学问题：你是谁？你从哪儿来？你到哪里去？恐怕不少人也会觉得苏格拉底是块没用的丑石吧。写《红楼梦》的曹雪芹，15 岁的时候家里被抄家，他连谋生的技能都没有，最后没办法，为了填饱肚子，只能到路边去卖风筝。还有画画的凡·高，疯疯癫癫，甚至自己割了自己的耳朵……按“器”的观点去看，这些人活着，有什么用呢？

那难道丑石真的没用吗？文章是这么说的：

终有一日，村子里来了一个天文学家。……以后又来了好些人，说这是一块陨石，从天上落下来已经有二三百年了，是一件了不起的东西。不久便来了车，小心翼翼地将它运走了。

……这又怪又丑的石头，原来是天上的呢！它补过天，在天上发过热，闪过光，我们的先祖或许仰望过它，它给了他们光明，向往，憧憬；而它落下来了，在污土里，荒草里，一躺就是几百年了？！

这块陨石，它跟身边所有的石头都不一样，它做不了地球上的墙和台阶，不能刻字、雕花，也不能浣纱捶布，因为它就不是干这些事儿的！

正因为它不是一般的顽石，当然不能去做墙，做台阶，不能去雕刻，捶布。它不是做这些玩意儿的，所以常常就遭到一般世俗的讥讽。

被讥讽、被嘲笑、被嫌弃、被咒骂，就没有价值了吗？孔子、苏格拉底、曹雪芹、凡·高，他们哪一位不是这样？

孔子的学说对中国文化有奠基性的影响；苏格拉底是西方哲学的开山鼻祖，那三个听起来近乎愚蠢的问题：我是谁？我从哪里来？我到哪里去？是千古以来的哲学大问，到现在人类都没有答案；曹雪芹用一本《红楼梦》，写尽人间辛酸、世间百态；凡·高绘出了人类美术史上浓墨重彩的一页……

丑石的价值不在于做好日常琐碎的那些事。当面对凡夫俗子的讥讽的时候，它默默地忍受着，在污土里、荒草里一躺就是几百年。它忍受了所有的一切。但是这块丑石的心里有它自己的骄傲，它知道它和别人不一样，它知道“君子不器”。终有一天，它会显示出它的价值，那将是远远超越所有日常琐碎的价值。

我们每一个人都是这样一块丑石，出生在这个世界上，你一定有自己特有的、不同于身边其他人的价值。也许有时候你觉得自己这也不行，那也不行。但是请你不要灰心，不要懊恼，不要害怕被误解，甚至被嘲笑、被嫌弃、被咒骂，这都不算什么。想想这块丑石，“它本就不是干那些玩意儿的！”相信自己，你有你的价值，要耐住寂寞，终有一天，你会找到自己的舞台。在那个舞台上，你将展现出让所有人都惊讶的才华和天赋。

你的幸运和成功都不是理所当然

——杨绛《老王》

一个有涵养的人，不会认为自己得到的一切都是理所当然的，他会对世上万物“心有戚戚焉”。他会意识到，今天自己得到这些，不是因为我有多厉害，只不过是我足够幸运罢了。

杨绛的这篇《老王》，曾经被选入苏教版的语文课本，被放在一个叫作“底层的光芒”的板块里，意思是，这篇文章主要表现了底层人物身上如何展现人性的光辉。从这个角度解读这篇文章，当然也是可以的，不过平哥觉得，可能略微有点浅了。这篇文章的背后恐怕还有更深一层的意义。

《老王》是杨绛在 1984 年写的一篇回忆故人旧事的文章。主角老王的故事发生在当时的十几年前。杨绛和钱锺书虽然是中国顶尖的知识分子、大师级的学者，但是在文章所回忆的那个年代，他们夫妇俩的生活也很拮据，这是整个时代的状况——高级知识分子都过成这样，底层民众的生活就可想而知了。

老王就是那时的一个底层民众，作者开门见山第一句，就交代了老王的身份：他是个蹬三轮的（就是骑三轮车载客挣钱的）。然后借老王自己之口，交代了他的情况：

据老王自己讲：北京解放后，蹬三轮的都组织起来；那时候他“脑袋慢”，“没绕过来”，“晚了一步”，就“进不去了”。他感叹自己“人老了，没用了”。老王常有失群落伍的惶恐，因为他是单干户。他靠着活命的只是一辆破旧的三轮车；有个哥哥死了，有两个侄儿“没出息”，此外就没什么亲人。

一望可知，老王的生活境遇是很悲惨的：人老了，家里又没什么亲人照顾，就连蹬三轮都进不了组织，成了单干户，就靠这辆三轮车过日子。

紧接着的一段肖像描写，更表现了老王的悲惨、可怜：

老王不仅老，他只有一只眼，另一只是“田螺眼”，瞎的，乘客不愿坐他的车，怕他看不清，撞了什么。有人说，这老光棍大约年轻时候不老实，害了什么恶病，瞎掉一只眼。他那只好眼也有病，天黑了就看不见。有一次，他撞在电杆上，撞得半面肿胀，又青又紫。那时候我们在干校，我女儿说他是夜盲症，给他吃了大瓶的鱼肝油，晚上就看得见了。他也许是从小营养不良而瞎了一眼，也许是得了恶病，反正同是不幸，而后者该是更深的不幸。

杨绛写老王，不写身高、头发、鼻子、嘴巴、脸型……就写眼睛。因为在老王身上，眼睛最有特点——是瞎的，这就是老王跟别人最不一样的地方，也是最能体现他可怜的地方。肖像描写的写法要能表现人物特点，杨绛在这里抓住眼睛来写，很巧妙——蹬三轮需要眼睛看，走夜路更需要眼睛看，可老王的眼睛却是瞎的，他还有夜盲症，又穷又瞎，还得了病。老王真是太可怜了。

写完肖像，再写老王的住处：

有一天傍晚，我们夫妇散步，经过一个荒僻的小胡同，看见一个破破落落的大院，里面有几间塌败的小屋；老王正蹬着他那辆三轮进大院去。后来我坐着老王的车和他闲聊的时候，问起那里是不是他的家。他说，住那儿多年了。

开头四节，杨绛给我们描画了一个穷人、一个病人、一个可怜人，也是社会最底层的一个老百姓。老王不承认那个是他的家，他说“住那儿多年了”，他觉得这只是一个让他落脚的、住的地方而已，不是他的家。因为没有亲人，又生活在社会最底层，他没有感受过家的温暖。

什么是家？

在我看来，家不是一个具象的、实体的概念，不是你住的那个公寓。我觉得，不论你是有钱到住豪宅还是穷得只能住帐篷，只要那里有你爱的人、爱你的人、在意的人在身边，天涯海角都是家。有亲人在身边，能够厮守在一起，那个地方就是你的家。可反过来，如果没有亲人，没有你爱的、在意的人，那就算是再大的豪宅，都不过只是一个“住的地方”而已。

接着，杨绛开始通过一些具体的事例，来写老王的品性特点。

老王是给杨绛家送冰的。那个年代没有冰箱，到了夏天，人们就直接去买大块大块的冰。这种冰是冬天从河里挖来的，有人挖了冰，藏进很深的地窖里，因为地窖里头冬暖夏凉，冰藏进去半年不会化，夏天的时候他们再拿出来卖。这种卖冰的一直到20世纪70年代都还有，80年代以后中国人才开始用上电冰箱。

有一年夏天，老王给我们楼下人家送冰，愿意给我们家带送，车费减半。我们当然不要他减半收费。每天清晨，老王抱着冰上三楼，代我们放入冰箱。他送的冰比他前任送的大一倍，冰价相等。胡同口蹬三轮的我们大多熟识，老王是其中最老实的。他从没看透我们是好欺负的主顾，他大概压根儿没想到这点。

老王非常老实本分。他可能日子过得很惨很穷困，但他一点骗人害人的心思都没有，这就是中国大部分底层劳动人民的真实写照。

而这么一个老实本分的人，最后的结局是怎样的呢？

可是过些时老王病了，不知什么病，花钱吃了不知什么药，总不见好。开始几个月他还能扶病到我家来，以后只好托他同院的老李来代他传话了。

即便如此，有一天，杨绛非常惊讶地看到老王居然来了：

有一天，我在家听到打门，开门看见老王直僵僵地镶嵌在门框里。往常他坐在蹬三轮的座上，或抱着冰伛着身子进我家来，不显得那么高。也许他平时不那么瘦，也不那么直僵僵的。他面色死灰，两只眼上都结着一层翳，分不清哪一只瞎、哪一只不瞎。说得可笑些，他简直像棺材里倒出来的，就像我想象里的僵尸，骷髅上绷着一层枯黄的干皮，打上一棍就会散成一堆白骨。我吃惊地说："啊呀，老王，你好些了吗？"

这一段描写真是神来之笔！她写老王"简直像从棺材里倒出来的"，棺材里放的是死人，死人是僵直的，脸上没有表情，面色死灰，"就像我想象里的僵尸"，僵尸是什么样子？"骷髅上绷着一层枯黄的干皮"。杨绛对人物的刻画简直太精准了。

这个形象的老王，可见都病成什么样了，为什么他这个时候会突然出现在杨绛家门口？原来，他是来送鸡蛋和香油的。这在当时可都是好东西啊！照理说，老王都病成这样了，应该留着自己吃才对，为什么他要特意把鸡蛋和香油给杨绛送过来？

我强笑说："老王，这么新鲜的大鸡蛋，都给我们吃？"

他只说："我不吃。"

当我们读到后面，会突然领悟到，是老王在临终前特意把好东西送去杨绛家。紧接着后面一段：

过了十多天，我碰见老王同院的老李。我问："老王怎么了？好些没有？"

"早埋了。"

"呀，他什么时候……"

"什么时候死的？就是到您那儿的第二天。"

此时你会恍然大悟，你会觉得老王真是一个再老实不过的好人，他去过杨绛家的第二天，就去世了。这真是一个很悲伤的故事。杨绛最后写：

我回家看着还没动用的那瓶香油和没吃完的鸡蛋，一再追忆老王和我对答的话，捉摸他是否知道我领受他的谢意。我想他是知道的。但不知为什么，每想起老王，总觉得心上不安。

老王死了。可按理说，老王的死跟杨绛没有任何关系。为什么杨绛会觉得不安？这就是我说的，杨绛写这篇文章真正要表达的东西，这已经超越了写“穷苦的社会底层人民”的层面了。全文的最后一句话，才真正道出了杨绛的心事：

几年过去了，我渐渐明白：那是一个幸运的人对一个不幸者的愧怍。

什么叫“一个幸运的人对一个不幸者的愧怍”？

我们可以理解，如果这个人的不幸是由你直接造成的，那么毫无疑问你会感到羞愧（愧怍），我相信有良知的人，人人如此。但是如果这个人的不幸，不是你直接造成的呢？我们来假设一个情景：

有一天，你坐着你爸爸开的车，结果出了意外，你坐的车把一条小狗撞死了，你可能会很难过，或许还有一些不安？你会觉得，好像我也有那么一点点说不清道不明的责任，这条小狗的死好像跟我是有关系的。虽然不是我开车，不是我直接导致的，可如果我今天不出门，是不是它就不会死了？或者我今天不走这条路，是不是它就没事了？这就是杨绛所表达的那种“愧怍”。

杨绛深深地感觉到，和老王相比，她和她的家人是幸运的，并且她觉得自己这样幸运的人，对于那些像老王一样不幸的人，似乎是应当负有一些责任的。这种应当负有却并未真正实施的责任，让杨绛心里觉得不安。

是什么东西让人类社会不同于动物世界？也许其中最大的差别，就是羞耻心。人会为自己的行为感到羞耻和不安，越是有修养、越是伟大的文化里，就越会有这种不安。一个有涵养的人，不会认为自己得到的一切都是理所当然的，他会对世上万物“心有戚戚焉”。他会意识到，今天自己得到这些，不是因为我有多厉害，只不过是我足够幸运罢了。所以在他得到而别人失去的时候，他会有不安，会想到那些付出的人，想到那些虽然付出了却仍然没有得到的人，他们不见得比你差劲，也许他们只是欠缺一点运气。

我一直觉得自己当年考进复旦大学，简直就是撞了狗屎运，是上天眷顾的运气。我看到自己身边有太多比我更努力的人，只是很可惜，他们就差那一点点的运气。进入复旦后，有很长一段时间，别人问我考上哪所大学了，我总是很不好意思地避开这个话题，一点都没有那种想象当中的自豪、骄傲。相反，我觉得不安。

我们都知道，谦虚是美德。而谦虚就是你要对所有你得到的东西——不论是来自大自然还是来自你身边的人——都要有一种敬畏和感恩之心，你得知道，即便你成功了，也并不全是你自己的功劳。所有成功背后固然有你的努力，但也一定有或多或少的运气。也许所有幸运的人，都应该对那些不幸的人怀有一份朴素的不安和愧怍，这样你才不会因为自己那一点点的成功而狂妄，你才会懂得，你对那些不幸的人负有责任，对这个世界负有责任，你应该用你的幸运、用你的成功去改变世界，去创造历史，去帮助那些需要帮助的不幸的人。

人生的热情和动力

——阿城《棋王》（上）

如果你的目标只是赢棋，那么在人工智能面前，下棋已经没有意义了，因为人类面对人工智能，赢棋的概率已经低得几乎可以忽略不计了。可问题是，谁说下棋就只是为了赢呢？

下棋和比武好像总有些相似之处。比武是两个人在拳脚或兵刃上以力量和技巧见高下，下棋是双方在棋盘上以纵横捭阖的智慧论短长。棋逢对手，将遇良才，说的也是类似的道理。金庸的武侠小说《天龙八部》里有一场旷世的珍珑棋局，阿城的这篇《棋王》，则把对弈写出了武侠的感觉。

阿城，1949 年出生，是共和国的同龄人。《棋王》是阿城非常有代表性的一部中篇小说，是“三王”中的一本。“三王”是阿城的三本小说——《棋王》《树王》《孩子王》，后来都被拍成了电影。《棋王》是阿城的处女作，写得尤其精彩，一经发表就震惊了当时的中国文坛，很快得了奖，奠定了阿城在中国文坛的地位。以一部首次

发表的作品震动文坛，这种事儿现在可不多见，阿城简直就跟他自己小说里写的这个棋王一样，是个不出世的高人——不鸣则已，一鸣惊人。

聊《棋王》这部小说之前，我想先跟大家聊聊这几年很火的人工智能。Google 公司研发的一个叫作“AlphaGo”（阿尔法围棋）的人工智能，已经在围棋领域完全战胜人类了。围棋的复杂程度远超中国象棋和国际象棋，因为象棋的很多下法是有定式的，变化不如围棋来得多，因此，围棋领域一直被称作“人类智慧巅峰”。但是在 AlphaGo 出现之后，曾经人类排名最高的棋手，韩国的李世石和中国的柯洁，先后都败给了它，而且几乎是一败涂地，一点悬念都没有。

既然人类已经在围棋领域完全不可能超过机器人了，那么是不是意味着，人类从此以后就不下围棋了？下棋这件事，对人类来说，是不是就没有意义了？

这事儿取决于你怎么看。

如果你的目标只是赢棋，那么，在人工智能面前，下棋已经没有意义了，因为人类面对人工智能，赢棋的概率已经低得可以忽略不计了。可问题是，谁说下棋就只是为了赢呢？

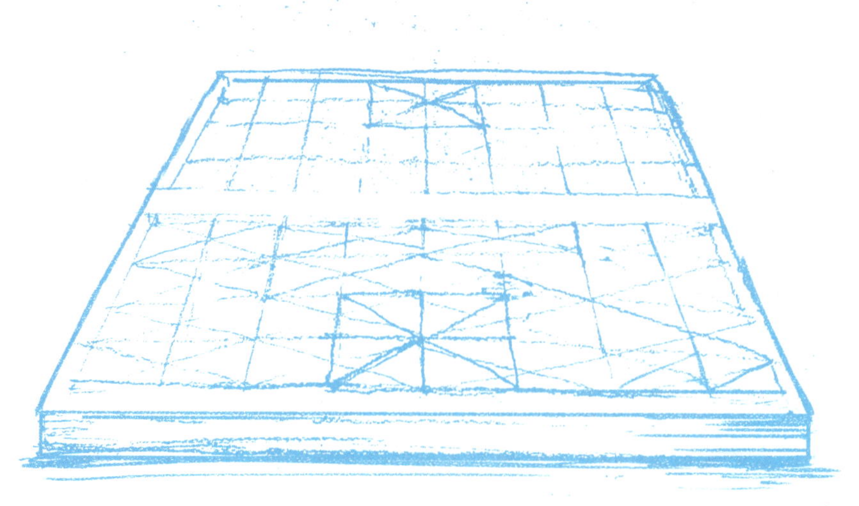

不论输赢，下棋本身就是一件很有乐趣的事，这种乐趣和输赢关系不大。下棋当然可以分出胜负输赢，可也同样可以获得乐趣，可以挑战自身智力的极限，可以在纵横捭阖之中和对手斗智斗勇。这些事本身就会带来巨大的成就感，会让人自信和快乐——那种单纯的智力挑战带来的快乐。甚至有时候，越是输，就越是想要下，想要去挑战。就像你面对一道很难的数学题，最后能解出来，当然会觉得很爽。可就算没解出来，你也会沉浸其中，不断想办法，从各个角度去尝试。那种非要把难题解出来不可的劲头，不也是一种快乐吗？

中国棋手柯洁输给 AlphaGo 之后，写了一篇文章，他说，他的对手就算赢了再多的棋，赢了所有人，也只是一台机器，“与人类相比，我感觉不到它对围棋的热情和热爱”。而热情和热爱，正是柯洁一直在下棋的原因。

不止下棋，人生也是如此。人活一世，最终都是要死的。活着的目的是什么？跟下棋一样，我们不该只追求目的。如果人的一生只是为了“赢棋”，那么人生会变得了无生趣：哪个人最后的结局不是一死了之呢？可即便人人都知道结局——就像人类总也无法打败 AlphaGo——但我们还是要好好地去活，要活出人生的热情和乐趣。输了哭赢了笑，这才是鲜活饱满的人生！

从这个角度来看，我们也许可以更好地理解阿城笔下的棋王——王一生。在现实生活里，他好像活得很平庸，但有象棋为伴，他心里就总有个念想，不论在怎样的生活境遇里，他绝不孤单。这是棋给予他的魔力和鲜活饱满的人生。

人生的热情和动力

——阿城《棋王》（下）

《棋王》的故事，发生在 20 世纪六七十年代知识青年上山下乡期间。当时的阿城自己也是一个知青，从北京来到云南，对于未来，他也是迷茫的：希望在哪里？一辈子就这样困在农村了吗？在这种绝望的状态里，人特别需要一些生活的乐趣，一些“小确幸”——小小的、确定的幸福，让自己能勇敢地活下去。下棋，就是这样一种乐趣，一种在绝望中给自己制造希望，让生活变得更鲜活，变得不再那么难熬的乐趣。

整部小说，是按照一个比较传统的方式来铺陈故事的，先设置一些情节铺垫引出主角——棋王王一生，然后通过一些小事来表现棋王的性格，同时一点一点把读者吸引进去，渐入佳境。小说最后的高潮部分是一场在当地引起极大轰动的象棋比赛，王一生以一敌九，下盲棋，车轮战，所向披靡。这一场比赛简直可说是棋王的封神之战，那时那刻，王一生就是棋盘江湖的顶尖侠客、绝世高手。

这篇小说的情节并不复杂，也没有特别出人意料的部分，但是能把故事讲好，把细节展现恰当，让读者欲罢不能，这就是作者的水平了。阿城的文字能力是超一流的，文字结构干净、表达克制、用词到位、句子畅达。他表现人物的手法以及对细节的捕捉和刻画，都让人叹为观止。不得不承认，阿城可能是中国现当代最有天赋的写作者之一。我给孩子们上了十几年语文课，经常会选取阿城的文章作为拓展阅读的材料，因为他的文章确实很好看，也很耐看。

我们来看几段堪称经典的段落。

首先是棋王出场，注意其中的环境、语言、神态描写：

车厢里靠站台一面的窗子已经挤满各校的知青，都探出身去说笑哭泣。另一面的窗子朝南，冬日的阳光斜射进来，冷清清地照在北边儿众多的屁股上。两边儿行李架上塞满了东西。我走动着找我的座位号，却发现还有一个精瘦的学生孤坐着，手拢在袖管儿里，隔窗望着车站南边儿的空车皮。

我的座位恰与他在一个格儿里，是斜对面儿，于是就坐下了，也把手拢在袖里。那个学生瞄了我一下，眼里突然放出光来，问："下棋吗？"倒吓了我一跳，急忙摆手说："不会！"他不相信地看着我说："这么细长的手指头，就是个捏棋子儿的，你肯定会。来一盘吧，我带着家伙呢。"说着就抬身从窗钩上取下书包，往里掏着。

第二段写吃。虽然和棋无关，却是当时穷困生活的真实写照，也是在侧面表现人物。在后来拍成的电影里，导演专门用了几分钟的镜头来表现这段描写，演员的表演也相当出彩：

我看他对吃很感兴趣，就注意他吃的时候。列车上给我们这几节知青车厢送饭时，他若心思不在下棋上，就稍稍有些不安。听见前面大家拿饭时铝盒的碰撞声，他常常闭上眼，嘴巴紧紧收着，倒好像有些恶心。拿到饭后，马上就开始吃，吃得很快，喉节一缩一缩的，脸上绷满了筋。常常突然停下来，很小心地将嘴边或下巴上的饭粒儿和汤水油花儿用整个儿食指抹进嘴里。若饭粒儿落在衣服上，就马上一按，拈进嘴里。若一个没按住，饭粒儿由衣服上掉下地，他也立刻双脚不再移动，转了上身找。这时候他若碰上我的目光，就放慢速度。吃完以后，他把两只筷子吮净，拿水把饭盒冲满，先将上面一层油花吸净，然后就带着安全到达彼岸的神色小口小口的呷。有一次，他在下棋，左手轻轻地叩茶几。一粒干缩了的饭粒儿也轻轻地小声跳着。他一下注意到了，就迅速将那个饭粒儿放进嘴里，腮上立刻显出筋络。我知道这种干饭粒儿很容易嵌到槽牙里，巴在那儿，舌头是赶它不出的。果然，呆了一会儿，他就伸手到嘴里去抠。

终于嚼完，和着一大股口水，“咕”地一声儿咽下去，喉节慢慢地移下来，眼睛里有了泪花。他对吃是虔诚的，而且很精细。有时你会可怜那些饭被他吃得一个渣儿都不剩，真有点儿惨无人道。

接下来最后一部分，是最后的大战之前，阿城用文字表现出了武侠才有的、决战前的萧瑟和紧张的氛围：

有一个人挤了进来，说：“哪个要下棋？就是你吗？我们大爷这次是冠军，听说你不服气，叫我来请你。”王一生慢慢地说：“不必。你大爷要是肯下，我和你们三人同下。”众人都轰动了，拥着往棋场走去。到了街上，百十人走成一片。行人见了，纷纷问怎么回事，可是知青打架？待明白了，就都跟着走。走过半条街，竟有上千人跟着跑来跑去。商店里的店员和顾客也都站出来张望。长途车路过这里开不过，乘客们纷纷探出头来，只见一街人头攒动，尘土飞起多高，轰轰的，乱纸踏得嚓嚓响。一个傻子呆呆地在街中心，咿咿呀呀地唱，有人发了善心，把他拖开，傻子就倚了墙根儿唱。四五条狗窜来窜去，觉得是它们在引路打狼，汪汪叫着。

……

人是越来越多。后来的人拼命往前挤，挤不进去，就抓住人打听，以为是杀人的告示。妇女们也抱着孩子，远远围成一片。又有许多人支了自行车，站在后架上伸脖子看，人群一挤，连着倒，喊成一团。半大的孩子们钻来钻去，被大人们用腿拱出去。数千人闹闹嚷嚷，街上像半空响着闷雷。

决战开始了：

棋开始了。上千人不再出声儿。只有自愿服务的人一会儿紧一会儿慢地用话传出棋步，外边儿自愿服务的人就变动着棋子儿。风吹得八张大纸哗哗地响，棋子儿荡来荡去。太阳斜斜地照在一切上，烧得耀眼。前几十排的人都坐下了，仰起头看，后面的人也挤得紧紧的，一个个土眉土眼，头发长长短短吹得飘，再没人动一下，似乎都把命放在棋里搏。

我心里忽然有一种很古的东西涌上来，喉咙紧紧地往上走。读过的书，有的近了，有的远了，模糊了。平时十分佩服的项羽、刘邦都目瞪口呆，倒是尸横遍野的那些黑脸士兵，从地下爬起来，哑了喉咙，慢慢移动。一个樵夫，提了斧在野唱。忽然又仿佛见了呆子的母亲，用一双弱手一张一张地折书页。

而接下来这一段，阿城用一个喝水的细节，把决战的紧张激烈突显得淋漓尽致：

王一生的姿势没有变，仍旧是双手扶膝，眼平视着，像是望着极远极远的远处，又像是盯着极近极近的近处，瘦瘦的肩挑着宽大的衣服，土没拍干净，东一块儿，西一块儿。喉节许久才动一下。我第一次承认象棋也是运动，而且是马拉松，是多一倍的马拉松！我在学校时，参加过长跑，开始后的五百米，确实极累，但过了一个限度，就像不是在用脑子跑，而像一架无人驾驶飞机，又像是一架到了高度的滑翔机，只管滑翔下去。可这象棋，始终是处在一种机敏的运动之中，兜捕对手，逼向死角，不能疏忽。我忽然担心起王一生的身体来。这几天，大家因为钱紧，不敢怎么吃，晚上睡得又晚，谁也没想到会有这么一个场面。看着王一生稳稳地坐在那里，我又替他赌一口气：死顶吧！我们在山上扛木料，两个人一根，不管路不是路，沟不是沟，也得咬牙，死活不能放手。谁若是顶不住软了，自己伤了不说，另一个也得被木头震得吐血。可这回是王一生一个人过沟坎儿，我们帮不上忙。我找了点儿凉水来，悄悄走近他，在他跟前一挡，他抖了一下，眼睛刀子似的看了我一下，一会儿才认出是我，就干干地笑了一下。我指指水碗，他接过去，正要喝，一个局号报了棋步。他把碗高高地平端着，水纹丝儿不动。他看着碗边儿，回报了棋步，就把碗缓缓凑到嘴边儿。这时下一个局号又报了棋步，他把嘴定在碗边儿，半晌，回报了棋步，才咽一口水下去，“咕”的一声儿，声音大得可怕，眼里有了泪花。他把碗递过来，眼睛望望我，有一种说不出的东西在里面游动，嘴角儿缓缓流下一滴水，把下巴和脖子上的土冲开一道沟儿。我又把碗递过去，他竖起手掌止住我，回到他的世界里去了。

写作的魔法，都在细节里。一篇精彩的文章，一定有大量的细节来支撑故事、刻画人物、推动情节、表现主题。再光怪陆离的情节，都不足以成就一篇传世的小说。读者在读罢一篇故事以后，记住的一定是人物，而留在读者心里的那个人物不是孤立的，一定伴随着各种细节来表现他。

阿城和他的作品如高悬天际的明月，令人仰视，叹为观止。而平哥只是一只指向月亮的手，我把阿城和他的《棋王》介绍给大家，大家自己去找来文章读一读，三万字的中篇，稍微花点时间读完，你就会从棋王的故事里体会到我说的：胜负输赢是一回事儿，人能不能从生活中获得热情和乐趣是另一回事儿。人不是机器，很多时候输赢真的没有那么重要，热情和乐趣才是我们生活的动力。

人生的广度和深度

——钱锺书《写在人生的边上》

真正的深阅读，一定是有思考、有反馈、有应用的，像钱老这样读书，能形成自己的思考，才是有价值的阅读。不仅是读书，就是关于人生，也要有自己的思考，吃过的亏、得过的教训，只有思考过了，才会成为自己人生的财富。说一千道一万，思考的能力，才是我们一生最核心的竞争力。而锻炼思考能力最好的方法，莫过于读书。

《写在人生的边上》——一看书名，感觉是作者快走到人生尽头的时候写的书，这真是天大的误会。这本书是钱锺书写的，钱老写这本书的时候才 29 岁，一点都不老。不过，都还没到而立之年，钱锺书的文笔已经如此老辣，思想已经如此深邃，真是让人佩服得五体投地。

钱锺书，一个在中国学术界如雷贯耳的名字，他身上的故事太多了。比如他一辈子就写了一本小说，但这本小说所带来的影响力，远远超过很多作家。而他的思想和学识的高度，也让他当之无愧被称为真正的大师。

钱老非常有才华，这种才华可能一方面来自遗传和家传。钱老是无锡钱家的后人，无锡钱家是江南一带极富声望的名门望族，往上一直可以追到吴王钱镠。这个家族出的都是大学者：钱学森、钱穆、钱永健、钱基博、钱锺书、钱玄同、钱三强、钱伟长，还有现在复旦大学历史系教授、上过《百家讲坛》的钱文忠老师。这些名字背后都有丰功伟绩，都是著作等身。

钱锺书当年考取清华大学的时候曾有过一段故事。据说，那时他偏科非常严重，把时间都花在读古书上了，所以数学成绩很糟糕，高考只考了 15 分。那年清华大学在全国招生 174 人，考试看总分，钱锺书的总分排名达到了全国第 57 名。怎么做到的呢？原来他的语文（当时叫国文）是所有考生中的第一名，而英语成绩是满分。于是，他以语文英语双料第一，但数学只有 15 分的成绩，被清华大学的外国文学系录取了。

钱锺书是那种兼具了天赋和勤奋的人。在清华大学求学期间，他曾经横扫清华大学的图书馆，把清华文科图书馆里的书都看了一遍。杨绛在《我们仨》里面提到过，他们夫妇俩在英国留学期间，每天只是读书、上课，唯一的休闲活动就是两人出门探险——在住处附近散步。后来他们回国，不论是在沦陷区的上海，还是回到无锡老家，或者是后来去北京定居；不论是做国立中央图书馆编撰，还是到文学研究所工作，钱老人生的大部分时间都交给了书山书海，日常生活就是读书、做笔记、做研究、写作。这种勤奋，真的是我们常人难以企及的。

钱锺书一直生活在动荡的年代。他从牛津回国的时候，国内在打仗，之后新中国成立，又遇到各种政治运动，一直到 80 年代的晚年时期才终于安定下来。他主持了《毛泽东诗词》英译版的翻译；参与、主持过几个版本的英汉字典的编撰，在英国文学、欧洲文学领域，他是泰斗级的学者，让后来一代代学子高山仰止。他的国学底子同样非常好，在文学研究所编订了《宋诗选注》，还曾用繁难的古文写了《管锥编》。而在写作上，他早年利用闲暇时间写的《围城》，后来拍成了电视连续剧，让他成为八九十年代在社会上影响很大的文化名人。

这本《写在人生的边上》是 1939 年编定的，小小的一本书，总共也就六万字不到，统共十篇文章，长的一篇不到万把字，短的一篇千字文而已。但是里面所闪耀的智慧之光，表达了钱老对人生的思考和领悟，真是让人拍案叫绝。

《写在人生的边上》是什么意思呢？钱老自己有个解释，就在这本小书的序言里：

人生据说是一部大书，假使人生真是这样，那么我们一大半作者只能算是书评家。具有书评家的本领，无须看得几页书，议论早已发了一大堆，书评一篇写完交卷。

他把人生比作一部大书，值得我们用一辈子的时间好好去读。人生的书，自有各种各样的况味。钱老说，假如人生真是一部大书的话，咱们一大半的作家根本就不能算“作家”，因为作家是写书的，可人生的书，大部分作家是写不了的，他们写的只是对人生的评论，只能算是书评家。

假使人生是一部大书，那么，下面的几篇散文只能算是写在人生边上的。这本书真大！一时不易看完，就是写过的边上也还留下好多空白。

29 岁的钱锺书风华正茂，这本书所写的，正是他日常生活当中看到的东西，他经历过的感情，还有读过的书。最重要的是，还有在他看过、经历过、读过之后的一些不同于常人的理解、感悟和思考，这像是人生经历中的批注，而这样的批注，也正是我们后来人的宝藏。看看前辈高人是怎么走过来的，遇事儿怎么想的，对我们有着很大的教益。

人世间的事情太多，也太复杂了，看的人不同，角度不同，看出来的东西是不一样的。正是“横看成岭侧成峰，远近高低各不同”。锺书先生在这本书里写了很多极富生趣的小品文，比如《窗》和《论快乐》，讲的都是生活里平平常常的东西，但是锺书写来就生趣盎然，他不仅能引经据典，翻出我们不知道的书，还能引申出我们不了解的背景，每篇文章思路都极其开阔，这正是钱锺书所厉害的地方。

真正的深阅读，一定是有思考、有反馈、有应用的，就像钱老这样读书，能形成自己的思考，才是有价值的阅读。不仅是读书，关于人生也要有自己的思考。过去吃过的亏、得过的教训，只有思考过了，才会成为属于自己的人生财富。说一千道一万，思考的能力才是我们一生最核心的竞争力。而锻炼思考能力最好的方法，莫过于读书。

选几段书里的文字，大家自能感受到锺书先生的思考能力。在《蝙蝠的故事》中他说：

蝙蝠碰见鸟就充作鸟，碰见兽就充作兽。人比蝙蝠就聪明多了。他们会把蝙蝠的方法反过来施用：在鸟类里偏要充兽，表示脚踏实地；在兽类里偏要充鸟，表示高超出世；向武人卖弄风雅，向文人装作英雄；在上流社会里他是又穷又硬的平民，到了平民中间，他又是屈尊下顾的文化分子。这当然不是蝙蝠，这只是——人。

这是很典型的“反其意而用之”，是一种反向思考。《伊索寓言》的原文之意是批评蝙蝠，而锺书反向思考，说人比蝙蝠“聪明”，其实是暗讽了那些没有实际能耐，却总想显得与众不同的投机分子。

下一段出自《狗和它自己影子的故事》：

狗衔肉过桥，看见水里的影子，以为是另一只狗也衔着肉；因而放弃了嘴里的肉，跟影子打架，要抢影子衔的肉，结果把嘴里的肉都丢了。这篇寓言的本意是戒贪，但是我们现在可以应用到旁的方面。据说每个人需要一面镜子，可以常常自照，知道自己是个什么东西。不过，能自知的人根本不用照镜子；不自知的东西，照了镜子也没有用——譬如这只衔肉的狗，照镜以后，反害他大叫大闹，空把自己的影子当作攻击狂吠的对象。可见有些东西最好不要对镜自照。

这段思考充分展现出了钱老的批判性思维：狗照见倒影里的狗叼着肉，就狂吠不止，“可见有些东西最好不要对镜自照”。这话自然是暗含着讽刺的，谁说照镜子一定有助于认清自己呢？有些人根本不想认清自己，照了镜子也没用，只会叫得更凶。

对我们而言，读这本《写在人生的边上》，就像是做了一场思维体操，正看反看，正想反想，能想出很多不同的东西来。虽然身在三尺书斋，足不出户，但是胸中自有乾坤万丈，有天下古今，这大概也是一种很高级的人生乐趣吧。

见识，决定人生的广度；思考，决定人生的深度。

和各位共勉。

字里行间的深情流露

——杨绛《我们仨》

人生中有很多东西是注定了悲苦的结局的。生而为人，能怎么办呢？最好的办法也许是，首先认清人生的悲苦，然后从心底里接受它，问一句命运：你就这点本事了？人生再苦也不过如此，承认了现实，接受了必然的悲苦，也许我们就能焕发出更强大的勇气，去过好这一生。

《我们仨》这本书，是钱锺书的夫人杨绛先生写的一本随笔集。杨绛，明明是女士，怎么还称“先生”呢？这个“先生”不是和女士相对应的那个表示男性的先生，而是表示“老师”那个意思的先生。杨绛女士不论在学术上还是文学上，都有极深的造诣和极高的成就，所以我们一般尊称她为杨绛先生。

《我们仨》既不是大部头的文学名著，也不是高深的学术专著，它就是一本随便一写、随便一读的“随笔”，甚至连思想性都谈不上，因为它写的内容并不是什么现实的批判、哲理的思辨，而是最寻常不过的生活里的点点滴滴。

生活的题材有什么可写的？还不是每天“买汏烧”（吴语方言：买菜、洗菜、烧菜）？根本没有情节，没有戏剧性，没有起承转合嘛！的确，在《我们仨》里，这些全没有。书里有的只是“天伦”，天伦之爱和天伦之乐，而这种“天伦”之情，就已足够意义非凡了。

有让人哭笑不得的：

他（锺书）初到牛津，就吻了牛津的地，磕掉大半个门牙。他是一人出门的，下公共汽车未及站稳，车就开了。他脸朝地摔一大跤。那时我们在老金家做房客。同寓除了我们夫妇，还有住单身房的两位房客，一姓林，一姓曾，都是到牛津访问的医学专家。锺书摔了跤，自己又走回来，用大手绢捂着嘴。手绢上全是鲜血，抖开手绢，落下半枚断牙，满口鲜血。我急得不知怎样能把断牙续上。幸同寓都是医生。他们教我陪锺书赶快找牙医，拔去断牙，然后再镶假牙。

常人摔跤，尽量屁股着地，锺书这个“书呆子”，从公共汽车上摔下来，竟是直接“狗啃泥”——我看着都觉得疼——把门牙都摔断了。杨绛这段话里，满是着急不忍，可也颇有点调侃的乐趣。

有平实描绘牛津生活的：

牛津的假期相当多。锺书把假期的全部时间投入读书。大学图书馆的经典以十八世纪为界，馆内所藏经典作品，限于十八世纪和十八世纪以前。十九、二十世纪的经典和通俗书籍，只可到市图书馆借阅。那里藏书丰富，借阅限两星期内归还。我们往往不到两星期就要跑一趟市图书馆。我们还有家里带出来的中国经典以及诗、词、诗话等书，也有朋友间借阅或寄赠的书，书店也容许站在书架前任意阅读，反正不愁无书。

钱杨夫妇爱读书是出了名的。夫妇二人有此同好，果然天造地设的一对璧人。爱读书，既成就了他们学术上的水平和地位，更让他们在后来的政治动荡中，乱世得活。

牛津生活的部分，是全书最有趣的：

我们搬入达蕾出租的房子，自己有厨房了，锺书就想吃红烧肉。俞大缜、大姊妹以及其他男同学对烹调都不内行，却好像比我们懂得一些。他们教我们把肉煮一开，然后把水倒掉，再加生姜、酱油等作料。生姜、酱油都是中国特产，在牛津是奇货，而且酱油不鲜，又咸又苦。我们的厨房用具确是“很不够的”，买了肉，只好用大剪子剪成一方一方，然后照他们教的办法烧。两人站在电灶旁，使劲儿煮——也就是开足电力，汤煮干了就加水。我记不起那锅顽固的犟肉是怎么消缴的了。事后我忽然想起我妈妈做橙皮果酱是用“文火”熬的。对呀，凭我们粗浅的科学知识，也能知道“文火”的名字虽文，力量却比强火大。下一次我们买了一瓶雪利酒，当黄酒用，用文火炖肉，汤也不再倒掉，只撇去沫子。红烧肉居然做得不错，锺书吃得好快活嘀。

浓情蜜意其实都融化在日常的琐碎里：

我们一同生活的日子——除了在大家庭里，除了家有女佣照管一日三餐的时期，除了锺书有病的时候，这一顿早饭总是锺书做给我吃。每晨一大茶瓯的牛奶红茶也成了他毕生戒不掉的嗜好。

……

我联想起三十多年后，一九七二年的早春，我们从干校回北京不久，北京开始用煤气罐代替蜂窝煤。我晚上把煤炉熄了。早起，锺书照常端上早饭，还熯了他爱吃的猪油年糕，满面得色。我称赞他能熯年糕，他也不说什么，装作若无其事的样儿。我吃着吃着，忽然诧异地说：“谁给你点的火呀？”（因为平时我晚上把煤炉封上，他早上打开火门，炉子就旺了。）锺书等着我问呢，他得意地说：“我会划火柴了！”这是他生平第一次划火柴，为的是做早饭。

爱情，哪需要什么海誓山盟？

钱锺书是大家庭的公子，打小家里是有佣人照顾的。出国留学，虽是主要得杨绛照顾，可毕竟夫妇俩相互扶持。跌一跤就磕坏了大门牙的人，天天给妻子做早饭。一辈子没划过火柴的人，为了这顿早饭，划了火柴点上火。

很快他们的女儿出生。这一段是我最近一次再读这本书时，最感动的片段：

我的女儿出生，我看着她小小的，小小的，都不敢伸手去抱，一抱起来，又再舍不得放下。

锺书这天（生下阿圆的那天）来看了我四次。我是前一天由汽车送进产院的。我们的寓所离产院不算太远，但公交车都不能到达。锺书得横越几道平行的公交车路，所以只好步行。他上午来，知道得了一个女儿，医院还不让他和我见面。第二次来，知道我上了闷药，还没醒。第三次来见到了我；我已从法兰绒包包里解放出来，但是还昏昏地睡，无力说话。第四次是午后茶之后，我已清醒。护士特为他把娃娃从婴儿室里抱出来让爸爸看。

锺书仔仔细细看了又看，看了又看，然后得意地说："这是我的女儿，我喜欢的。"

"这是我的女儿，我喜欢的。"

你知道你来到世上的时候，爸爸妈妈给了你怎样的欢迎辞吗？他们一定记得。因为你出生的那一天，大概是他们人生里最紧张也最美好的一天了。

女儿是出生了，钱锺书却还是"拙手笨脚"：

锺书这段时期只一个人过日子，每天到产院探望，常苦着脸说："我做坏事了。"他打翻了墨水瓶，把房东家的桌布染了。我说："不要紧，我会洗。"

"墨水呀！""墨水也能洗。"

他就放心回去。然后他又做坏事了，把台灯砸了。我问明是怎样的灯，我说："不要紧，我会修。”他又放心回去。

……

我说“不要紧”，他真的就放心了。因为他很相信我说的“不要紧”。我们在伦敦“探险”时，他颧骨上生了一个疔。我也很着急。有人介绍了一位英国护士，她教我做热敷。我安慰锺书说：“不要紧，我会给你治。”我认认真真每几小时为他做一次热敷，没几天，我把脓拔去，脸上没留下一点疤痕。他感激之余，对我说的“不要紧”深信不疑。我住产院时他做的种种“坏事”，我回寓后，真的全都修好。

这就是“天伦”之情。你说它有什么特别的情节或是强烈的戏剧性吗？全然没有的。但它自有一种动人的力量，让我们会心一笑，心头温暖如春。

我们的生活很精彩，好玩的、好看的，五光十色。天伦之情却是最没有光彩的，它最平淡，平淡到你如果不加留意就一定会忽略它。

我在《读懂诗人才懂诗》那本书的序言里写过一件事：我从读小学开始，每天晚上回家必有热饭热菜吃，一天都没有中断过。我的爸妈放下自己的事业，每天一定会准时准点回到家，哪怕再累，也会给我炒一盘热气腾腾的番茄炒蛋。我每天放学回家，桌上总能摆着几菜几汤，几荤几素。说真的，十几年吃下来，我都觉得每晚有饭吃是天经地义了。可是等到离开父母，发现晚上没有那么多好吃的东西的时候，你才会突然之间意识到，原来那些饭菜不是理所应当的，是需要花费时间和精力去买、去洗、去做的。一直到我读了大学，离开父母独自生活才明白，过去的十几年，是我人生中非常幸福的时光。

天伦之情就像我们身体上的各种“零件”，你的脏器、胳膊、大腿，平时它们都在正常工作，你感觉不到它们的存在，而等你有所察觉的时候，往往就是它们发生病痛的时候了。

杨绛一直在回忆生活中这些美好的东西。可写这本书的时候，她已经失去了所有的天伦之情。

三里河寓所，曾是我的家，因为有我们仨。我们仨失散了，家就没有了。剩下我一个人，又是老人，就好比日暮途穷的羁旅倦客；顾望徘徊，能不感叹“人生如梦”“如梦幻泡影”？

但是，尽管这么说，我却觉得我这一生并不空虚；我活得很充实，也很有意思，因为有我们仨。也可说：我们仨都没有虚度此生，因为是我们仨。

……

我们这个家，很朴素；我们三个人，很单纯。我们与世无求，与人无争，只求相聚在一起，相守在一起，各自做力所能及的事。碰到困难，锺书总和我一同承当，困难就不复困难；还有个阿瑗相伴相助，不论什么苦涩艰辛的事，都能变得甜润。我们稍有一点快乐，也会变得非常快乐。所以我们仨是不寻常的遇合。

现在我们三个失散了。往者不可留，逝者不可追，剩下的这个我，再也找不到他们了。我只能把我们一同生活的岁月，重温一遍，和他们再聚聚。

1997 年，杨绛和钱锺书的女儿钱瑗罹患脊椎癌去世，享年 60 岁。次年，88 岁的钱锺书去世。丈夫和女儿病重的两年里，杨绛两头奔波，最终“我们仨”失散了。而最好的纪念，大概就是把所有回忆——不论是美好的温情还是痛苦的煎熬——再咀嚼一番，用心写下来。不是为了让别人看到，是为了让自己再次回到过去，也让自己可以勇敢面对未来。

钱锺书离世六年以后的 2004 年，《我们仨》出版。此时的杨绛已经将近 90 岁了。在她的笔下，除了有脉脉温情，还有一个百岁老人对生命的参悟、对人生的了然。她回忆母亲去世时的恸哭，觉得能哭得出来是一件幸福的事，因为在哭的时候还有一个人（锺书）在旁边劝慰。而写这本《我们仨》的时候，锺书和阿瑗都走了，90 岁的老人，眼泪也“流干”了，就算哭得出来，身边还有谁能来劝慰呢？

人生中有很多东西是注定了悲苦的结局的。生而为人，能怎么办呢？最好的办法也许是，首先认清人生的悲苦，然后从心底里接受它，问一句命运：你就这点本事了？人生再苦也不过如此，承认了现实，接受了必然的悲苦，也许我们就能焕发出更强大的勇气，去过好这一生。

可敬而动人的中国农民

——莫言《卖白菜》

几千年历史潮流翻天覆地，让中华民族屹立于世界民族之林而不倒的究竟是什么？是某一代明君的天纵英才吗？是某一时繁华的市井商贸吗？是某一朝强盛的军事实力吗？也许都不是，答案就在眼前：是根植在无数中国人身上的这种底线和原则，以及他们无比坚韧顽强、不可战胜的高贵品质。

莫言的这篇《卖白菜》，写在五十多年之前——1967年的冬天。那时候，每个人的日子过得都非常苦。现在来读那个时代的作品，多少有点忆苦思甜的味道。

这篇文章选入过语文课本，文字本身难度不大，篇幅也不长，所以我就不讲详细的情节了。在这里，我想提几个问题，供大家一边阅读，一边思考。

文章一开始，就通过一段“我”与母亲的对话，写了“我”家当时处境的艰难：

最后，母亲的目光锁定在白菜上，端详着，终于下了决心似的，叫着我的乳名，说：“社斗，去找个篓子来吧……”

“娘，”我悲伤地问：“您要把它们……”

“今天是大集。”母亲沉重地说。

“可是，您答应过的，这是我们留着过年的……”话没说完，我的眼泪就涌了出来。

母亲的眼睛湿漉漉的，但她没有哭，她有些恼怒地说：“这么大的汉子了，动不动就抹眼泪，像什么样子？！”

“我们种了一百零四棵白菜，卖了一百零一棵，只剩下这三棵了……说好了留着过年的，说好了留着过年包饺子的……”我哽咽着说。

有多难呢？连过年包饺子的白菜都得拿出去卖。这里我想提出一个问题：在卖白菜这件事上，最痛苦、最舍不得的人，是谁？

按照文章的描写来看，似乎“我”是最痛苦的那个人，因为我心心念念想着就靠这三棵白菜，过年可以包顿饺子；因为听说要卖白菜，我“眼泪就涌了出来”，而母亲只是“眼睛湿漉漉的”，还“有些恼怒”地批评我；还因为后一段里详细描写的，我和这一百零四棵白菜的感情：

我熟悉这棵白菜，就像熟悉自己的一根手指。因为它生长在最靠近路边那一行的拐角的位置上，小时被牛犊或是被孩子踩了一脚，所以它一直长得不旺，当别的白菜长到脸盆大时，它才有碗口大。发现了它的小和可怜，我们在浇水施肥时就对它格外照顾。我曾经背着母亲将一大把化肥撒在它的周围，但第二天它就打了蔫。母亲知道了真相后，赶紧将它周围的土换了，才使它死里逃生。后来，它尽管还是小，但卷得十分饱满，收获时母亲拍打着它感慨地对我说：“你看看它，你看看它……”在那一瞬间，母亲的脸上洋溢着珍贵的欣喜表情，仿佛拍打着一个历经磨难终于长大成人的孩子。

可让我们仔细地想想。到最后陷入绝境的时候，做出卖白菜决定的人是谁？是母亲。她当然知道孩子舍不得这三棵白菜，当然知道过年要靠它们包饺子，她也很舍不得，但是她还是得卖掉。所以，母亲也许才是那个最痛苦的人。如果“我”还仅仅是因为舍不得这三棵白菜而痛苦的话，那么除此之外，母亲还会为自己伤害了孩子的感情、辜负了孩子的愿望而加倍地痛苦。

在这样的痛苦之下，母亲没有哭，但是读完全文我们会发现，莫言最后写了母亲的哭泣，但她不是因为卖白菜而哭的，而是另有原因。

莫言写道：

“你今天让娘丢了脸……”母亲说着，两行眼泪就挂在了腮上。

这是我看到坚强的母亲第一次流泪，至今想起，心中依然沉痛。

发生了什么事情，让母亲忍不住流泪，让“我”心中觉得沉痛？你可以去文章中找找答案。

而从写作技法上来说，一开始母亲的“不哭”和最后“哭”形成了鲜明的对照，“不哭”表现了母亲的坚强，而“哭”则大大升华了文章的主题。

由此，我想提第二个问题供大家思考：这篇文章，作者究竟要表达的是什么？

是母亲的坚强吗？是忆苦思甜，表现当年的穷困吗？是想表现“我”和挑三拣四的客人斗智斗勇的聪明才智吗？如果都不是，那到底是什么呢？

文章题目是“卖白菜”，“我”因为舍不得而不想卖掉白菜，可最后白菜没卖出去，“我”和母亲反而哭了。这看似矛盾的心情，正是作者的独具匠心。

一个生活优渥的人，具有某种高贵的品质，在我们看来也许是理所当然的。而一个拮据、穷困、窘迫到了极点的人，还能牺牲自己现实的经济利益而坚持品性的高贵，这就带给读者一种巨大的冲击：是非善恶的标准，也许就是无条件的、不容置疑的。哪怕会因此付出现实的代价，但是非就是是非，不容妥协。

再问大家第三个问题：文中的母亲所在意的到底是什么？或者我们放大一点来问，一个勤劳、节俭、朴实、诚信的中国农民，到底把什么东西看得更重？

仓廪实而知礼节，衣食足而知荣辱。我们似乎都默认，只有当物质条件好了，我们才会遵礼节、守规矩、讲诚信。可文中的母亲在自己连饭都吃不饱的情况下，用实际行动告诉孩子：什么样的钱我们不能要！

几千年以来，神州大地上的农民们，过着根本算不上“体面”的生活。可他们有自己不容置疑的做人的原则，不可逾越的生活的底线。我忍不住想，几千年历史潮流翻天覆地，让中华民族屹立于世界民族之林而不倒的究竟是什么？是某一代明君的天纵英才吗？是某一时繁华的市井商贸吗？是某一朝强盛的军事实力吗？也许都不是，答案就在眼前：是根植在无数中国人身上的底线和原则，以及他们无比坚韧顽强、不可战胜的高贵品质。

“打破牢笼的人”

——莫言

莫言，是中国第一位，也是迄今为止唯一一位获得诺贝尔文学奖的作家。诺贝尔奖是一个权威的世界级奖项，在物理学、化学、生物学、经济学、文学等多个领域都具有影响力。在走过了积贫积弱的年代之后，中国人能不能获得诺贝尔奖，得到全世界的认可，几乎成了每个中国人解不开的“情结”。2012年，莫言在文学领域首开先河，拿下了当年的诺贝尔文学奖，这件事可以说是有历史意义的。

说实话，莫言在中国文坛——至少在当时看来——并不是一位文坛公认“无人能出其右”的作家。莫言的作品的确有着对现实的批判和充满张力的文字，但在文学界的普遍看法中，王安忆、贾平凹、余华这些作家似乎更有影响力，也似乎更应该成为第一个获得诺奖的中国作家。

当然，诺贝尔文学奖颁发给莫言自有其道理。简单概括，诺奖文学委员会认为，莫言和著名的（也是获得过诺贝尔文学奖的）魔幻现实主义作家加西亚·马尔克斯一样，描写的人物都充满了活力，不惜用非常规的步骤和方法来实现他们的人生理想，打破被命运和政治所规划的牢笼。

“魔幻现实”的确是对莫言作品相当准确的描述。莫言在他的长篇小说中所描绘的，往往都是充满了魔幻色彩、超现实的场景、事件和人物，而这些其实正好从一个特异的角度，准确地展现了现实，展现了永存的“人类的自我中心和贪婪”。

文无第一，武无第二。莫言的文学作品是否受欢迎，固然仁者见仁，智者见智。但作为一个中国作家，能得到世界文学权威奖项的认可，是一件让国人高兴的事。

其实，在他之前，相传进入过诺贝尔文学奖提名的中国作家有不少，比如鲁迅、老舍等名家都曾是传闻的主角。但是中国作家有一个很难逾越的“先天”的障碍，就是中文的特殊性，这也是中国作家长期以来很难获得诺贝尔文学奖的一个重要的原因。

我们知道，中文是世界各国文字中仅存的“拼形”的文字。中文是“方块字”，或象形或会意，是从一个个具体的形象演变过来的。这与其他按字母拼读的文字体系（拉丁文、希腊文）大不一样。

因为是“拼形”，文字本身——而非文字所指代的含义——就会成为一种审美的趣味。比如格律诗，既要符合整体结构的起承转合，又要满足格律、平仄、押韵的严格要求，还要形成表情达意的境界（意境），将它们高度综合的中国文学作品，若是翻译成西方文字，实在无法兼顾每个方面。在中文表达里，一个汉字背后就能传达出双关、影射、褒贬等复杂的文化意味，这就让隽永的中国文学作品很难用另一种完全不同的语言来准确地翻译。将中文作品翻译成西方文字后，往往就会失掉很多美好的意境。

而要得到诺贝尔文学奖，则必须将作品翻译成诺奖文学委员会的大多数成员能读懂的文字，比如英语或者瑞典语。所以，即便曹雪芹符合诺奖的一切评定条件，恐怕他也很难得到诺贝尔文学奖——翻译成英语的《红楼梦》，大概失去了很多意味，很难让人喜欢吧。

我是从莫言的几部比较成熟的作品开始读的，他获得诺贝尔文学奖之后，我又找来了他早期的一些作品阅读。且不论魔幻现实主义的写法，回到莫言早期相对青涩的作品中，我倒是读出了一个充满乡土气息、老老实实写作、非常接地气的莫言。这让我意识到，即便诺贝尔奖再有世界性的权威，我们对一个作家的评价，也还是应该回到作品本身。

就好像中国的强盛，我们已能从日常的生活里切身感受到，又何须别人来给中国颁发一个“经济进步奖”呢？用作品讲话，才是一个作家最硬气的成就。

真实可亲的大师风采

——黄永玉《比我老的老头》

黄老爷子的这本书，我是在上初中的时候读的，当时我只是偶尔听闻，对书里这些“大家”还不熟识，读过黄老这本书后，这些艺术家个个都鲜活起来，成了可爱的邻家大叔、大伯。

都说“文人相轻”，其实未必。文化人之间的友谊，常常真挚而有趣。尤其是当双方都是文化名人的时候，我们这些“后学”隔着一段时空再去读他们记载各路朋友的文字，看他们在纸上嬉笑怒骂、调侃逗乐，实在是赏心乐事。那些文化史上叫得响、站得住的大人物，出现在同行、同人的文章里，一个个活蹦乱跳，鲜活无比。这类书不仅好读，还能一下子拓宽你的眼界，通过一本书，让你认识很多了不起的同时代名流，而且是非常立体、生动地认识这些人。

老画家黄永玉先生的这本《比我老的老头》，写的就是他的那些文化圈的“老”朋友。黄老爷子的这本书，我是在上初中的时候读的，当时我只是偶尔听闻，对书里这些“大家”还不熟识。但读过黄老爷子这本书后，那些艺术家个个都鲜活起来，成了可爱的邻家大叔、大伯。

黄老爷子本人更是人中龙凤，逍遥无比，画大画、赚大钱、成大名，洒脱一生。老爷子是个传奇一般的存在，1924 年出生，住在自己建的“万荷堂”里，身子还硬朗，95 岁还开着跑车出门溜达。

他的住所“万荷堂”，位于北京郊外，占地六亩，里面是江南园林式的建筑群。院中间一方占地两亩的荷塘，开满了从颐和园、大明湖移植来的上好品种的荷花。万荷堂一楼大殿是黄老爷子的画室，一张巨型黄花梨原木画桌，让老画家能尽情挥洒。后面是老爷子的起居室，得名“老子居”。万荷堂里老子居，这番气度，真真羡煞我也。

黄老爷子在艺术上造诣非凡，而且他不是关起门来搞阳春白雪的艺术创作，而是打开心胸，把自己的性情融入创作里。他的作品既有被收到人民大会堂的巨型国画，也有为中国邮政设计的 1980 年第一版生肖猴票；既有配上活泼文字点评的全套水浒人物，也有为“酒鬼”酒品牌设计的艺术包装。老画家独到的眼光、泼辣的画风、至真的性情，堪称传奇。

就说 1980 年版的生肖猴票吧，那是中国第一套生肖邮票，是所有集邮爱好者竞相追逐的难得的藏品。这套邮票一版 80 张，面值才两块四毛，首印发行只有几百万套，到 2011 年，一张（是一张，不是一版）猴票在集邮市场上的价格已经涨到了 12084 元，此后更是涨到将近 20000 元一枚，这也是中国邮政历史上绝无仅有的传奇。

老爷子一生健朗，耄耋之年依然精神矍铄，很大原因是“有趣”。人活一世，“有趣”实在是个很高的标准，也可说是人生最值得追求的境界之一。

先来一段关于画家张乐平的故事。张乐平是著名漫画家，也是黄永玉的同行、前辈，我们熟悉的《三毛流浪记》就是他的原创作品。

张乐平和其他漫画家不同。别的漫画家难得见到速写功夫，张乐平时不时露几手速写。准确，生动，要害部分——比如眼神，手，手和手指连接的“蹼”的变化，全身扭动时的节奏，像京戏演员那种全身心的呼应。我既能从他的作品得到欣赏艺术的快乐，又能按他作品的指引去进一步观察周围的生活。

每一幅作品都带来一个惊讶和欢欣。他的一幅《打草鞋》的速写，我从报上剪下来贴在本子上，翻着翻着，居然翻得模糊不清了（堪怜当年土纸印的报纸）。

他还画了一套以汉奸为主人翁的《王八别传》的连环画，简直妙透了、精彩透了！笔墨挥洒如刺刀钢枪冲刺，恨日本鬼，恨狗汉奸，恨得真狠！而日本鬼的残酷凶暴和狗汉奸的无耻下流也实在难找替身。

好玩的情节来了：

晚上，他也时常带我去街上喝酒。

大街上有这么一间两张半边桌子的炖货店，卖些让我流口水的炖牛肚，以及各种烧卤酱肉。隔壁是酒铺。坐定之后，乐平兄照例叫来一小碟切碎的辣味炖牛肚，然后颤巍巍地端着一小满杯白酒从隔壁过来。

他说我听，呷一口酒，舒一口气，然后举起筷子夹一小块牛肚送进嘴里，我跟着也来这么一筷子。表面我按着节拍，心里我按着性子。他一边喝一边说；我不喝酒，空手道似的对着这一小碟东西默哀。第一杯酒喝完了，他起身到隔壁打第二杯酒的时候，机会来了，我两筷子就扫光了那个可怜的小碟子，并且装着这碟东西像是让扒手偷掉那么若无其事。

他小心端着满盛的酒杯，待到坐下，发现碟如满月明光，怆然而曰：“侬要慢慢嚼嘛，啊！”

然后起身，走到炖锅旁再要了一碟牛肚。他边喝边谈，继之非常警惕我筷子的动向。

事后我一直反复检讨，为什么不拉他的老伙伴陆志庠而拉我陪他喝酒呢？一、他受不了陆志庠的酒量；二、他受不了陆志庠的哄闹脾气。

带我上街的好处如下：

一、我不喝酒，省下酒钱。二、虽然有时筷子节拍失调，但是个可以教育好的子弟。三、我是个耐心聆听的陪酒人。四、酒价贵之，肚价贱多，添多一两碟，不影响经济平衡。

还有写张乐平“逃警报”桥段的，半是调侃的语气，却是带泪的笑：

飞机警报响了，我和陈庭诗兄恰好在乐平兄家里聊夜天，九点多十点钟，他带着我和庭诗兄拔腿就跑。他的逃警报风采是早已闻名的，难得有机会奉陪一趟。他带路下坡，过章江浮桥，上坡，下坡；再过贡江浮桥，上坡，上坡，上坡，穿过漫长的密林来到一片荒冢之中，头也不回地钻进一个没有棺材的坟洞里去。自我安顿之后，急忙从坟洞里伸出手来轻声招呼我和陈庭诗兄进去，原来是口广穴，大有回旋余地，我听听不见动静，刚迈出洞口透透气，他嫳腔骂我：

“侬阿是想死？侬想死侬自家嘅事，侬连累我格浪讲？快点进来！”

我想，日本鬼子若真照张乐平这样战略思想，早就提前投降好儿年了。漠漠大地，月光如水，人影如芥，日本鬼子怎么瞄得准你张乐平？他专炸你张乐平欲求何为？

后来才听说他胆小得有道理。在桂林，他跟音乐家张曙、画家周令钊和家人在屋里吃晚饭，眼看炸死了身边的张曙。怎么不怕？

除了张乐平，书里还写了大量和黄永玉同时代的文化名人。比如大收藏家张伯驹，晚年将所有藏品无偿捐献给国家；写了《边城》的沈从文，他是黄永玉的表叔。再如齐白石、中国美术学院首任院长林风眠、齐白石弟子李可染等大画家等等。这些人物，都是20世纪上半叶中国文化界的顶梁柱。

读这类人物小品文，一方面是体会文字的趣味，另一方面，我们能从人物的生命历程里，读到时代的变迁，读到后来的反思和感悟。读这本《比我老的老头》，既是阅读大师故事、了解大师生活，也能感受大师风采，体味精彩人生。

从咸鸭蛋里吃出“文化”来

——汪曾祺《端午的鸭蛋》

真正能让我们快乐起来的事，往往都是不花钱的。如果你善于从生活当中去发现乐趣，把日子过得更精致一些，那你的幸福感也会大大提升。做一个科学家、艺术家，也许需要天赋异禀，可我们人人都可以做一个“生活家”，把柴米油盐的寻常日子过得精致有趣、有滋有味，也许会过得幸福。

现在互联网上随处可见各种和美食有关的纪录片。追溯起来，大概是从《舌尖上的中国》那部纪录片开始的。那个片子首播的时候，让所有观众眼前一亮：哇，原来寻常饭菜可以拍得这么美！原来吃东西背后还有这么多门道！

有句老话说“民以食为天”，中国人是很讲究吃的——不光是要能吃，更要会吃，吃出文化来。而且中国自古以来，会吃的人一直不少，人称“美食家”。我在微博上关注了《舌尖上的中国》的美食顾问、著名的美食家沈宏非老师。沈老师就非常会吃，还很“坏”，经常深夜“放毒”——半夜三更在微博上发美食照片，完全不考虑我们这群“吃货”受不受得了。

话说回来，沈宏非老师这样的“美食家”，在中国文化里是有传统的。清朝的袁枚，隐居西湖，写了一本《随园食单》，里面全是他自己研发的菜品。这篇《端午的鸭蛋》的作者，现当代著名作家汪曾祺，是美食家里的文化人，也是著名“老饕”，很会吃，吃遍大江南北。

不同的人吃同一样东西，人家就能从里头讲出门道来，吃出文化来，这就特别有意思了。

汪曾祺写美食，博闻多识，随手一笔就是新疆的一道什么菜，笔锋一转就讲到云南的某个特产。这大概和他年轻时候的经历脱不开关系。他学生时代就读于西南联大，战争时期，全国各地辗转奔波，也是走南闯北的人物，所以见多识广，吃得多，写得也多。

汪老文章里所写的美食，从来不是什么鱼翅熊掌、山海珍馐，都是平平常常能看到、能吃到的东西。凡人生活，无非“吃喝拉撒衣食住行”，跟“美”和“文化”扯得上什么关系呢？同样是吃，对有些人来说，不过是“进食”而已，但有些人就能“吃”出不一样的东西，这是一个人的审美能力、文化积淀，也是一个人的修养和生活情趣。

汪曾祺就是这样有积淀、有审美，走过大江大河，尝过人间百味的人，所以他写这一类美食散文，信手拈来，让我们读书的人隔着字纸也能回味无穷。这篇《端午的鸭蛋》就是其中的代表作。

开篇，汪老先从端午节的风俗讲起：

……系百索子。五色的丝线拧成小绳，系在手腕上。丝线是掉色的，洗脸时沾了水，手腕上就印得红一道绿一道的。做香角子。丝线缠住小粽子，里头装了香面，一个一个串起来，挂在帐钩上。贴五毒。红纸剪成五毒，贴在门槛上。贴符。这符是城隍庙送来的。……喝雄黄酒。用酒和的雄黄在孩子的额头上画一个王字，这是很多地方都有的。有一个风俗不知别处有不：放黄烟子。黄烟子是大小如北方的麻雷子的炮仗，只是里面灌的不是硝药，而是雄黄。点着后不响，只是冒出一股黄烟，能冒好一会。把点着的黄烟子丢在橱柜下面，说是可以熏五毒。小孩子点了黄烟子，常把它的一头抵在板壁上写虎字。写黄烟虎字笔画不能断，所以我们那里的孩子都会写草书的“一笔虎”。

这段里有个风俗是贴五毒，五毒就是指蛇、蝎、蜈蚣、蟾蜍、壁虎。看起来，文章好像离题万里了，不是讲“端午的咸鸭蛋”吗，咸鸭蛋在哪儿呢？别急，马上就引过来了：

还有一个风俗，是端午节的午饭要吃“十二红”，就是十二道红颜色的菜。十二红里我只记得有炒红苋菜、油爆虾、咸鸭蛋，其余的都记不清，数不出了。也许十二红只是一个名目，不一定真凑足十二样。不过午饭的菜都是红的，这一点是我没有记错的，而且，苋菜、虾、鸭蛋，一定是有的。这三样，在我的家乡，都不贵，多数人家是吃得起的。

文章很自然地从端午的风俗，讲到了“十二红”，其中有“一红”，就是咸鸭蛋了。这样的过渡不着痕迹，想一想，你的作文能不能借鉴？

接着，重点放到咸鸭蛋上来了，先讲产地：

我的家乡是水乡。出鸭。高邮大麻鸭是著名的鸭种。鸭多，鸭蛋也多。高邮人也善于腌鸭蛋。高邮咸鸭蛋是出了名的。我在苏南、浙江，每逢有人问起我的籍贯，回答之后，对方就会肃然起敬：“哦！你们那里出咸鸭蛋！”上海的卖腌腊的店铺里也卖咸鸭蛋，必用纸条特别标明：“高邮咸蛋。”

我对异乡人称道高邮鸭蛋，是不大高兴的，好像我们那穷地方就出鸭蛋似的！不过高邮的咸鸭蛋，确实是好，我走的地方不少，所食鸭蛋多矣，但和我家乡的完全不

能相比！曾经沧海难为水，他乡咸鸭蛋，我实在瞧不上。

“瞧不上”，你看这口气！大概每个人都有一些“家乡情结”，虽然有的特产别的地方也有，但就是不如自己家乡的好。跟人说起家乡的特产，就是汪老这口气：他乡咸鸭蛋，我实在瞧不上。

下文继续展开写咸鸭蛋，这东西该怎么吃，又有多好吃？写之前，汪老先引用了前文提到过的那位清朝才子袁枚的文章，相当于借古人之口，告诉读者，咸鸭蛋不是我们现在才爱吃，古人——还是个很有品位很有文化的古人，就吃过了。袁枚的《随园食单》也提到了，咸鸭蛋得是高邮的好。然后他说了咸鸭蛋是怎么吃的：在席面上吃的时候，请客人先用。放在盘子里，连壳切成两半，蛋白和蛋黄要一起吃，味道才好。若丢了蛋白，咸鸭蛋里的油就漏掉了。

咸鸭蛋最诱人的，却还是蛋黄。吃过好的高邮咸鸭蛋的人都知道，咸鸭蛋的蛋黄是流油的，吃的时候滋滋往外冒。

高邮咸蛋的特点是质细而油多。蛋白柔嫩，不似别处的发干、发粉，入口如嚼石灰。油多尤为别处所不及。

“入口如嚼石灰”，汪老很不客气地说，“别处”的咸鸭蛋，都不如高邮的，主要就是这个油润的口感。

下文继续讲吃法，一共五句话，层次分明，逐层递进。看得人眼馋不已。

鸭蛋的吃法，如袁子才所说，带壳切开，是一种，那是席间待客的办法。平常食用，一般都是敲破“空头”用筷子挖着吃。筷子头一扎下去，吱——红油就冒出来了。高邮咸蛋的黄是通红的。苏北有一道名菜，叫作“朱砂豆腐”，就是用高邮鸭蛋黄炒的豆腐。我在北京吃的咸鸭蛋，蛋黄是浅黄色的，这叫什么咸鸭蛋呢！

最后汪老还不忘埋汰一句北京的咸鸭蛋。其实埋汰的背后，是对家乡深深的感情。

咸鸭蛋除了吃，还能玩儿。玩法各异，能挂“鸭蛋络子”，还能拿鸭蛋壳玩“囊萤映雪”。这都是从咸鸭蛋里引出来的生活乐趣。可我们现在好像都已经不玩这些了，好像觉得只有商店里买的玩具才好玩，手机上、电脑上的电子游戏才好玩。真是大谬不然。

孩子吃鸭蛋是很小心的，除了敲去空头，不把蛋壳碰破。蛋黄蛋白吃光了，用清水把鸭蛋里面洗净，晚上捉了萤火虫来，装在蛋壳里，空头的地方糊一层薄罗。萤火虫在鸭蛋壳里一闪一闪地亮，好看极了！

你看，这就是民间智慧，是我们寻常生活的乐趣。其实那些真正能让我们快乐起来的事，往往都是不花钱的。如果你善于从生活当中去发现乐趣，把日子过得更精致一些，那你的幸福感也会大大提升。

做一个科学家、艺术家，也许需要天赋异禀，可我们人人都可以做一个“生活家”，把柴米油盐的寻常日子过得精致有趣、有滋有味，也许会过得更幸福。

没文化，真可怕

——余秋雨《文化苦旅》

这本书叫“文化苦旅”，一听这名字——“苦涩的旅程”，大家可能会觉得奇怪，怎么能用这样的词汇形容文化呢？

中国有五千年的文明传承，有几万年的历史演进，神州大地上的种种变化慢慢沉淀下来，成为一个民族、一个国家的文化，一种特有的、和世界上任何其他文明都不一样的精神依托。那么问题来了，中国文化，到底苦不苦呢？

苦是一种主观感受。我以前很讨厌吃苦瓜，完全接受不了苦的滋味，但是有人很喜欢；现在年纪大了，我也觉得苦瓜挺好吃。对喜欢的人来说，吃这种苦的滋味，就没有“吃苦”的感觉，甚至觉得是一种享受。所以，苦不苦，是主观的看法。或许中国文化未见得“苦”，但在余秋雨看来，它的的确确是沉重的。

我们的历史太长，文明太悠久了，积淀下来的文化太多，不可能不厚重。我举个可能不太恰当的例子，你跑到美国，可能会发现满大街的人个个都是笑着的，天天开开心心。这的确给人一种充满活力的感觉，就像一个十几岁的生命力非常旺盛的年轻人——这就是美国文化。如果把拥有两百多年历史的美国比喻为十几岁的年轻人，那拥有五千年历史的中国，已经是个耄耋老人了，大概很难欢快起来。这也正是“沉重”的原因：历史在你的肩上，你是甩不掉的。

什么叫“快乐”？快乐快乐，快起来，就容易“乐”了。那些让人欢快的旋律，都是节奏明快的。不信你把那些欢乐的曲子放慢节奏再听听看，肯定快乐不起来。那么一切快的就是好的吗？轻松明快的东西就比沉重的东西更有价值、更值得我们追求吗？中国文化确实是沉重的，看起来让人难以亲近。

我举个例子。交朋友的时候我们会发现，有些人的外表看起来很厉害，光鲜亮丽，但是你跟他深入交往以后，你发现这个人很没趣，他其实是“绣花枕头一包草”，肚子里没货，言语也无聊。而有一些人可能看起来外表难以亲近，可聊起来之后，你会发现这个人很有趣味和深度。越是深入交往，你会越来越发现他的精彩。你更愿意和哪一类人做朋友？

中国文化就是后一种朋友。这本《文化苦旅》的“苦”字，说的就是文化意义上的“苦”：中国的历史文化是有厚度、有深度的，也是有故事，经过苦难和历练的。余秋雨的这本书有点像游记，他走过大江南北，一路上看到自然风光人文古迹，每到一个地方都把这个地方的历史背景与看到的东西结合起来，形成对历史的思考、对文化的感悟，当然也会得出一些值得后人反思的经验教训。

下面这篇《道士塔》就是其中非常有名的一篇文章。

敦煌，可以说是人类文化艺术领域的一个里程碑式的发现。敦煌有包括莫高窟、西千佛洞、安西、榆林窟等总共552个洞窟，这些洞窟的石壁上都留有非常精美的壁画，不论从历史研究的角度，还是从艺术的角度，都是一笔宝贵的财富。这些壁画和欧洲著名的“死海古卷”齐名，陪伴了整个中华民族上千年的时光，经历了悲欢离合、改朝换代，遭遇过困苦，也见证过繁华。但是，这么重要的敦煌壁画，文明艺术的瑰宝，却毁在了一个道士的手里。

历史已有记载，他是敦煌石窟的罪人。

我见过他的照片，穿着土布棉衣，目光呆滞，畏畏缩缩，是那个时代到处可以遇见的一个中国平民。他原是湖北麻城的农民，逃荒到甘肃，做了道士。几经转折，不幸由他当了莫高窟的家，把持着中国古代最灿烂的文化。他从外国冒险家手里接过极少的钱财，让他们把难以计数的敦煌文物一箱箱运走。今天，敦煌研究院的专家们只得一次次屈辱地从外国博物馆买取敦煌文献的微缩胶卷，叹息一声，走到放大机前。

余秋雨的文笔是很有感染力的。这也构成了整本《文化苦旅》在语言表达上的特色，给各位正需要通过阅读来提升自己文字水平的同学读，是非常合适的。比如像这样的句子：

这是一个巨大的民族悲剧。王道士只是这出悲剧中错步上前的小丑。一位年轻诗人写道，那天傍晚，当冒险家斯坦因装满箱子的一队牛车正要启程，他回头看了一眼西天凄艳的晚霞。那里，一个古老民族的伤口在滴血。

全文以这样的笔触娓娓道来，作为一本文笔优美的历史文化普及读物，在某种程度上，它的确可说是一种“启蒙”。

王道士每天起得很早，喜欢到洞窟里转转，就像一个老农，看看他的宅院。他对洞窟里的壁画有点不满，暗乎乎的，看着有点眼花。亮堂一点多好呢，他找了两个帮手，拎来一桶石灰。草扎的刷子装上一个长把，在石灰桶里蘸一蘸，开始他的粉刷。第一遍石灰刷得太薄，五颜六色还隐隐显现，农民做事就讲个认真，他再细细刷上第二遍。这儿空气干燥，一会儿石灰已经干透。什么也没有了，唐代的笑容，宋代的衣冠，洞中成了一片净白。道士擦了一把汗憨厚地一笑，顺便打听了一下石灰的市价。他算来算去，觉得暂时没有必要把更多的洞窟刷白，就刷这几个吧，他达观地放下了刷把。

“像一个老农”一样的王道士，充分展现了他的审美品位，他“对洞窟里的壁画有点不满”，觉得“暗乎乎的，看着有点眼花”。于是，“唐代的笑容，宋代的衣冠，洞中成了一片净白”。这实在是让人揪心。人类文明史上如此重要的瑰宝，就这么让他给刷掉了。没文化，真可怕。还不止刷墙呢：

当几面洞壁全都刷白，中座的塑雕就显得过分惹眼。在一个干干净净的农舍里，她们婀娜的体态过于招摇，她们柔美的浅笑有点尴尬。道士想起了自己的身份，一个道士，何不在这里搞上几个天师、灵官菩萨？他吩咐帮手去借几个铁锤，让原先几座塑雕委屈一下。事情干得不赖，才几下，婀娜的体态变成碎片，柔美的浅笑变成了泥巴。

听说邻村有几个泥匠，请了来，拌点泥，开始堆塑他的天师和灵官。泥匠说从没干过这种活计，道士安慰道，不妨，有那点意思就成。于是，像顽童堆造雪人，这里是鼻子，这里是手脚，总算也能稳稳坐住。行了。再拿石灰，把它们刷白。画一双眼，还有胡子，像模像样。道士吐了一口气，谢过几个泥匠，再作下一步筹划。

具有讽刺意味的是，就在王道士给自己打造舒适生活空间的同时，西方的冒险家进入了中国。一方面：

王道士完全不能明白，这天早晨，他打开了一扇轰动世界的门户。一门永久性的学问，将靠着这个洞穴建立。无数才华横溢的学者，将为这个洞穴耗尽终生。中国的荣耀和耻辱，将由这个洞穴吞吐。

而另一方面：

就在这时，欧美的学者、汉学家、考古家、冒险家，却不远万里、风餐露宿，朝敦煌赶来。他们愿意卖掉自己的全部财产，充作偷运一两件文物回去的路费。他们愿意吃苦，愿意冒着葬身沙漠的危险，甚至作好了被打、被杀的准备，朝这个刚刚打开的洞窟赶来。

他们以为自己会遇到重重阻碍，可魔幻的现实中，迎接他们的是什么呢？

他们在沙漠里燃起了股股炊烟，而中国官员的客厅里，也正茶香缕缕。

没有任何关卡，没有任何手续，外国人直接走到了那个洞窟跟前。洞窟砌了一道砖、上了一把锁，钥匙挂在王道士的裤腰带上。外国人未免有点遗憾，他们万里冲刺的最后一站，没有遇到森严的文物保护官邸，没有碰见冷漠的博物馆馆长，甚至没有遇到看守和门卫，一切的一切，竟是这个肮脏的土道士。他们只得幽默地耸耸肩。

略略交谈几句，就知道了道士的品位。原先设想好的种种方案纯属多余，道士要的只是一笔最轻松的小买卖。就像用两枚针换一只鸡，一颗纽扣换一篮青菜。

这实在是一个巨大的讽刺，是历史给华夏文明开的一个巨大的玩笑。

1905 年 10 月，俄国人勃奥鲁切夫用一点点随身带着的俄国商品换取了一大批文书经卷；1907 年 5 月，匈牙利人斯坦因用一碟子银元换取了 24 大箱经卷、5 箱织绢和绘画；1908 年 7 月，法国人伯希和又用少量银元换去了十大车 6000 多卷写本和画卷；1911 年 10 月，日本人吉川小一郎和橘瑞超用难以想象的低价，换取了 300 多卷写本和两尊唐塑；1914 年，斯坦因第二次又来，仍用一点银元换去了五大箱、600 多卷经卷；……

读完这篇《道士塔》，心痛之余，我们不免要问：如果有一天，历史也把我们放到王道士的位置上，我们能不能不再做出这么愚蠢的事情？我们都希望自己不要愚蠢——可王道士当时，也没觉得自己愚蠢吧……

《文化苦旅》这本书里佳作迭出。其中的《风雨天一阁》《苏东坡突围》，都是不错的文章。再选一小段《风雨天一阁》中的文字，作为这篇文章的结尾，似乎也是合适的：

不错，它只是一个藏书楼，但它实际上已成为一种极端艰难、又极端悲怆的文化奇迹。

中华民族作为世界上最早进入文明的人种之一，让人惊叹地创造了独特而美丽的象形文字，创造了简帛，然后又顺理成章地创造了纸和印刷术。这一切，本该迅速地催发出一个书籍的海洋，把壮阔的华夏文明播扬翻腾。但是，野蛮的战火几乎不间断地在焚烧着脆薄的纸页，无边的愚昧更是在时时吞食着易碎的智慧。一个为写书、印书创造好了一切条件的民族竟不能堂而皇之地拥有和保存很多书，书籍在这块土地上始终是一种珍罕而又陌生的怪物，于是，这个民族的精神天地长期处于散乱状态和自发状态，它常常不知自己从哪里来，到哪里去，自己究竟是谁，要干什么。

只要是智者，就会为这个民族产生一种对书的企盼。他们懂得，只有书籍，才能让这么悠远的历史连成缆索，才能让这么庞大的人种产生凝聚，才能让这么广阔的土地长存文明的火种。

愿书籍成为连缀历史的缆索，成为长存文明的火种。

愿你我，成为攀爬缆索、接引火种的人。

562 天的小生命

——周国平《妞妞：一个父亲的札记》

不论你经历了什么，都有很多深切的思考，有足够丰富和饱满的内心。那么哪怕你足不出户，也照样可以神游四海。心灵的宽度和广度，决定了我们的人生是否“完整”。一个头脑简单的人，就算经历生命中再大的悲喜，没有自己的感受，这些悲喜对他又有什么意义呢？

周国平是一个哲学家。“哲学家”这三个字，听起来就很有距离感。在我们生活里不太能见到活着的哲学家，他们好像总是离我们非常远，给我们一种高不可攀的、有点神秘的感觉。其实没什么神秘的，哲学家不过是一些思考能力特别强的人，他们对这个世界的感受和思考可能的确比普通人更深刻一些，但哲学家也吃五谷杂粮，也有七情六欲，也和我们一样，生活在当下这个有美好也有残缺的世界。周国平就是这样一个哲学家，除了深刻的思考、洞察和对世界敏感的认识之外，他的文笔也相当好，既有冷静的理性思辨，也有温暖的人文感知。

高中时候读到周国平的文章，对我的思想挺有冲击的。我记得他在一篇文章里谈到教育的目的，是这样说的：

教育的目的是让学生摆脱现实的奴役，而非适应现实。

这是西塞罗的名言，可今天我们看到的情形却恰好相反。教育正在全力做一件事，就是以适应现实为目标来塑造学生。学校、老师、家长教育孩子的目的，似乎都是希望孩子能够在社会上生活得更好，希望他能够去适应现实。

但是周国平借西塞罗的名言，提了一个反对的意见：他说教育真正的目的，应该是让受教育的人去摆脱现实的奴役，而非仅仅是适应现实。他思考的角度和深度，的确超过了大部分人。在那篇文章里他还说：

知识的细节是很容易忘记的，一旦需要也很容易在书中查找到。所以把精力放在记住知识的细节，既吃力又无价值。

真正的教育是什么？忘记了课堂上所学的一切，剩下的才是教育。

这也是让我深有感触的话。就像大家听平哥的节目，或是上我的课、读我的书，感觉我是在讲“知识”，可我一直都认为，知识不重要，我讲的所谓的“知识点”，都是可以在书里或者在网上找到的。通过节目、网课、书，我真正想传递给大家的，也许正是周国平所谓“忘记课堂上所学的一切而剩下的东西”。如果有一天你忘记了我讲过的内容，但是形成了自己的思考，把我讲过的东西吸收、消化成了你自己的体验和感悟，那才是真正有价值的东西。

一个不曾用自己的脚在路上踩下脚印的人，不会找到一条真正属于自己的路。

这句话是说，如果只是人云亦云地听过、知道，或是了解了那些别人整理好的所谓“干货”，那么最终这条路也是不属于你自己的。因为那些东西不是你自己学习、整理过的，你就只会是一个盲从的、漂在表面、浮皮潦草的状态。而一个人活在世上，很重要的一件事就是你要有自己的路，活出自己的样子来，这样的人生才是“完整”的。周国平说，人和人各自的经历都是平凡而又平凡的，人和人之间真正的差别就在内心经历的不同。

就个体而言，每个人都是再平凡不过的，也许你经历过不平凡的事，这会让你活得比别人“更值得”吗？不会的。怎样的一生才是“值得”的呢？是不论你经历了什么，都有很多深切的思考，有足够丰富和饱满的内心。那么哪怕你足不出户，也照样可以神游四海。心灵的宽度和广度，决定了我们的人生是否“完整”。一个头脑简单的人，就算经历生命中再大的悲喜，没有自己的感受，这些悲喜对他又有什么意义呢？

经历固然重要，思考和感受可能更重要。这话讲来轻而易举，落实到生活里却绝不轻松。每个人都会遭遇生命中的悲苦，我们都希望痛苦尽快过去，甚至我们会装聋作哑地逃避，麻痹自己，以为悲苦已经过去，却很少有人能回过头去重新审视甚至重新品味自己所经历的悲苦。所以我们大部分人对于悲苦的领悟和感受，其实是很有限的。

周国平不同。他是一个很会感知的哲学家，也是一位善于表达的作家，因此在经历过之后，他会重新审视、整理，最后将自己的经历和感受，都凝结在文字里，凝结成了一本《妞妞：一个父亲的札记》。

周国平曾经有一个很可爱、很漂亮的女儿，叫妞妞。而妞妞从出生到死亡，从来到这个世界到离开这个世界，仅仅经历了短短的 562 天。周国平的妻子雨儿，也就是妞妞的母亲，在怀孕五个月的时候曾患感冒，去医院检查时，医生执意以大量 X 光进行照射，导致妞妞出生以后，因为受到之前 X 光辐射的影响，左眼瞳孔与别的孩子不一样，最后被确诊为恶性眼底肿瘤，这是不治之症。检查结果出来的时候，妞妞只有一岁不到，父母给了她最细心的照料，但最终一切都无法挽回。这个可爱的小生命，在这个世界上仅仅存在了短短 562 天，就永远地离开了。

这是无法化解的生命悲苦，它和我们日常生活中的难受、苦闷等感情相比，根本不在一个量级上。所以我无法设身处地地去体会周国平作为一个父亲的感受，甚至我都不敢想象，如果这样的事发生在我身上会怎么样。面对生命的悲苦，我和大多数人一样软弱，总是装聋作哑地逃避。

《妞妞：一个父亲的札记》，就是周国平对女儿 562 天的人生记录。这里有生命的诞生和消亡的过程，更有对人生意义的思考和辨析。人活一生，不论是长是短，究竟意义何在？

人生中不可挽回的事太多。既然活着，还得朝前走。经历过巨大苦难的人有权利证明创造幸福和承受苦难属于同一种能力，没有被苦难压倒，这不是耻辱，而是光荣。

如果妞妞在天有知，也一定希望自己的爸爸妈妈能替自己好好活下去吧。

雨儿怀孕的时候，常常逛商店，每次都要带回来一二件婴儿用品。有一天我突然发现我们的衣柜里已经塞满了小被褥、小衣服和一包包尿片。酒柜里陈列着一排晶莹闪光的奶瓶，一双色彩鲜艳的小布鞋，喜气洋洋地开进我的书柜，堂而皇之地驻扎在我的藏书面前。“这么说，它真的要来了？”我略感惊讶地问。对于我即将做爸爸这件事仍然将信将疑。

雨儿站在屋子中央，轻轻抚摸着肚子，忽然抬高声调，用戏谑的口吻说：“小DADA，你听你爸爸说什么呀！咱们不理爸爸！”DADA是她给肚子里的小生命起的名字，这个名字产生于她的一连串快乐的呼叫。

……我想起夜里做的一个梦，梦见我伸出手掌，一只羽毛洁白的小鸟飞来停在掌心上，霎时一股幸福之流涌遍我的全身。

你知道，在你来到这个世界上之前，爸爸妈妈是如何期待你的到来的吗？你的爸爸是如何对着妈妈的肚子讲话，又是如何贴在你妈妈的肚子上听里头的动静？他们对即将出生的你，一定有过无数无比美好的想象，可他们或许从未和你说过。

写到女儿出生了：

不用说抱，我连碰都不曾碰过她一下。

我们的身体彼此是陌生的，我真能把她抱稳在手里吗？

第一次抱起女儿的时候，周国平的手大概都在发抖吧？

从医院到家，其实路程很短，且有汽车接，可是我觉得这中间仿佛隔着天堑似的。当我凝神屏息，战战兢兢，一步一顿，抱着这小东西终于踏进家门时，我几乎感到自己是一个凯旋的英雄了。

可是很快，不幸就降临了。周国平发现自己的女儿左眼的眼底呈透明状，一开始他没有多想，只觉得“婴儿的眼睛就是那么清澈纯净的”。可渐渐地，雨儿觉得不对，然后就开始打电话找医生，一经诊断，得到了明确的坏的结果：

“这是一种眼底肿瘤。”她说。

“是恶性的吗？”我问。

“是的，恶性度很高。”

“能不能治？”

“先别这么说，还没有查遗传呢。”眼科主任制止她。

接着她还在向我交代些什么，可是，我觉得她的声音那么遥远，她的话全无意义。我只知道一件事：妞妞活不长了。这件事如此荒谬绝伦，却被我的理智一下子看清楚了。

我们抱着妞妞走出医院大门，站在街上，满面泪水，我们不知道该去哪里，还有什么必要去哪里。街上行驶着纸人纸马。顷刻之间，那个随妞妞一起诞生的新的世界已经崩塌，那个在她诞生前存在过的老的世界也无从恢复。世界多么假。

还是那间婴儿室，但一切都已经被不祥的咒语改变。那支在月子里听熟了的摇篮曲凄凉地重复着，出殡的脚步声取代新生命跃动的节律，注定要纠缠我一辈子，摇篮上空悬挂着的五彩气球、布娃娃和玩具化作祭幡在寒风里飘摇。每一件娃娃衣都可能

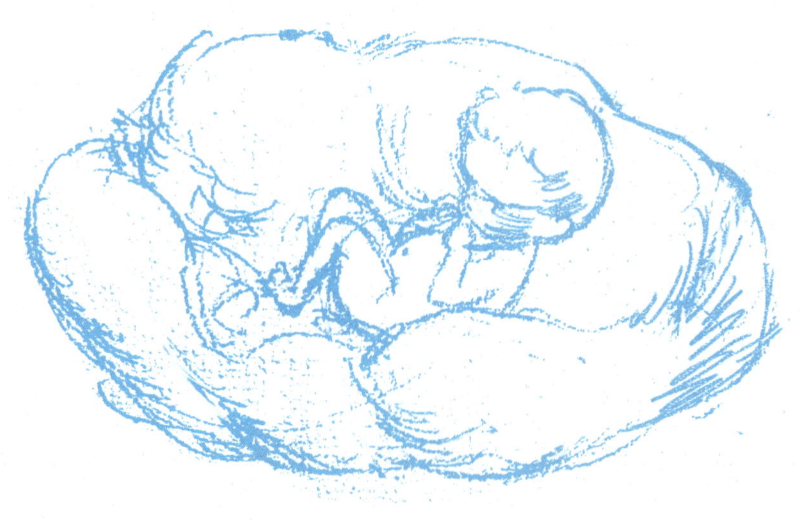

是寿衣，每一条童毯都可能是尸布。从摇篮到坟墓只有咫尺之遥，从天堂到地狱只在旦夕之间。

得知噩耗的那一刻，一个人会是麻木而茫然的，这个世界的一切意义在那一刹那全部消解，“顷刻之间，随妞妞一起诞生的新的世界已经崩塌，在它诞生之前，存在过的老的世界也无从恢复，世界多么假”。这就是一个人在经历最大的痛苦的时候所感受到的东西，觉得身边的一切都是假的。

死亡如同一个卑鄙的阴谋，已经把这个毫无戒心的小生命团团包围，她依然美丽、健康、宁静、活泼，但魔鬼玩弄一个简单得无以复加的乘法，悄悄给这一切加上了一个负号。

此时的父母能做的又是什么呢？

雨儿一如既往地给妞妞哺乳、喂水、洗澡、换衣，一样不落。我默默注视着她张罗这一切。

妞妞对突然降临的灾祸毫无知觉，她安静如常，躺在我的怀里，依然睁着那双又黑又亮的眼睛定定凝望着我，听我絮叨，我喜欢对她絮叨，仿佛她什么都能听懂，可是我说着说着再也止不住眼泪了。

不，我也一定要挺住。

“想开点，就当我们没有生她。”

“可是我们生她了，而且她多可爱。她来世上一趟，一点儿没让我操心，还给了我这么多东西。”

“这些东西永远留下了。”

“这辈子我最感谢的是她。虽然她不能跟我说话，但她一直在和我交流，我觉得我更完全了。过去我的确有欠缺，老那么没牵没挂，以后不会了。”

“以后我们一起写小说。”

“真人是最好的。”

“人生不过如此，你想想一百年后……”

“我知道，早去晚去都是去。”

“活八十年是一生，活八十天也是一生。我们让她好好活一场，我们和她也好好父女一场，母女一场。”

“现在我看别人，觉得谁都那么幸福。哪怕养个病孩，丑孩，弱智孩，也比我们好。”

“这是命，我们得认命。”

“我的脑子都木了。我不想别的，只想一件事：怎么把她喂好。”

“这就对了，过一天算一天。这世界上谁不是过一天算一天？”

“不饶我呀，上帝对谁都公平，没有宠儿。从小到大，一向顺顺溜溜，不知道什么是痛苦，就给我这么一个大痛苦。”

“公平什么！罚我倒也罢了，你和妞妞这么天真，毫无戒心，上帝不该对你们下毒手。”

“我一向幸运，你不该再受苦了。”

“最不该受苦的是妞妞。不管她能活多久，这些日子我们快快乐乐过，也让她快快乐乐过，好吗？”“好。”

“不哭了？”

“你不哭，我就不哭。”

读到最后这七个字，我们才知道，原来刚才对话的两个人，一直在哭。

这书真是让人读不下去。太揪心了。

本想再选几段描绘可爱的妞妞的文字，但我还是放弃了。这些文字越美好，读来就越残忍。还是选几段周国平穿插在叙述中的札记式的感悟吧：

迄今为止，关于苦难，我知道些什么？我经历过困顿、挫折、痛苦、失望，但不曾经历过苦难。直到我身陷苦难中了，我才省悟这一点。可是，关于苦难，我仍然知道些什么？

苦难似乎是一个伟大的词眼。在古典时代，苦难被颂扬为一种英雄业绩，希腊人差不多是用“历尽苦难”来定义英雄这个概念的。荷马史诗的主人公之所以成其为英雄，就因为他是“历尽苦难的奥德修”。在浪漫时代，苦难被颂扬为灵魂净化的必由之路，“不知道苦难”差不多就是没有灵魂的同义语。所以青年罗曼·罗兰敢于以无比轻蔑的口吻写道：“我们必须怜悯那些不知道苦难的人，假如真有那种可怜虫的话！”

这样的苦难与我无缘。

我的苦难没有慰藉，也没有补偿。它不会给我带来光荣和伟大。一个父亲守着他的注定夭折的孩子，这个场景异乎寻常，但也极其平凡。我也许挺得住，也许挺不住，无论在哪种情形下，我都成不了英雄。我只是一个忍受着人间平常苦难的普通人。一个人只要真正领略了平常苦难中的绝望，他就会明白，一切美化苦难的言辞是多么浮夸，一切炫耀苦难的姿态是多么做作。

以一种绝望的心情看着自己可爱的女儿走完全部的人生岁月，这是怎样一种凄楚的心境。可就算面对再大的困难，我们不也早晚要从苦难里走出来吗？因为生活总要继续。妞妞会在天堂，看着她的爸爸妈妈，在天堂为她的爸爸妈妈送上最美好的祝福。妞妞曾经的一颦一笑，也会永远留在周国平和雨儿的心中。

与其说这本书表达了周国平浓浓的父爱，倒不如说，它记录了两个生命在他们相逢的时候所迸发出的灿烂的瞬间。

人生中不可挽回的事太多。既然活着，还得朝前走。经历过巨大苦难的人有权利证明创造幸福和承受苦难属于同一种能力，没有被苦难压倒，这不是耻辱，而是光荣。

病痛中的祥和与宽厚

——史铁生《我与地坛》

史铁生的文章，绝没有半点油滑。在这个飞速运行的社会里，静下心来思考和写作已经是一种奢侈。我们被大量没有营养的“干货”包围，被排山倒海的各种“心灵鸡汤”淹没，其中有个人的野心，有商业的算计，唯独缺少真诚的态度。

史铁生是中国文坛的一个“异类”。说他是“异类”，和他的身体没有关系，而是因为他的文字和思想，让他成为中国当代文学的一个“异类”，一个特别深刻，也特别真诚的“异类”，一个可以折射出太多矫情和浅薄的“异类”。

史铁生 1951 年出生，十几岁因病入院，本以为是小毛病，却不想情况恶化，直到 1972 年离开医院时，史铁生双腿已残疾，从此便坐在了轮椅上，直到 2010 年 12 月 31 日离开人世。

21 岁，本应是风华正茂的年纪，却是史铁生人生悲苦的开始。此后近四十年，他再没有离开过轮椅，病痛也没有离开过他。死算什么？和在漫长的人生里遭受病痛的折磨相比，死，真是莫大的解脱。

年轻的史铁生自然也想到过死。人生在面对无法挽回的悲苦时，一定是绝望的。你该如何面对痛苦？它就一屁股坐在你身边，不走了。要么一死了之，你摆脱了它，而你也以付出全部作为代价；要么你就得学会和它相处。史铁生每天一睁眼，看到的就是两条残废的腿，就是一个没用的、连站都站不起来的自己。他得学会跟它和平地相处，甚至学会和它成为朋友，从它身上学习，好好地活下去，活好此后的每一天。这需要多大的耐性和勇气！

这就是让史铁生成为中国当代文学“异类”的原因。因为这份耐性和勇气，史铁生有一般作家所不具备的思考和感悟，他像个哲学家一样在行文中展现他的有深度的哲思，比如他写在《我的梦想》中的一段，从短跑冠军刘易斯的失败，谈到人类的不屈精神：“命定的局限尽可永在，不屈的挑战却不可须臾或缺。”这话是何其振奋人心！

在百米决赛后的第二天，刘易斯在跳远比赛中跳出了八米七二，他是个好样的。看来他懂，他知道奥林匹斯山上的神火为何而燃烧，那不是为了一个人把另一个人战败，而是为了有机会向诸神炫耀人类的不屈，命定的局限尽可永在，不屈的挑战却不可须臾或缺。我不敢说刘易斯就是这样，但我希望刘易斯是这样，我一往情深地喜爱并崇拜这样一个刘易斯。

史铁生的文章，没有半点油滑。在这个飞速运行的社会里，静下心来思考和写作已经是一种奢侈。我们被大量没有营养的“干货”包围，被排山倒海的各种“心灵鸡汤”淹没，其中有个人的野心，有商业的算计，唯独缺少真诚的态度。史铁生的真诚，表现在他的思考、沉默、书写和与读者的共鸣之中，这本是一个作家应尽的本分，却在这个飞速发展的时代里变得如此稀缺。而“异类”的史铁生，却自始至终地保持着他的淡然和深刻，也就因此保持着真诚。

一个人在20岁的时候就知道自己的一生已经完了。命运对他如此不幸，他却向命运展示了一个人的内心可以有多大的韧性。于是，他的文字坦荡得让绝大部分人自觉羞愧：

它等待我出生，然后又等待我活到最狂妄的年龄上忽地残废了双腿。四百多年里，它一面剥蚀了古殿檐头浮夸的琉璃，淡褪了门壁上炫耀的朱红，坍圮了一段段高墙又散落了玉砌雕栏，祭坛四周的老柏树愈见苍幽，到处的野草荒藤也都茂盛得自在坦荡。

这时候想必我是该来了。十五年前的一个下午，我摇着轮椅进入园中，它为一个失魂落魄的人把一切都准备好了。那时，太阳循着亘古不变的路途正越来越大，也越红。在满园弥漫的沉静光芒中，一个人更容易看到时间，并看见自己的身影。

自从那个下午我无意中进了这园子，就再没长久地离开过它。我一下子就理解了它的意图。正如我在一篇小说中所说的："在人口密聚的城市里，有这样一个宁静的去处，像是上帝的苦心安排。"

两条腿残废后的最初几年，我找不到工作，找不到去路，忽然间几乎什么都找不到了，我就摇了轮椅总是到它那儿去，仅为着那儿是可以逃避一个世界的另一个世界。我在那篇小说中写道："没处可去我便一天到晚耗在这园子里。跟上班下班一样，别人去上班我就摇了轮椅到这儿来。园子无人看管，上下班时间有些抄近路的人们从园中穿过，园子里活跃一阵，过后便沉寂下来。"

杨绛先生在《老王》一文里写过，自己对老王的心有戚戚，"是一个幸运者对一个不幸者的愧怍"。面对史铁生，我们每一个人都应怀一份这样的愧怍，和他相比，我们都太幸运了。我甚至要问，我们有什么资格配得上这花样的幸运？

史铁生对这个世界没有仇恨，他的文字那么干净，那么宽厚，那么平和。我后来渐渐读懂，这是历经了磨难终于与世界和解后的仁慈。

有一年，十月的风又翻动起安详的落叶，我在园中读书，听见两个散步的老人说："没想到这园子有这么大。"我放下书，想，这么大一座园子，要在其中找到她的儿子，母亲走过了多少焦灼的路。多年来我头一次意识到，这园中不单是处处都有过我的车辙，有过我的车辙的地方也都有过母亲的脚印。

史铁生早已全盘接受了残疾和上帝不公的现实，不仅接受，他甚至可以笑对一切悲苦。史铁生后期罹患尿毒症，每周要做血液透析，相当于每周要把全身大部分的血都换一遍。他说自己"就像一架飞机，两个发动机和两个起落架都坏了"。"起落架"，说的是两条腿，"发动机"，说的是两个肾。玩笑背后是辛酸，若没有十足的豁达，谁说得出这样的话？多少人在悲苦的折磨面前，不是选择放弃，就是选择逃避！可史铁生，却用他坚韧的耐性和无与伦比的勇气，在残疾的生命里，探寻人生的意义。他甚至能够说出："我常感恩于自己的命运。"

还可以用艺术形式对应四季，这样春天就是一幅画，夏天是一部长篇小说，秋天是一首短歌或诗，冬天是一群雕塑。以梦呢？以梦对应四季呢？春天是树尖上的呼喊，夏天是呼喊中的细雨，秋天是细雨中的土地，冬天是干净的土地上的一只孤零的烟斗。

因为这园子，我常感恩于自己的命运。

我甚至现在就能清楚地看见，一旦有一天我不得不长久地离开它，我会怎样想念它，我会怎样想念它并且梦见它，我会怎样因为不敢想念它而梦也梦不到它。

这个"园子"就是地坛。上面这几段引文，都出自《我与地坛》。史铁生用平静得令人诧异的文字，为我们呈现了一颗高贵的心灵怎样在人间寻获生命的意义。

看来差别永远是要有的。看来就只好接受苦

难——人类的全部剧目需要它，存在的本身需要它。看来上帝又一次对了。

于是就有一个最令人绝望的结论等在这里：由谁去充任那些苦难的角色？又有谁去体现这世间的幸福，骄傲和快乐？只好听凭偶然，是没有道理好讲的。

就命运而言，休论公道。

那么，一切不幸命运的救赎之路在哪里呢？设若智慧的悟性可以引领我们去找到救赎之路，难道所有的人都能够获得这样的智慧和悟性吗？

我常以为是丑女造就了美人。我常以为是愚氓举出了智者。我常以为是懦夫衬照了英雄。我常以为是众生度化了佛祖。

写下这样文字的史铁生，无疑是个哲学家：

这下好了，您不再恐慌了不再是个人质了，您自由了。算了吧你，我怎么可能自由呢？别忘了人真正的名字是：欲望。所以你得知道，消灭恐慌的最有效的办法就是消灭欲望。可是我还知道，消灭人性的最有效的办法也是消灭欲望。那么，是消灭欲望同时也消灭恐慌呢？还是保留欲望同时也保留人性？

我在这园子里坐着，我听见园神告诉我：每一个有激情的演员都难免是一个人质。每一个懂得欣赏的观众都巧妙地粉碎了一场阴谋。每一个乏味的演员都是因为他老以为这戏剧与自己无关。每一个倒霉的观众都是因为他总是坐得离舞台太近了。

我在这园子里坐着，园神成年累月地对我说：孩子，这不是别的，这是你的罪孽和福祉。

这样想了好几年，最后事情终于弄明白了：一个人，出生了，这就不再是一个可以辩论的问题，而只是上帝交给他的一个事实；上帝在交给我们这件事实的时候，已经顺便保证了它的结果，所以死是一件不必急于求成的事，死是一个必然会降临的节日。这样想过之后我安心多了，眼前的一切不再那么可怕。

《我与地坛》是一篇值得慢慢品味、细细揣摩的长文。史铁生是中国当代文学的一座灯塔，他为当代文学标识了一个高度，也为当代作家指引着回归的道路。

人生是一本大书，愿读到这本书的每个人，走好自己的路。

不以成败论英雄

——李敖《北京法源寺》

谭嗣同明知结局，但他选择直面失败，甚至把失败血淋淋地呈现到所有人面前，用流血唤醒世人，换一场痛快，用失败迎接未来可期的胜利。

他被拥簇着走到法场正中，满地泥泞，太阳却是高照着，放眼望去，四边人山人海，却是鸦雀无声。“这就是祖国、这就是群众，”他心里想着，“在光天化日之下、在黑暗时代，他们在看我们流血。我们成功，他们会鼓掌参与；我们失败，他们会袖手旁观。我们来救他们，他们不能自救，如今又眼睁睁看着我们亦无以自救。在他们眼中，我们是失败者。但是，他们不知道失败者其实也满痛快，因为失败的终点，也就是另一场胜利的起点。这些可怜的同胞啊，他们不知道，他们永远不会知道。

开篇这一段，非常慷慨激昂，也非常悲壮，这是《北京法源寺》整个情节发展到最高潮阶段时的一段描写。黑暗时代的光天化日之下，普罗大众看着革命志士流血。

如果革命成功，变法成功，那么大众会鼓掌叫好；可如果革命失败，大众只会袖手旁观。但是仁人志士们真的失败了吗？

《北京法源寺》是一本小说，讲的是中国近代史上非常重要的“戊戌变法”从开始到失败的整个过程。这段历史无疑是中国近代史上悲壮的一笔，但也是充满希望的一笔，因为不论成败，“戊戌变法”都揭开了中国革命的序幕，让中国从此踏上了现代化的路途，并且再无回头的可能。

“戊戌变法”，也称“百日维新”，前前后后只有100来天。“戊戌变法”从“公车上书”开始，有志学子们认为中国要以渐进改良的形式变法，于是大家在康有为、梁启超的带领之下，向皇上提出了变法方案，但因为复杂的宫廷政治和各方的利益角逐，仅仅100天后，戊戌变法宣布失败，康有为、梁启超逃亡日本。原本也有机会离开中国逃往日本的“戊戌六君子”之一的谭嗣同，最后选择留下来。他说，举凡革命，没有不流血的，中国革命要流的第一滴血，就从他谭嗣同开始。他要用他的鲜血警醒中国人，告诉大家，这个时代该要变化了。

据说，被捕后他还在监狱墙上留了一首诗：

望门投止思张俭，
忍死须臾待杜根；
我自横刀向天笑，
去留肝胆两昆仑。

按一般的标准来看，谭嗣同无疑是一个失败者，因为连“戊戌变法”

都是彻底失败的。可如果我们把“戊戌变法”放到整个中国近现代史来看，恐怕就未必如此了。

我在讲《三国群英传》的时候，和大家讨论过这个问题：什么样的人算英雄？好像我们一般都认为，英雄是那些最终获得鲜花与掌声的成功者。可是很多时候，那些失败的人也许是更值得我们尊敬的英雄。所谓“不以成败论英雄”，就是因为，用简单的“二分法”来谈论英雄，实在是太辱没那些为理想和未来奋斗的失败者了。

就如开头，《北京法源寺》里的那段话中所说，在老百姓眼中，革命志士，改良派的政治领袖，都是显而易见的失败者。可是，“失败者其实也满痛快，因为失败的终点，也就是另一场胜利的起点，这些可怜的同胞啊，他们不知道，他们永远不会知道”。

谭嗣同说对了。“戊戌变法”失败的终点，成了后来中国革命胜利和现代化的起点。一代人只能做一代人的事，在清末，想要让中国一步跨越成为最强的国家，那是痴人说梦。但如果没有谭嗣同流的血，没有“戊戌变法”的失败，那么后来的自由、民主、平等，只怕也不会到来。

其实成功和失败之间有一种奇妙的关联，它们看似两极，却在很多时候互相转化。“戊戌变法”中，最大的“成功”属于掌握军权的袁世凯和权势更加稳固的慈禧太后。可这两个当时的“成功者”却最终在历史的长河里被后人唾弃。相反，是失败的革命志士们，用他们的热情和热血，迎来了后续的变革，甚至更大的胜利。所以各位，眼前的失败往往只是你踏上成功之路的一个序曲，放长眼光，你会有更大的成功。

这的确是一本让人热血沸腾的书，尤其是在你了解一些中国近代历史之后，再读这本书，你会像当年的平哥一样，深受感染，掩卷唏嘘。我不敢说这本书改变了我的人生观，但我可以肯定的是，这本书让我豪气满怀。

这本书的作者是台湾作家李敖。他是历史学家，也是杂文作者，是我初中时期最喜欢的作家之一。他的文字风格大刀阔斧，读来如痛饮三杯，畅快淋漓。再加上李敖本身是研究近代历史的学者，他对中国近现代这段革命维新的历史，有很深刻的理解和见地。

实际上，这本书虽然是小说，作者李敖却在里面夹带了不少“私货”，他借着法源寺的故事，借着谭嗣同、梁启超、康有为这些人在书里的言行，把自己对历史的考证和观点都呈现到了读者面前。

其实，李敖自己也是一个谭嗣同式的人物，这大概也是他在这本小说里，为谭嗣同倾注这么多笔墨和感情的原因吧。他的文笔犀利，性格仗义，路见不平绝不会错过，哪怕以自己的能力不足以扭转乾坤，他也要让所有人知道，什么是对，什么是错，要让犯了错的台湾当局成为所有人唾弃的对象。他知道自己渺小，也被整得很惨，妻离子散，锒铛入狱，但他没有退缩。

不畏强权，不怕失败，这就是李敖的性格，他甚至觉得“失败者还满痛快”。这简直就是与谭嗣同一脉相传的精神气质。谭嗣同明知结局，但他选择直面失败，甚至把失败血淋淋地呈现到所有人面前，用流血唤醒世人，换一场痛快，用失败迎接未来可期的胜利。

慷慨赴死易，从容就义难。真正可贵的，不只是“抛头颅洒热血”的激情，更是“知其不可而为之”的勇气，是以眼前的失败换回长远成功的笃定和那种“还满痛快”的豪情。这本《北京法源寺》会告诉你，什么样的人堪当“英雄”二字。

但再伟大的人都有谢幕的一天。2017 年 6 月中旬，李敖突然对外公布，他得了脑瘤，医生给他判了死刑，告诉他只有三年生命。于是李敖说，他要用人生最后的三年，向他所有的朋友、亲人以及他的敌人乃至仇人告别，他说他会给这些人写信，或许还要和仇人再见个面。

人生的账可能真的是很难算得清。如今李敖已经逝去，他原谅了他的敌人吗？他的敌人原谅了他吗？他和这个世界和解了吗？开篇那段文字的后面还有一段话，我引出来作为本文的结束——不以成败论英雄，失败中自有真英雄。

在刽子手的准备行刑过程中，他又放眼望去，望着天上的浮云，随着浮云，他的思绪快速的闪过。他想到江湖中人，在临死前慷慨激昂大喊：“二十年后还是一条好汉！”他感到也该喊一句，但不要喊那种轮回性的。轮回是不可信的，死后妄信有来生，是一种怯懦、一种自私，对来生没有任何指望而死，才算堂堂的生、堂堂的死。想到这里，他笑了。突然间，像从浮云里划破一条长空，他的喊声震动了法场：

有心杀贼，

无力回天。

死得其所，

快哉！快哉！

刽子手惊奇地望着他，赞美地点了点头。他对拿“鬼头刀”的同胞从容一笑。一般死刑犯会要求刽子手：“给我个痛快！”但他不屑做此要求——他求仁得仁，早就很痛快了。

平凡世界里不平庸的青春

——路遥《平凡的世界》

他是一个优秀的作家，一个出色的政治家，一个气势磅礴的人，但他是夸父，最终他倒在了干渴的路上。作家路遥为这部书所付出的，几乎可以说是生命的代价——至少是通常所谓正常生活的代价。他像他所写的孙氏兄弟一样，在人生奋斗进取的路上，不容置疑地选择了战斗，不为名利，只是因为，帷幕的背后有光明。

《平凡的世界》这本书，从发表到今天（作者注：录节目的时候是 2018 年）正好 30 年。我以前说，一部文学作品能流传 100 年——最少 50 年——才能称为“经典”。路遥的这本《平凡的世界》虽然还没到 50 年，但这部作品能够沉淀下足够多的东西，让我们去思考、去体会、去反复把玩。而这些东西，是世间共通的。

在我看来，这本书是每个成长中的年轻人都应该要读一读的，无论你是高中生还是初中生，都合适——只要你愿意读下去，这本书就不会让你失望，它自有一种打动人心、催人奋进的力量。

当然，这本书和我们眼下的生活是有距离的。我上初中第一次读到它时并不喜欢，感觉开卷就是一股浓浓的“土”气，土得掉渣的那种。自幼生活在大城市的我，虽然自家条件也普通得不能再普通，却仍旧感受到了书中描写的生活与我之间的距离。

在校园内的南墙根下，现在已经按班级排起了十几路纵队。各班的值日生正在忙碌地给众人分饭菜。每个人的饭菜都是昨天登记好并付了饭票的，因此程序并不复杂，现在值日生只是按饭表付给每人预订的一份。菜分甲、乙、丙三等。甲菜以土豆、白菜、粉条为主，里面有些叫人嘴馋的大肉片，每份三毛钱；乙菜其他内容和甲菜一样，只是没有肉，每份一毛五分钱。丙菜可就差远了，清水煮白萝卜——似乎只是为了掩饰这过分的清淡，才在里面象征性地漂了几点辣子油花。不过，这菜价钱倒也便宜，每份五分钱。

开篇就是这样的文字，细致描写下的穷困生活，让人读来总觉得不舒服：

> 各班的甲菜只是在小脸盆里盛一点，看来吃得起肉菜的学生没有几个。丙菜也用小脸盆盛一点，说明吃这种下等伙食的人也没有多少。只有乙菜各班都用烧瓷大脚盆盛着，海海漫漫的，显然大部分人都吃这种既不奢侈也不寒酸的菜。主食也分三等：白面馍，玉米面馍，高粱面馍；白、黄、黑，颜色就表明了一种差别；学生们戏称欧洲、亚洲、非洲。
>
> 从排队的这一片黑压压的人群看来，他们大部分都来自农村，脸上

和身上或多或少都留有体力劳动的痕迹。除过个把人的衣装和他们的农民家长一样土气外，这些已被自己的父辈看作是“先生”的人，穿戴都还算体面。贫困山区的农民尽管眼下大都少吃缺穿，但孩子既然到大地方去念书，家长们就是咬着牙关省吃节用，也要给他们做几件见人衣裳。当然，这队伍里看来也有个把光景好的农家子弟，那穿戴已经和城里干部们的子弟没什么差别，而且胳膊腕上往往还撑一块明晃晃的手表。有些这样的“洋人”就站在大众之间，如同鹤立鸡群，毫不掩饰自己的优越感。他们排在非凡的甲菜盆后面，虽然人数寥寥无几，但却特别惹眼。

而路遥的文笔功底是相当扎实的，我们来体会这一段的细节：

就在这时候，在空旷的院坝的北头，走过来一个瘦高个的青年人。他胳膊窝里夹着一只碗，缩着脖子在泥地里蹒跚而行。小伙子脸色黄瘦，而且两颊有点塌陷，显得鼻子像希腊人一样又高又直。脸上看来才刚刚褪掉少年的稚气——显然由于营养不良，还没有焕发出他这个年龄所特有的那种青春光彩。

他撩开两条瘦长的腿，扑踏扑踏地踩着泥水走着。这也许就是那几个黑面馍的主人？看他那一身可怜的穿戴想必也只能吃这种伙食。瞧吧，他那身衣服尽管式样裁剪得勉强还算是学生装，但分明是自家织出的那种老土粗布，而且黑颜料染得很不均匀，给人一种肮肮脏脏的感觉。脚上的一双旧黄胶鞋已经没有了鞋带，凑合着系两根白线绳；一只鞋帮上甚至还缀补着一块蓝布补丁。裤子显然是前两年缝的，人长布缩，现在已经短窄得吊在了半腿把上；幸亏袜腰高，否则就要露肉了。（可是除过他自己，谁又能知道，他那两只线袜子早已经没有了后跟，只是由于鞋的遮掩，才使人觉得那袜子是完好无缺的。）

要概括这样一套三卷本的大部头，实在有点勉为其难。路遥所写的并不是一个人的故事，而是借兄弟两人的成长，折射了整个伟大时代的宏伟图景。三十多年前，中国人在经历了十年“文革”动荡后，重新回到了正轨。

于是一切都翻天覆地地改变了。就像笼罩着你的层层帷幕，突然被撕开了一个口子，一道亮光射进来。中国人从禁锢中解放出来，开启了一个伟大的时代。

这本书的主角孙氏兄弟，正是这个伟大时代的同龄人，他们出生在这个时代开启之前，所以他们经历了穷困到极点的童年和少年，当长大的时候，他们迎来了那道穿透帷幕的光。虽然生在落后的农村，但他们向往蓝天和光亮，就像古希腊神话中的伊卡洛斯一样，不懈地飞翔，奔向自己生命的远方。

那是一种强悍的奋斗精神，不容置疑、绝不妥协、永不放弃的奋斗精神，这也是全书最动人的精神力量。奋斗并非为了名利，甚至不为任何功利的目的。只是因为生命本身有奋斗的基因，帷幕的背后有光明，因为人“应该”朝向绽放阳光的方向。为此他们必得经历与现实的撕扯，被帷幕阻隔，被现实痛揍，也必得经历热血沸腾，经历失望、落寞和孤独，然后从绝望里走出来，完成人生的蜕变。他们都是这个时代的“夸父”——那个上古神话里，不懈追逐太阳的夸父。

著名作家贾平凹曾用“夸父”评价过路遥：他是一个优秀的作家，一个出色的政治家，一个气势磅礴的人，但他是夸父，最终他倒在了干渴的路上。作家路遥为这部书所付出的，几乎可以说是生命的代价——至少是通常所谓正常生活的代价。他像他所写的孙氏兄弟一样，在人生奋斗进取的路上，不容置疑地选择了战斗，不为名利，只是因为帷幕的背后有光明。

路遥后来在他的创作随笔《早晨从中午开始》里，提到过创作《平凡的世界》的始末。当时，路遥的第一部小说《人生》刚刚发表，在社会和文学界都引发了强烈的反响，但是路遥却因此陷入了迷茫：是安逸地躺在功劳簿上，

继续写点不痛不痒的文字等待荣誉的降临？还是放下所有过往的成就，重新脚踏实地去创作，绘制时代的图谱，探寻人生的边界？

显然，路遥选择了后者。这是我们后来者的幸运，但对于路遥本人，恐怕就很难说了。《平凡的世界》成就了作为一个作家的路遥，却也毁了作为一个“人”的路遥。他为了创作这部作品，下矿场做矿工，顶着肝硬化不就医，把自己与尘世隔离，苦行僧一般地投入创作，几乎是拼上性命地写完了这部书。

我曾说过，好的文学是试图通过一个人的故事，令古往今来所有人的故事浮现纸面。《平凡的世界》里，孙少平的经历虽然与我的经历、与你未来的经历大相径庭，但他的故事绝不只是他一个人的。孙少平走过的路，我曾经走过，我相信那也会是你迟早将要去走的。现实生活中，对青春的热情和活力是压抑而束缚的，你天天要考试、要做题、要上培训班。从路遥到平哥，再到未来的你们，烦恼各不相同，但烦恼就是烦恼，它一直都在。

该怎么做呢？我没有答案。但路遥把孙少平的故事写给我们，让我们看到人生还有这样一种可能性。不论哪个时代，希望有所作为的年轻人都是一样的。青春的躁动和不安分，是一种普世的、人性的力量，再叠加伟大时代的恢宏叙述，这就让这本《平凡的世界》拥有了一种史诗般的视角。它不受“小时代”的局限，甚至不聚焦蝇营狗苟的得失，它放眼全中国，看到的是恢宏的时代背景、改革开放的影响、所有制的变化、农村生产关系的革新……拉长时间线来看，《平凡的世界》里所涉及和讨论的很多现实问题，是中国之所以成为今日之中国的很重要的原因。

路遥的这部作品还没有正式出版时，就收获了巨大的影响力。中央人民广播电台即时将《平凡的世界》的第一部制作成广播节目，播出的时候，全书的第三部尚未完稿。而节目一经播出，孙少平的命运和抉择就打动了一代代中国人，他们像孙少平一样，对未来迷茫，却又充满了奋斗的精神和热情，对生活满怀美好的憧憬。在一个剧变的时代，他们和孙少平一样不知道该怎么办。后来电台播出的听众来信说，很多人在白天的辛苦劳作后，晚上定时打开收音机，每天听着孙少平的故事，流着自己的眼泪。但他们是欣慰的，因为他们知道自己并不孤单，孙少平和他们在一起，共同经历着这个国家前所未有的剧变。不止孙少平，全天下的奋斗者都站在一起。

人生就是奋斗的过程。可能你会吃很多苦，但不论酸甜苦辣都是生活。而这种在奋斗中体会到的感受，就是幸福。

1992 年 11 月 17 日，在《平凡的世界》三部曲写作完成的三年之后，路遥因肝硬化医治无效，在西安病逝，年仅 42 岁。

这是平凡世界里的平凡人生，却在三十多年后的今天，仍然闪耀着非凡的光芒。这光芒将陪伴所有脚踏实地、奋起拼搏的人，并将终有一日，照亮他们的前程。

幸运的中国人

幸运的中国人

——蘅塘退士《唐诗三百首》

不论如何治乱交替、兴亡更迭，这三百首诗，都是一座灯塔、一个坐标，标示出我们所处的位置，也指引着所有中国人回家的路。

“熟读唐诗三百首，不会作诗也会吟。”如果你能把《唐诗三百首》都读懂、理解、背得滚瓜烂熟，说明你的文笔一定已经非常出色了。至少，不论是诗词的格律、平仄，还是文字的节奏韵律，你都已经掌握，甚至打磨到很高的水平了。

这本《唐诗三百首》，作者是清朝人孙洙，雅号“蘅塘退士”。退士，是指退居二线隐居田园的士人。蘅塘退士不算有名，可他选编的这本《唐诗三百首》，却着实是唐诗选本中最好的几本之一。

唐诗有几万首之多，随便选编几首，填上注释，都能起“唐诗三百首”的名字来蒙人。现在市面上也有很多以“唐诗三百首”为标题的书，毕竟蘅塘退士当年又没有申请版权保护。可选编唐诗并不是件容易的事，真正选编得好的版本寥寥无几，想要读背《唐诗三百首》，买书的时候务必得选蘅塘退士的版本。

这个版本总共有310首唐诗，出自77位诗人。310首诗中以近体诗（格律诗）为主，也有不少古诗、乐府和一些小令（词作）。整本书以唐诗格律作为分类标准，七言、五言、律诗、绝句、乐府、古诗，类目分得相当清晰，也便于我们阅读学习。

比如刚开始学唐诗，就可以从“五言绝句”开始，20字一首的小诗，读来易懂，背来轻松。之后再逐渐过渡到难一些的28字的七言绝句、40字的五言律诗，到56字的七言律诗（最规整的格律诗），乃至一些更长的古诗和乐府。这样循序渐进，对开蒙读书的孩子来说，是再合适不过了。

蘅塘退士自己在书前写过一段序言，很好地说明了他为什么要编这本《唐诗三百首》：

世俗儿童就学，即授《千家诗》，取其易于成诵，故流传不废，但其诗随手掇拾，工拙莫辨，且止五七律绝二体，而唐、宋人又杂出其间，殊乖体制。因专就唐诗中脍炙人口之作，择其尤要者，每体得数十首，共三百余首，录成一编，为家塾课本，俾童而习之，白首亦莫能废，较《千家诗》不远胜耶？谚云：“熟读唐诗三百首，不会吟诗也会吟。”请以是篇验之。

大概的意思就是，当时孩子们开蒙读书，大都以《千家诗》作为教材，因为易于背诵，所以流传很广。但是在蘅塘退士看来，《千家诗》所选的诗，没有经过仔细思量，很多诗的选编随意性很大，而且《千家诗》里只有律诗和绝句，一会儿唐人一会儿宋人，显得很杂乱。于是他就专从唐人诗作中，挑选脍炙人口的作品，选编了《唐诗三百首》。那句有名的“熟读唐诗三百首，不会作诗也会吟”，正是从蘅塘退士这篇序言中化用来的。

通过序言不难看出，其实蘅塘退士在选编这本书时，选的都是脍炙人口的名篇佳作，就是希望它成为一本适合孩子们开蒙学习时当作教材的书。

我个人对于这本《唐诗三百首》还是很有感情的。初中的时候参加上海市的“唐诗吟诵大赛”，因为时间紧张，当时教我语文的葛慎之老师要求我在两个月里背出这本《唐诗三百首》。没办法，我只得硬着头皮开始背。那两个月，三百首诗真是把我折磨得昏天黑地。每天早起，站在我家老房敞开式的阳台上，沐浴在清晨的霞光里，翻来覆去地读背这本《唐诗三百首》。每天晚上也是加班加点，翻字典找资料先把诗读通（有些诗在当时也是一知半解），第二天早上再接着背。就这样紧赶慢赶地背下了两百多首诗，比赛结果是拿了个二等奖。不过，现在回忆起来，奖项名次实在不重要，这两百多首诗给我打下的底子，让我受用至今。

长大以后，这本书也是我案边床头的常客。偶尔翻翻，常有欣喜，常得慰藉。直到现在，我仍由衷地感激葛老师当时的指点和要求，亦隔空感激蘅塘退士几百年前的心血。往大了说，《唐诗三百首》已经不仅仅是一本唐诗选本，它几乎可说是中国人的一个血脉传续、文化师承。台湾诗人余光中有首诗写李白，其实写的也是中国的唐诗：

酒入豪肠，七分酿成了月光，

余下的三分，啸成剑气，

秀口一吐，就是半个盛唐。

身为中国人，我一直有一种特别的骄傲，这种骄傲不是因为中国有多辽阔，或是有多强盛。因为哪怕有一天中国不再强盛，哪怕她处在最黑暗的低谷，我的这种骄傲也不会减损半分。因为这是一种积淀在历史中的文化的骄傲。这种骄傲来自千年的文化滋养，“国破山河在”。只要这种文化的骄傲还在，走到哪里，我们都是抬头挺胸的中国人。

不论如何治乱交替、兴亡更迭，这三百首诗，都是一座灯塔、一个坐标，标示出我们所处的位置，也指引着所有中国人回家的路。

我们为什么读古书？

——《蒙学经典》

一个民族是有其“共同回忆”的，就是那些其他民族所不知道，而在这个民族的人群中只要稍一提起便尽人皆知的东西。四大美女、刘邦项羽、孔明关羽、林冲武松……这些都是中华民族共同的回忆，一种集体的认知。几千年来，它不依赖文字传承，而是在民间以各种形式口耳相传，代代承续。而“蒙学”教育，正是这种传承中最重要的方式之一。

这些年“国学”似乎一直挺热门，指的就是中国传统文化的教育。

人接受教育，其实是一种必需的“社会化”过程。因为人作为一种社会化的动物，最终必须在社会上找到自己的定位、发现自己的价值。这也就意味着，人必须通过一种方式，来了解社会运行的基本规则，并能融入这个社会运行的规则中去。这种方式，就是教育。

人一开始接受的教育，我们称之为“开蒙”。“蒙”是“蒙昧”的意思，没有接受过社会化教育的人处在蒙昧之中，所以初期的教育就是“开蒙”。开蒙阶段所学的东西，就是中国传统教育中所称的“蒙学”。中国传统蒙学最经典的教材有三本：《三字经》《百家姓》《千字文》，合称“三百千”。

这三本书分别讲了什么？它们的价值何在？放到现在值不值得我们去读？我们来做一个简单的梳理。

首先，中国传统教育的“开蒙”是在四五岁。大致用两年的时间，学“三百千”。正式入学大致是在六到八岁，之后读的就是“四书五经”了。

教育，不只是为了传授知识，还要让一个人能够接受并融入社会运行的规则（规矩），是让人完成“社会化”的方式。不然这个人就算懂再多的知识，有天大的本事，只怕也会被人当成一个疯子。你想想，一个通二十国外语、能编代码、能写诗的人，如果他不知道出门要穿衣服、上厕所要进卫生间、吃饭不能用手抓，那他是不是也应该进疯人院？所以，了解基本的规矩和道理是“蒙学”教育所要承担的第一项功能。

第二，“蒙学”教育会告诉孩子这个世界是怎样的，能帮助孩子建立一个得到普遍共识的世界观。让孩子“识数”（认识数字）、了解“历法”（年月日时）、分得清五谷，这些内容放到现在可能就是一套科学完整的启蒙教育体系。

第三，就是要开始识字。虽说“人生烦恼识字始”，但认字是一个人“社会化”的必经之路——至少得会写自己的名字，得看得懂皇帝的告示吧？当然，“识字”在古代中国是非常不容易做到的。“开蒙”是一个人知书达理、成为知识分子的第一步，接受蒙学教育，也就意味着你的家庭希望你进入一个更高的社会阶层。

“三百千”正是承担了这三种功能的启蒙教科书。它们把早期的识字教育以及中国的历史文化、人格修养、日常生活中的基础常识融合到了一起，构成了传统中国的“开蒙”之学。

说得大一点，蒙学教育还不仅仅是针对个人的“开蒙”，也是对整个民族记忆的保存和传承。一个民族是有其“共同回忆”的，就是那些其他民族所不知道，而在这个民族的人群中只要稍一提起便尽人皆知的东西。四大美女、刘邦项羽、孔明关羽、林冲武松……这些都是中华民族共同的回忆，一种集体的认知。几千年来，它不依赖文字传承，而是在民间以各种形式口耳相传，代代承续。而“蒙学”教育，正是这种传承中最重要的方式之一。

《三字经》的内容涵盖人文历史、天文历法、地理环境、生活常识、人品道德，还有一些民间传说、榜样故事。因为内容包罗万象，所以有个说法：“熟读《三字经》，可知天下事。”

一而十，十而百。百而千，千而万。

三才者，天地人。三光者，日月星。

前一句是教人数数的，后一句则是传统中对宇宙的基本认知：“三才”和“三光”。

曰春夏，曰秋冬。此四时，运不穷。

曰南北，曰西东。此四方，应乎中。

曰水火，木金土。此五行，本乎数。

十干者，甲至癸。十二支，子至亥。

第一句四季，第二句方位，第三句五行，第四句干支，都是天文历法和地理方位的基础常识，是传统中国的“世界观”。

下面还有对中华地理的认知：

曰江河，曰淮济。此四渎，水之纪。

曰岱华，嵩恒衡。此五岳，山之名。

生活中天天打交道的东西就更多了：

地所生，有草木。此植物，遍水陆。

有虫鱼，有鸟兽。此动物，能飞走。

稻粱菽，麦黍稷。此六谷，人所食。

马牛羊，鸡犬豕。此六畜，人所饲。

这是飞禽走兽，六谷六畜。紧接着是七情六欲、五色五味、八音四声：

曰喜怒，曰哀惧。爱恶欲，七情具。

青赤黄，及黑白。此五色，目所识。

酸苦甘，及辛咸。此五味，口所含。

膻焦香，及腥朽。此五臭，鼻所嗅。

匏土革，木石金。丝与竹，乃八音。

曰平上，曰去入。此四声，宜调协。

往下还有“古代教育大纲”和中国历史串烧：

为学者，必有初。小学终，至四书。

论语者，二十篇。群弟子，记善言。

孟子者，七篇止。讲道德，说仁义。

……

夏传子，家天下。四百载，迁夏社。

汤伐夏，国号商。六百载，至纣亡。

《三字经》一般被认为最早出现于宋朝，作者是王应麟。因为是蒙学基础读本，所以历代在使用过程中均有增改。距离我们最近、最权威的增改是民国时期章太炎先生的版本，他增改了其中讲历史的部分，一直讲到民国：

革命兴，废帝制。立宪法，建民国。

古今史，全在兹。载治乱，知兴衰。

四五岁的孩子开蒙，需要了解天文地理科学常识，也需要增长见识，了解世界，熟悉生活，还需要通晓人伦情谊和公序良俗。《三字经》涵盖了包罗万象的内容，为初为父母的家长教育孩子作了系统指引。

第二本蒙学经典是《百家姓》。

这本书其实很简单，就是一本中国人的姓氏目录。这本书成书于北宋时期，最早的版本里收录了 411 个姓氏，后来随着历史朝代的演进不断增补，现在流传的版本里有 504 个姓氏。其中单姓 444 个，复姓 60 个。当然，实际上中国人的姓氏远不止这 504 个。

《百家姓》没有必要背诵，不过中国人似乎都知道这本书开篇的八个姓氏：赵钱孙李，周吴郑王。为什么“赵”姓排在第一呢？按我们现在的人口统计，姓赵的中国人肯定不是最多的。其实是因为《百家姓》是宋朝编撰的，“赵”是宋朝国姓，有宋一朝是赵家的天下。后面钱、孙、李的排序，也和宋朝的帝王贵胄有关。“钱”姓是宋朝江南吴越国国君的姓氏，而《百家姓》正是成书于钱塘（杭州）的，所以“钱”姓排在了第二。至于“孙”姓则取自一位吴越国国君的正妃娘娘，所以排第三。“李”姓也同样来自江南，是被赵匡胤攻灭的南唐国的国姓，著名词人李煜便是南唐后主。

为什么一本姓氏目录也成了“蒙学”经典？说来也简单。中国文化历来没有很强的宗教信仰，却是有祖先崇拜的，在中国传统文化的视角中，一个人不论有多大的出息，一定不能“数典忘祖”。而《百家姓》就是一本讲“来历”的书，它告诉每一个将要在社会上生活的人，你从哪里来，你的根在哪里，不论你走到天南海北，这个“根”和“本”是不能忘的。

关于姓氏的故事有很多，我们现实生活中见到的很多姓氏也大有来头。比如“史”姓的祖先，的确就是专门从事历史记录工作的“史官”；比如“裘”姓，在周朝时确实就是专门为贵族生产裘皮大衣的家族……你自己的姓氏从何而来？各位不妨问问你的爸爸妈妈，或是自己去查查资料。复旦大学历史系教授钱文忠老师专门在《百家讲坛》讲过《百家姓》，有兴趣的同学也可以去找来听一听。

第三本蒙学经典——《千字文》。

这本书和《三字经》一样，天文地理无所不包，也有很多历史和常识，更厉害的是，这本书一共一千个汉字，字字都不重复（作者注：按古文写法不重复。现代汉语简化汉字后，有个别本义不同的字简化成了同样写法）。可见这本书的水平，还要在《三字经》之上。而且行文是四字一句，节奏感更强，用字更雅，词句通达，是很好的识字范本。读几个开篇的句子，相信你自有感受：

天地玄黄，宇宙洪荒。

日月盈昃，辰宿列张。

寒来暑往，秋收冬藏。

闰余成岁，律吕调阳。

云腾致雨，露结为霜。

第一句讲宇宙起源，第二句起讲天文气象：日月星宿，寒暑变迁，四季转化，节气历法，天气现象。往后，和《三字经》一样，有生活常识，有地理方位，有历史串烧。还

有为人处世的道理。各选几句，体会一下文字的节律：

都邑华夏，东西二京。

背邙面洛，浮渭据泾。

这是地理方位。

果珍李柰，菜重芥姜。

海咸河淡，鳞潜羽翔。

这是生活常识。

晋楚更霸，赵魏困横。

假途灭虢，践土会盟。

何遵约法，韩弊烦刑。

起翦颇牧，用军最精。

宣威沙漠，驰誉丹青。

九州禹迹，百郡秦并。

这是历史串烧。

德建名立，形端表正。

空谷传声，虚堂习听。

祸因恶积，福缘善庆。

尺璧非宝，寸阴是竞。

这是人生道理。

除了用字典雅，对仗工整，条理清晰之外，《千字文》因为用一千个不同的汉字编成，所以还是天然的习字范本。自古以来，很多书法家都用自己的书体写过《千字文》。比如我少年时代临习的元朝大书法家赵孟頫，就写过四体《千字文》，每个字用四种不同书体写成，相互比照，写得流光溢彩，灵动非凡。

《千字文》成书比《三字经》和《百家姓》都早，是在南北朝时期。换句话说，《千字文》所用的汉语字词表达是更精纯的文言，难度自然也要高出不少。且因为其中有些字在现代汉语中相对冷僻，所以现在学《千字文》启蒙的人已经越来越少了。

我的建议是，《三字经》是蒙学必读，《百家姓》挑有兴趣的简单了解即可，《千字文》则推荐给有一定基础或者能花点功夫提前做好功课的家庭。

借着讲蒙学和古书的机会，我们来聊聊，为什么要读古书？

读古书是因为它们的文学性吗？至少就“三百千”而言，前两本是谈不到文学性的。那读古书是为了掌握知识吗？其实就算能掌握“知识”，这些知识也是农业社会传承的旧知识，早已和现代化的工业生产脱节了。

那我们为什么还要读古书呢？我觉得，第一是“了解常识”。其实各位同学在现代的西式课堂里（我们现在的学校制度就是一种从西方引进的教学体系），能学到的更多是分科的“知识点”，真正想与现实的生活相结合，还需要更多的“常识”，而这些常识往往可能学校里不教，甚至家长们也不懂，却是社会生活中时时处处有所涉及的。

第二，读古书也是在学习前人的智慧，是在“增长见识”。“见识”和“知识”“常识”都不是一回事儿。“知识”是课本上的理论，“常识”是生活里的经验，“见识”却是经过理解消化、得到实践检验后的智慧。懂得更多“知

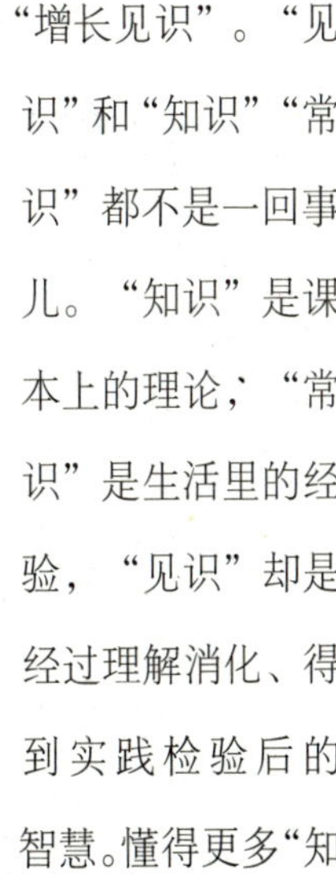

识”，能让我们变得聪明——耳聪目明。可聪明往往是功利的，智慧的着眼更长远，不争一日之短长。因为智慧的背后是“见识”，见识来源于阅历和实践，更来源于理解消化后的体会和思考，是一种更笃定的状态。

古书里那些“人生道理”，听起来似乎都能让耳朵磨出茧子，而这其中藏着的古人智慧，是多少代人的经验教训，总结成了几句非常浅显却又很难做到的“大道理”。比如《千字文》里一句“秋收冬藏”，似乎就是在讲农业生产中的一个最浅显直白的道理，可其实再多想一步不难发现，秋收冬藏也象征着世间万事万物的发展规律。生命是有其发展周期的，春生夏长，秋收冬藏，莫说水稻小麦是如此，人生不也是如此吗？寒来暑往，冬去春来，大自然如此，生生不息周而复始的人类社会，不也是如此吗？

在《三字经》《千字文》里，这样的句子比比皆是。给大家推荐蒙学经典，不是让各位出生在 21 世纪的“互联网原住民”们再钻回到故纸堆里去，而是想告诉大家，知道自己“来路”的人，往往能走得更远。身为中国人，我们是幸运的，因为历史传承有序，我们从一出生就站在了前代巨人的肩膀上。几千年积累的智慧就摆在眼前，不去读一读，不是太可惜了吗？

读书是为了什么？

——《大学》

《大学》这样的文章，是值得每一个中国读书人好好读一读、想一想的。我一直认为，知识分子是一个社会最后的良知和底线。如果知识分子都不知道自己在干什么，不知道自己要成为怎样的人，不知道自己努力的方向和目标是什么，这个社会就会变得很糟糕。

《大学》是传统国学“四书五经”当中的一本。“四书五经”的九本书，构成了中国传统儒家体系的根基。其中，“四书”是指《大学》《中庸》《论语》《孟子》，“五经”则是《诗经》《书经》《礼经》《易经》《春秋》。一般来说，我们可以认为这些就是古代中国读书人的“教科书”。

先来说说这本《大学》，它是中国古人在经过“三百千”的蒙学之后要读的第一本教科书。这本书到底讲了些什么呢？

首先，“大学”不是我们现在所说的大学（university）。“大”是一个表示程度的修饰词，“学”是指学习、学问，所以“大学”是在讲关于学习的一些重要的道理。

《大学》开宗明义，说了一件对每个要读书的人都极其重要的事：人为什么要读书。

“为什么要读书”这件事太重要了，可偏偏这件事又是大部分同学、家长从一开始就没有搞清楚的。我一直认为，在我们学习任何一项技能、一个知识之前，都需要先搞清楚，你学习它的原因是什么？最终的目标又是什么？学成之后会怎么样？你需要一个标杆，给你未来的学习之路指引方向。《大学》开篇就给你讲了这个道理。

大学之道，在明明德，在亲民，在止于至善。知止而后有定，定而后能静，静而后能安，安而后能虑，虑而后能得。物有本末，事有终始。知所先后，则近道矣。

古之欲明明德于天下者，先治其国；欲治其国者，先齐其家；欲齐其家者，先修其身；欲修其身者，先正其心；欲正其心者，先诚其意；欲诚其意者，先致其知；致知在格物。物格而后知至，知至而后意诚，意诚而后心正，心正而后身修，身修而后家齐，家齐而后国治，国治而后天下平。

你为什么要读书？有一天你读书读“成”了，最终你会成为一个怎样的人？读书人最终的追求是什么？《大学》里清清楚楚地告诉你，读书不是为了升官发财，读书是为了明白人世间重要的道理，是为了用自己掌握的东西来教化民众，弃恶扬善，是为了追求人间至高的善。换句话说，读书是为了自我完善，也为了让社会和世界变得更好。这不是大道理——只有当你真的相信这些道理，并且按这些道理去做的时候，那些世俗的现实的成功，才会“得来全不费工夫”。这是事物的“本末终始”，为追求功名富贵而读书，就是“本末倒置”了。

读书人要“以天下为己任”，这是儒家一向的教导。可我们恐怕都只把它当成一句大道理，“一只耳朵进，一只耳朵出”，从来没有当真。胸怀天下，才能不拘于现实，用现在的话讲，就是“降维打击”——你只有真的站得比别人高了，才能看得明白，想得明白，才能获得真正的胜利。眼睛里只有鸡毛蒜皮的人，是做不了大事的。

第二段正反推理两遍，给你画出了一张读书人的成才路线图：

格物（研究事物），致知（明白事理），诚意（诚心实意），正心（端正心思），修身（个人修为），齐家（料理家事），治国（管理国家），平天下（荡涤天下人心）。

用平常心探究世界运行的根本道理，端正自己的心思，摒除邪念，不断在现实的磨砺中提升自己的修为，这正是一个人的成长路径。至于出人头地，成为一个“治人者”，不过是你在提升了个人修为之后的必然结果。从个体的“修身”，到料理家事的“齐家”，能够控制和改变的范围逐渐扩大，然后才谈得上治理社会，管理国家。而“天下”又在国家之上，只有真正洞悉世间大道的人，才谈得到荡涤天下人心的“平天下”。

严格来讲，《大学》其实是一篇论述儒家思想关于学习问题的核心观点的文章，是《礼记》当中的篇目，原文是曾子所作，到宋朝，朱熹将其单独抽出来，列为“四书”之一。

我们都说儒家是“入世之学”，《论语》里就有“任重而道远”的观念，告诉我们活在这世界上，就得活出个人样来，得有所建树，得为社会、为民族、为他人贡献力量。不能混吃等死，浪费粮食。这种积极入世的观念，是儒家精神的本源。

几千年的发展中，儒家文化混杂了不少糟粕，但回归本源，重读经典，我还是发自内心地认为，《大学》这样的文章，是值得每一个中国读书人（现在叫“知识分子”）好好读一读、想一想的。我一直认为，知识分子是一个社会最后的良知和底线。如果知识分子都不知道自己在干什么，不知道自己要成为怎样的人，不知道自己努力的方向和目标是什么，这个社会就会变得很糟糕。

我们都希望世界变得美好一点。怎么才能美好一点呢？格物、致知、诚意、正心、修身、齐家、治国、平天下。这条路，值得我们每一个中国读书人用一辈子的时间去走。

隔壁孔大叔的金玉良言

——孔子《论语》

孔子到底是个什么样的人？他就是一个长相平常的山东大汉，据说脑门上还凸起来一块。《论语》这本书不过是孔子和他几个学生日常唠嗑、答对、所作所为的一些记载而已。《论语》不是“圣经”。

讲古书，一定会讲到《论语》。如果只能从所有古书中选两本给同学们推荐，我一定会选《唐诗三百首》和《论语》。唐诗是一种审美，《论语》则是一种品格。

《论语》是一本记录孔子和他的弟子言行的书。全书 20 篇，492 章，一万多字。孔子生活的年代，距现在 2500 多年了，所以，按成书年代考证，这本《论语》也有至少 2500 岁了。2500 多年过去了，我们该如何看待这本书？很多人就算不问出口，心里也会想，这玩意儿过时了吧？

什么叫过时呢？就是一个过去时代的产物，在当下的时代里变得越来越失去价值。有意思的是，大部分东西的确会过时，比如大部分流行歌曲、电视节目、书籍、言论……

可也有一些东西，居然会逆历史潮流而动，随着时间的推移，传承得越久，越能彰显出它的价值。

在岁月更迭里，这些东西逐渐融入我们的生活，进入我们的“底层代码”中，成为这个社会的基因，非但不会过时，反而会在新的时代里获得新的生命。因为它解决的，或者说讨论的，是人类和人类社会最根本的、带有奠基性意义的问题，也因此，这些问题和对它们的讨论，价值就特别大。《论语》就是这样一本书——一本流传了 2500 多年仍时常被引用，具有极强生命力的书。在面对它时，我们应当有一种敬畏之心。

众所周知，孔子在中国文化史上被称为“孔圣人”，是一个高高在上的形象。可我一直反对把孔子当成圣人供起来。不仅我反对，孔子自己也是反对的。在孔子还活着的时候，他的弟子子路就提出要把孔子封为圣人，可孔子当时就不答应。而历史的吊诡在于，在孔子死后 400 年，汉朝的君臣汉武帝和董仲舒，合谋要“罢黜百家，独尊儒术”（作者注：原话是“推明孔氏，抑黜百家”），这才让孔子登上了圣坛。

孔子到底是个什么样的人？他就是一个长相平常的山东大汉。据说脑门上还凸起来一块。《论语》这本书不过是孔子和他几个学生日常唠嗑、答对、所作所为的一些记载而已。《论语》不是“圣经”。

举例来说吧，有一回，孔子在村子里和一帮人一起吃饭，有年轻的、有年长的。吃完饭后，一般人都拍拍屁股就走了。但孔子不走，他要等一起吃饭的人里头年龄最大的先走，自己才跟上。尊老爱幼，长者先行。这故事就记载在《论语》里：

乡人饮酒，杖者出，斯出矣。——《论语·乡党篇》

你看，多简单的道理。不过就是“懂规矩”而已，哪里就谈得上“圣人”了？反过来讲，其实所谓“圣人”，也不过是日常能守规矩而已，不难做到。只是，你做到了吗？

还有的时候，《论语》里不过就记载了一些孔子随口说出的话，比如：

巧言令色，鲜矣仁。——《论语·学而篇》

也够简单吧？这是孔子人生经验的总结。听起来挺武断的，可仔细品品，不由得你不佩服。这也是我最喜欢孔子和《论语》的地方，他不给你讲大道理，这本书甚至都不用正襟危坐地读，哪怕就是放在床头枕边，临睡的时候读一两句，照样都能获益匪浅。所以难怪北宋协助赵匡胤开国的赵普会“半部论语治天下”。

我特别希望大家在看完《论语》之后，能对孔子有一个全新的认识，不再把《论语》当成一本特别严肃、难读、难懂的“国学经典”。其实这本书不过是一个很可爱的老头随口讲的话。这个老头和你我一样，有喜怒哀乐，时不时也会生气骂人或是感慨人生。只是他比我们懂的略多一些，想得更深一点，更多时候，比我们更不服输，也比我们更有情怀而已。

给你们看几句生气骂人的：

朽木不可雕也，粪土之墙不可圬也！——《论语·公冶长篇》

老而不死是为贼！——《论语·宪问篇》

你看这语气，简直就是“气急败坏”了。

还有感慨人生的：

子在川上曰：逝者如斯夫！不舍昼夜。——《论语·子罕篇》

老啦老啦，岁月真是把杀猪刀。

还有多少带点自鸣得意的：

吾十有五而志于学，三十而立，四十而不惑，五十而知天命，六十而耳顺，七十而从心所欲，不逾矩。——《论语·为政篇》

关于孔子和《论语》，可说的东西实在太多，需要大家自己去读书。还有一个问题需要在这儿一并解释，就是如果你想读《论语》，该买哪个版本？

因为《论语》非常重要，所以历朝历代有无数对《论语》的注释，尤其自宋以后，注释《论语》的版本真是浩若星辰。

我推荐三个版本。一本是我自己读过两遍的著名学者钱穆的《论语新解》，不过钱穆用的是半文半白的注解，可能大家读起来有点累，推荐给本身有一定基础的同学。第二本是流行更广的南怀瑾的《论语别裁》。这个版本在学界批评的声音是很多的，因为这本书里确实有不少错漏。但是南怀瑾的版本有其特色，作为一家之言，推荐成年人可以一读。最后一本，是我隆重向大家推荐的，中华书局杨伯峻老师注解的《论语译注》。这个版本是我在复旦大学读书时，中文系的傅杰老师推荐给我们的，应该是当今最权威，也最适合普通读者阅读的《论语》版本。

另外，北京大学李零教授有一本《去圣乃得真孔子：〈论语〉纵横读》也是非常好的背景读物，值得大家一读。还有一本著名文学史家李长之老师所作的《孔子的故事》，作为大家对孔子了解的入门读物，我也一并推荐。

最后，考虑到《论语》有一万多字的篇幅，对大家来说阅读量比较大。基于很多家长和同学的实际需求，我精选了一些章节，附录于后，希望有助于大家精读、体会。

附录：《论语》精选

1. 子曰："由，诲女（rǔ）知之乎！知之为知之，不知为不知，是知（zhì）也。"（《论语·为政篇》）

2. 子曰："见贤思齐焉，见不贤而内自省（xǐng）也。"（《论语·里仁篇》）

3. 子曰："三人行，必有我师焉。择其善者而从之，其不善者而改之。"（《论语·述而篇》）

4. 曾子曰："士不可以不弘毅，任重而道远。仁以为己任，不亦重乎？死而后已，不亦远乎？"（《论语·泰伯篇》）

5. 子曰："岁寒，然后知松柏之后凋也。"（《论语·子罕篇》）

6. 子贡问曰："有一言而可以终身行之者乎？"子曰："其恕乎！己所不欲，勿施于人。"（《论语·卫灵公篇》）

7. 子曰："学而时习之，不亦说乎？有朋自远方来，不亦乐乎？人不知而不愠，不亦君子乎？"（《论语·学而篇》）

8. 曾子曰："吾日三省吾身：为人谋而不忠乎？与朋友交而不信乎？传不习乎？"（《论语·学而篇》）

9. 子曰："吾十有五而志于学，三十而立，四十而不惑，五十而知天命，六十而耳顺，七十而从心所欲，不逾矩。"（《论语·为政篇》）

10. 子曰："温故而知新，可以为师矣。"（《论语·为政篇》）

11. 子曰：“学而不思则罔，思而不学则殆。”（《论语·为政篇》）

12. 子曰：“贤哉，回也！一箪食，一瓢饮，在陋巷，人不堪其忧，回也不改其乐。贤哉，回也！”（《论语·雍也篇》）

13. 子曰：“知之者不如好之者，好之者不如乐之者。”（《论语·雍也篇》）

14. 子曰：“饭疏食，饮水，曲肱而枕之，乐亦在其中矣。不义而富且贵，于我如浮云。”（《论语·述而篇》）

15. 子在川上曰：“逝者如斯夫，不舍昼夜。”（《论语·子罕篇》）

16. 子曰：“三军可夺帅也，匹夫不可夺志也。”（《论语·子罕篇》）

17. 子夏曰：“博学而笃志，切问而近思，仁在其中矣。”（《论语·子张篇》）

18. 子曰：“其为人也，发愤忘食，乐以忘忧，不知老之将至云尔。”（《论语·述而篇》）

19. 子夏曰：“仕而优则学，学而优则仕。”（《论语·子张篇》）

20. 子曰：“不愤不启，不悱不发，举一隅不以三隅反，则不复也。”（《论语·述而篇》）

21. 子曰：“攻乎异端，斯害也已！”（《论语·为政篇》）

22. 子曰：“君子食无求饱，居无求安，敏于事而慎于言，就有道而正焉，可谓好学而已。”（《论语·学而篇》）

23. 子路曰：“君子尚勇乎？”子曰：“君子义以为上，君子有勇而无义为乱，小人有勇而无义为盗。”（《论语·阳货篇》）

24. 子曰：“君子欲讷于言而敏于行。”（《论语·里仁篇》）

25. 有子曰：“君子务本，本立而道生。”（《论语·学而篇》）

26. 子曰：“君子耻其言而过其行。”（《论语·宪问篇》）

27. 子曰：“君子坦荡荡，小人长戚戚。”（《论语·述而篇》）

28. 子曰：“弟子入则孝，出则悌，谨而信，泛爱众，而亲仁，行有馀力，则以学文。”（《论语·学而篇》）

29. 子曰：“君子道者三，我无能焉：仁者不忧，知者不惑，勇者不惧。”（《论语·宪问篇》）

30. 子夏曰：“商闻之矣：死生有命，富贵在天。君子敬而无失，与人恭而有礼，四海之内皆兄弟也。君子何患乎无兄弟也？”（《论语·颜渊篇》）

31. 子曰：“君子和而不同，小人同而不和。”（《论语·子路篇》）

32. 子曰：“君子喻于义，小人喻于利。”（《论语·里仁篇》）

33. 子贡问君子。子曰：“先行其言而后从之。”（《论语·为政篇》）

34. 子贡问曰：“乡人皆好之，何如？”子曰：“未可也。”“乡人皆恶之，何如？”子曰：“未可也。不如乡人之善者好之，其不善者恶之。”（《论语·子路篇》）

35. 子曰：“鄙夫可与事君也与哉？其未得之也，患得之；既得之，患失之。苟患失之，无所不至矣。”（《论语·阳货篇》）

36. 子曰：“益者三友，损者三友。友直、友谅、友多闻，益矣；友便（pián）辟、友善柔、友便佞（nìng），损矣。”（《论语·季氏篇》）

乱世百年 风云激荡

——罗贯中《三国演义》（上）

元末明初的罗贯中干了一件事，他把陈寿《三国志》里记载的这些真实的事情进行了重新梳理，按时间先后，把各条不同线索上不同人物所做的事情汇编起来，再加上一些民间流传的三国人物故事，串接成了这本《三国志通俗演义》，也就是我们现在看到的四大名著之一——《三国演义》。

中国的古典文学作品是个大宝库，“经史子集”四大部类，每一个部类都有非常经典并值得一读的作品。如果按照顺序去接触古典作品，我认为首屈一指的就是四大名著。大致从四五年级开始，孩子们就可以读起来了。杨绛在《我们仨》里提到过，她的女儿钱瑗，九岁就已经读过了《水浒传》。

对各位同学而言，选择从四大名著入手来了解古典文学，应该是一个很不错的选择。一来是因为熟悉，四大名著的故事和人物早已融入我们的日常生活中，就算你没读过原著，对这些故事和人物肯定也是有所耳闻的。二来，如果是更早期的古典作品，同学们在阅读过程中可能会遇到一些文字上的障碍。毕竟理解文言文字词需要些基本功，而四大名著都是白话文小说，有很多口语化的表达。虽然看起来和现代汉语还不太一样，但它们在各自成书的年代都是标准的“通俗小说”，相对方便易懂。

比如《三国演义》的全名叫《三国志通俗演义》。《三国志》是用文言写的正经历史书，“前四史”之一，是“经史子集”四个部类里“史书”部类中非常重要的一本。《三国志》虽然精彩，但它不是小说，情节性没有那么强，人物故事也不是那么连贯。

于是，元末明初的罗贯中干了一件事，他把陈寿《三国志》里记载的这些真实的事情进行了重新梳理，按时间先后，把各条不同线索上不同人物所做的事情汇编起来，再加上一些民间流传的三国人物故事，串接成了这本《三国志通俗演义》，也就是我们现在看到的四大名著之一——《三国演义》。

“演义”的意思就是，这本书里的故事可能有一些虚构的成分，在叙述的重点、情感的好恶上有所偏重。一部作品在经过一定的演义之后，往往能获得更

长久的生命力，能更被大家喜欢，故事也更方便传播。

和我们现在看到的很多“戏说”的电视连续剧不同，罗贯中的演义是基本忠于历史的，其中大部分的事件在史书上都有记载。

那“演义”的地方是什么呢？关羽败走麦城是真，但刮骨疗毒是演义；周瑜火烧曹操大军是真，但赔了夫人又折兵是演义；诸葛亮出祁山战司马懿是真，但死诸葛吓走活仲达是演义。

当然，我们读《三国演义》，本身也不是把它当成一部历史书去读，而是在借由这本古典文学作品，稍稍了解一些三国时代的历史。

从东汉末年到晋朝建立，是我们一般所谓的“三国时期”。严格来讲，这段时间只有 60 年，从公元 220 年曹丕、刘备、孙权相继称帝开始，一直到公元 280 年晋武帝司马炎消灭三国最后一个政权东吴，结束了分裂局面，重新统一中国为止。

但实际上，《三国演义》中所写的很多故事——可能也是最为精彩、大家最为熟悉的故事——是发生在公元 189 年董卓篡权到公元 220 年曹操逝世之间的。总体来说，《三国演义》的时间跨度很大，从黄巾起义开始写起，一直到最后三国归晋，总共 120 个章回，时间跨度整整 100 年。

三国的事情发生在公元 200 年前后，但作者罗贯中生活在一千多年后，他为什么突然就去写《三国演义》了呢？

其实，任何一部文学作品的诞生，大概都离不开两个方面的因素：一是时代性，二是作者自己的经历。

一方面，元末明初，本身就是中国历史上的一段动荡时期，社会矛盾已经演变得非常剧烈，农民起义此起彼伏，最后正是做过和尚、穷得吃不饱饭的朱元璋，率领起义军建立了明朝。罗贯中出生在 1330 年，到他三十多岁的时候，元朝覆灭，朱元璋建立大明。而《三国演义》成书大致就在这个时期。可以说，罗贯中是身在乱世写乱世，想必是很有感触的。

另一方面，罗贯中少年时期就跟着父亲行走江湖，他喜欢戏曲和小说，听了不少民间的评书话本，逐渐形成了章回体小说的创新结构，可称是中国章回小说的鼻祖。他在苏州结识了后来写了《水浒传》的施耐庵，两人师徒相称，据说他们还一起参加过元末张士诚的起义军。

一边是轰轰烈烈的时代格局，另一边是雄心勃勃又文采斐然的小说家，两相结合，就有了这本让一代代中国人爱不释手的《三国演义》。

其实《三国演义》最早是以民间评书（当时叫评话）的形式问世的，说书人在路边支一小摊给过路的行人讲故事，您要是愿意听，那就坐下来掏点钱喝杯茶，听说书人给你讲故事。因为是民间故事，自然有真有假，有艺术的渲染和夸张。说书人的故事，情节自然要精彩，取材又不能全是虚构，不然很难引起读者共鸣。于是说书人常选一些老百姓听说过（确有其事）却又有很大发挥空间（史实模糊）的故事来讲，比如刘关张桃园三结义、华容道捉放曹、武松打虎、林冲风雪山神庙、孙悟空三打白骨精……四大名著里，有三本故事的来源就是这些民间评话，它们先经过民间说书人的集体创作，最后再由这三位作者完成梳理和汇编，串成了章回体小说。

虽千万人吾往矣

——罗贯中《三国演义》（下）

因为有人会站出来，所以人类有希望，伟大的英雄精神永存。人活一世，输赢生死都不重要。但行好事，莫问前程，不改初衷。虽千万人，吾往矣。如此，便是不枉此生。

滚滚长江东逝水，浪花淘尽英雄。
是非成败转头空。青山依旧在，几度夕阳红。
白发渔樵江渚上，惯看秋月春风。
一壶浊酒喜相逢。古今多少事，都付笑谈中。

这首词是明代词人杨慎的作品，虽然放在《三国演义》卷首，其实并非罗贯中本意，是后来清初的文学批评家毛宗岗父子评价《三国演义》时添加进去的。这首词和三国的故事近乎天衣无缝地贴合，让人感慨世事跌宕，不免生出英雄豪情。

在我看来，读三国，讲三国，始终离不开书中的“英雄”。究竟什么样的人称得上、当得起“英雄”二字？

赵子龙是英雄，当阳长坂坡七进七出；关云长是英雄，刮骨疗毒神态自若；曹操青梅煮酒论英雄，对刘备说出“天下英雄，唯使君与操尔”；南宋辛弃疾写《南乡子》“天下英雄谁敌手，曹刘，生子当如孙仲谋”，也在说英雄。看起来，英雄就是那些武艺高强、领袖群伦，获得成功的大人物。可“成功”与否，真的是评价英雄的唯一标准吗？

英雄是有牺牲精神的，是心甘情愿也敢于为别人付出的。我在《三国群英传》里讲过，刘备一直以来显得懦弱，时不时要哭一场，武艺不高强，谋略也不精细，最后被陆逊火烧连营，客死白帝城。他似乎和“英雄”二字实在沾不上边。可是，刘备在新野被曹操打得落荒而逃，原本可以轻车简从顺利逃亡，但他却带着新野的老百姓一起跑，一路上几次因为老百姓拖家带口跑不快而受拖累，险些被曹操追上，但他还是不愿意放弃跟随他的百姓。

却说玄德同行军民十余万，大小车数千辆，挑担背包者不计其数……众将皆曰：“江陵要地，足可拒守。今拥民众数万，日行十余里，似此几时得至江陵？倘曹兵到，如何迎敌？不如暂弃百姓，先行为上。”玄德泣曰：“举大事者必以人为本。今人归我，奈何弃之？”百姓闻玄德此言，莫不伤感。

何谓“英雄”？如此行止，英雄也。

还有曹操。虽然小说写他为了自己逃命，凶残至极地杀了吕伯奢一家八口，但另一个细节读来也让人动容。董卓弄权，祸乱朝廷，一班朝臣个个“寻思无计”，只能抱头痛哭，就在这时，曹操站出来了：

坐中一人抚掌大笑曰：“满朝公卿，夜哭到明，明哭到夜，还能哭死董卓否？”允视之，乃骁骑校尉曹操也。允怒曰：“汝祖宗亦食禄汉朝，今不思报国而反笑耶？”操曰：“吾非笑别事，笑众位无一计杀董卓耳。操虽不才，愿即断董卓头，悬之都门，以谢天下。”允避席问曰：“孟德有何高见？”操曰：“近日操屈身以事卓者，实欲乘间图之耳。今卓颇信操，操因得时近卓。闻司徒有七宝刀一口，愿借与操入相府刺杀之，虽死不恨！”允曰：“孟德果有是心，天下幸甚！”遂亲自酌酒奉操。操沥酒设誓，允随取宝刀与之。操藏刀，饮酒毕，即起身辞别众官而去。

曹操不是一个传统意义上的“好人”，但就凭这种敢于担当的精神，称一句“英雄”，曹孟德受之无愧。即便都说曹操“挟天子以令诸侯”有违人臣之义，可毕竟曹操终生没有称帝，按他自己所说，天下若没有他曹操，“正不知几人称帝，几人称王”。这一番对天下苍生的担当，也足以当得起“英雄”二字了。

不以成败，而以担当、责任、勇气来论英雄，凭此来读三国，是非功过英雄与否，一目了然。

“人中吕布马中赤兔”，吕布之勇天下无双，可不论他多能打，绝称不上“英雄”。按小说中的称谓，吕布是“三姓家奴”，先后拜丁原和董卓为义父，又先后手刃义父，全无忠孝可言，这样的人永远自私自利，断然是与“英雄”无缘的。

相反，关羽即便落入曹操手中，也是“降汉不降曹”，一旦时机成熟，哪怕冒着天大的风险，过五关斩六将也要回到刘备身边。虽千万人吾往矣，这番英雄豪情，谁人能比？

可能有人问：后来在华容道，他居然放了曹操，这还是英雄所为吗？

要我说，这正是英雄所为。战争的胜败，不过权势的相互倾轧，但人情大过天。曹操于其有恩，不仅是不杀之恩，更有知遇之恩。关羽记下了这份人情，即便立过军令状，担着自己掉脑袋的干系，也还是仰天长叹，放了曹操一条生路。

云长是个义重如山之人，想起当日曹操许多恩义，与后来五关斩将之事，如何不动心？又见曹军惶惶，皆欲垂泪，一发心中不忍。于是把马头勒回，谓众军曰：“四散摆开。”这个分明是放曹操的意思。操见云长回马，便和众将一齐冲将过去。云长回身时，曹操已与众将过去了。云长大喝一声，众军皆下马，哭拜于地。云长愈加不忍。正犹豫间，张辽纵马而至。云长见了，又动故旧之情，长叹一声，并皆放去。

整本《三国演义》读来，最让我动容的有两处“长叹”。一处就是上文，华容道义释曹操，云长“长叹一声”，并皆放去。另一处，便是诸葛亮五出祁山铩羽而归，最后在五丈原祈禳失败，自知不久于世，却大业未成，愧对先主的一声长叹：

孔明强支病体，令左右扶上小车，出寨遍观各营；自觉秋风吹面，彻骨生寒，乃长叹曰：“再不能临阵讨贼矣！悠悠苍天，曷此其极！”叹息良久。

出师未捷身先死，长使英雄泪满襟。

哪怕诸葛亮功败垂成，哪怕关羽败走麦城，但这一份担当，百般奋勇，万分无奈，最后化作一声长叹，足堪留下一世英雄美名。

虽千万人吾往矣。真正的英雄必定有肩膀，有担当。有时甚至是“知其不可而为之”，只要是一件正确的事，那就值得去做，哪怕付出巨大的代价也不改初衷，这是真英雄！

《三国演义》里这样的英雄豪情太多了，赤壁之战中的苦肉计，老将军黄盖一大把岁数，受了周瑜五十几杖，还要顶着骂名说去投降曹操，弄到几乎身败名裂：

盖曰：“某受吴侯三世厚恩，无以为报，故献此计，以破曹操。吾虽受苦，亦无所恨。吾遍观军中，无一人可为心腹者。惟公素有忠义之心，敢以心腹相告。”泽曰：“公之告我，无非要我献诈降书耳。”盖曰：“实有此意。未知肯否？”阚泽欣然领诺。

可黄盖义无反顾，拉上阚泽冒险献降书，两位股肱之臣没有半点犹豫，“欣然领诺”。

诸葛亮在白帝城接受刘备托孤，此后六出祁山屡败屡战，他图什么？无非是当年刘备三顾茅庐的知遇之恩：

臣本布衣，躬耕于南阳，苟全性命于乱世，不求闻达于诸侯。先帝不以臣卑鄙，猥自枉屈，三顾臣于草庐之中，咨臣以当世之事，由是感激，遂许先帝以驱驰。

因为你刘备瞧得起我，所以“受任于败军之际，奉命于危难之间”，从今而后，此生此世追随你，虽千万人，吾往矣！

刘备也是这样的性情中人。听闻关羽死在荆州，刘备边哭边喊：

玄德泣曰：“云长有失，孤断不独生！孤来日自提一军去救云长！”

既是当年发过誓的结拜兄弟，不能同年同月同日生，但愿同年同月同日死。一句话落地，一个头磕下去，就是一辈子的诺言。此后刘备登基称帝，御驾亲征也要为关羽报仇：

先主降诏曰：“朕自桃园与关、张结义，誓同生死。不幸二弟云长，被东吴孙权所害；

若不报仇，是负盟也。朕欲起倾国之兵，剪伐东吴，生擒逆贼，以雪此恨！”

读书到此，谁不知此番远征殊为不智？赵云劝，孔明劝，文臣武将人人劝，可要真能劝下来，刘备就不是那个英雄刘备了——功名富贵可以不要，大汉江山也往一边靠，我兄弟的仇，我一定要报！虽千万人，吾往矣！

自私是人的本性和本能。在现代的语境下，自私甚至常常变成一种光明正大的理据。“人不为己，天诛地灭”，自私不是什么罪过，只是自私的人成不了英雄——当然我也并不觉得人人都应该成为英雄。在任何一个时代，英雄从来都是少数。不论时代是怎样的，这个世界上总有一些人会从人群中站出来，在最关键的时刻承担责任，勇敢担当，改变世界。

因为有人会站出来，所以人类有希望，伟大的英雄精神永存。人活一世，输赢生死都不重要。但行好事，莫问前程，不改初衷。虽千万人，吾往矣。如此，便是不枉此生。

孙悟空确有其人

——吴承恩《西游记》（上）

成功是需要运气的。玄奘能走通这条取经之路，也必有他的好运气。可好运气不是靠等来的，也不是靠撞大运撞来的。而是靠你脚踏实地，一步一步往前走，一点一点积攒起来的。

说到孙悟空，大概没有中国人不知道吧？更何况，这只猴子的形象早已通过小说、电影、动漫、游戏等途径，在全世界家喻户晓了。七十二变、大闹天宫、三打白骨精……这些故事想必大家从小就耳熟能详，那平哥就来讲点大家不太了解的吧。

比如，《西游记》的故事，是根据历史上真实发生的事件改编的。事情发生在唐朝，去取经的“唐僧”名叫玄奘。西行的一路上，他大部分时间是孤身前行，但也有过几个相伴在侧的徒弟，也就是说，孙悟空这个角色是有真实原型的。

我们从头说起。

佛教传入中国大概是在汉朝，不过我读到过不少论文，都认为实际时间还要早得多，最早在春秋，最晚在秦朝。此后，经过魏晋南北朝时期的大发展，到隋唐的时候，佛教已经被广为信奉。玄奘就是在这个时期登上历史舞台的。

玄奘到西天（作者注：就是印度，古称天竺）取经的故事，发生在唐太宗李世民的时代，当时可说是人尽皆知。因为玄奘这个最了不起的“留学生”的经历实在太过传奇。此后，“西天取经”的故事一直在民间流传不息，到了宋朝，故事已经比较丰满，情节、人物、细节完备，成了说书人口耳相传的热门故事，在民间广为流传。

玄奘走通西域到天竺的取经之路，一开始是“非法”行为，至少也是不被官方提倡的“留学”。但玄奘凭借极其顽强的精神和强大的心力，几乎以一己之力完成了壮举，为东西方文化的交流，为中国文化从世界文明中获取新鲜血液和源头活水，建立了不世功勋。

西行，是一条完全靠两条腿走下来的漫长路途，过程中的艰辛是常人无法想象的。自然地，在这件事流传开来的过程中，必定有很多人为之添枝加叶。比如，把路途中的艰辛变成“九九八十一难”，把玄奘化解危难的原因归结到“菩萨护佑”，或者为这个看似文弱实则坚强的唐朝僧人安排几个能扛能打的扈从……

其实，在玄奘的取经路上，确实有过慕名追随的徒弟，根据宋朝壁画，可以清晰地看到一个人相猴面者陪伴在玄奘左右。因为中原民众对西域的陌生，所以将“满脸胡子”夸张成了“浑身长毛”，也就自然联想到能爬能跳的猿猴——艺术源于生活，也总是高于生活。

而“猴子”形象的出现，一下子给大家开了脑洞：给它配个兵器吧！这就有了金箍棒。它还能干点什么呢？既然是保护唐僧，当然要神通广大，光武艺高强还不够，来个七十二变吧！你看，这和现在的超级英雄电影简直一脉相承。

这个壁画上满脸胡子的僧人，有名有姓，是个真实存在的人物，他叫石磐陀，玄奘记载过这个半路出家，侍奉他左右的僧人。

他原本是一个西域商人，在往来贸易并不容易的当年，他所走的路途和玄奘一样艰辛。只是，玄奘是为了求学取经的理想，他是为了养家糊口、赚钱发财。既然路途艰辛，很自然就有了希望得到神灵护佑的宗教情怀，在看到这位从“东土大唐”风餐露宿而来的高僧后，石磐陀大为感动，就主动以徒弟兼随从的身份，帮助玄奘“偷渡”，送他往西进发。

说“偷渡”，可一点都不夸张，唐初与西域的沟通是有严格规定的：是什么人，按什么流程，凭什么文件，走哪条路往返，都由边关严格把守。玄奘单凭一腔理想，两手空空，出关谈何容易。于是这位石磐陀凭借自己商人的身份，在这个过程中为玄奘提供了不少帮助。

可让人想不到的是，身为商人的石磐陀谨小慎微惯了，现在却帮玄奘偷渡，这就是干下了非法的事。据说他因为恐惧，竟曾试图动刀谋害玄奘，虽然最后在玄奘的感化下悔改，可最终还是弃玄奘而去。

孙猴子的形象有迹可循，那猪八戒和沙僧这俩徒弟，又是如何塑造出来的呢？这就要讲到小说塑造人物的技法了。一部小说，四个主要人物，一定不能雷同，要设计得性格迥异才精彩好看。

《三国演义》里有刘关张弟兄三个，再加一个诸葛亮，也是四个人一台戏。诸葛亮最能干，刘备最窝囊，关羽很正经，张飞莽撞憨厚。于是笑料都出在憨憨的张飞身上，遇到问题基本全靠诸葛亮，看似窝囊的刘备，其实才是真正的主线。

如果类比过来，诸葛亮就是孙悟空，出了事儿全靠他摆平；唐僧自然是刘备，他是贯穿全部情节的线索；沙僧是关羽，忠心耿耿陪伴左右；猪八戒则起到了张飞的作用：漫长的取经路上，总得有人负责搞笑吧？

讲了《西游记》的背景，也从文艺理论的角度讲了人物设计的基本范式，大家不妨想一想：如果说《三国演义》的关键词是“英雄”，那么《西游记》的关键词是什么呢？

先讲讲唐僧吧。虽然在小说里，唐僧被塑造成了一个没什么用的人。但历史上真实的玄奘绝不是这样的，如果玄奘是这样一个人，他根本不可能发愿去天竺取回原版的佛经，在经历了千难万险之后，最终抵达天竺。更不可能在回到大唐之后，拒绝唐太宗李世民加官晋爵的邀请，踏踏实实地在寺院里与枯灯古佛为伴，皓首穷经地翻译

带回来的佛教经文。

玄奘用他的实际行动告诉我们，一个血肉之躯的人，凭借自己的信念，究竟能干下多大的事儿。他向我们证明，只要你想做，没有什么是做不到的。心有多大，舞台就有多大，这话一点都不假。

没有任何事业是轻而易举唾手可得的。所有的举重若轻背后，都是常人无法想象更无法坚持的艰辛付出。

有人说，《西游记》里唐僧最后能取到真经，还不是都靠孙悟空吗？孙悟空有的时候打不过妖怪了，还得靠观音菩萨帮忙，这算什么能耐！但是你想过没有，如果真有观音菩萨，为什么要来帮你？他为什么只帮唐僧，却没有帮小偷、罪犯、乞丐或者一个寻常人？有句话说得很好，“自助者，天助之”。你要用常人难以企及的心力，努力去向上天（如果有上天的话）和所有人证明，你真的想做成这件事，你愿意为之付出，你值得他们的帮助。

成功是需要运气的。玄奘能走通这条取经之路，也必有他的好运气。可好运气不是靠等来的，也不是靠撞大运撞来的。而是靠你脚踏实地，一步一步往前走，一点一点积攒起来的。

从西天取来的佛经渐渐汇入了中国文化的大江大河之中，融合为中国传统文化的一部分。它从一种宗教信仰，渐渐变成中国人的人生信念和处世哲学。作为一种宗教思想，佛教为中国文化注入了新鲜血液，让中华文明焕发蓬勃生机；作为一种处世哲学，佛教以“禅宗”这种特有的形式，将中国文化带向了一个全新的高度，让释家（佛教）和儒家、道家一起，成为中国文化的底色，绵延至今，成为每一个中国人精神世界的一套底层代码。而其中，就有这个看似窝囊的“唐僧”的一份功劳。

写到这里，我眼前不由浮现起玄奘只身在沙漠蹒跚前行的画面。他一步步走去，留下一串串可以轻易被抹去的脚印，却也留下一座座永远无法被抹去的丰碑，那是信念的丰碑。

一只猴子的成长历程

——吴承恩《西游记》（下）

如果说《三国演义》的关键词是“英雄”，《水浒传》的关键词是“侠义”，那么《西游记》的关键词就是“成长”。它写的不仅仅是一只猴子的成长，还从这只猴子身上折射出了我们每个人的成长历程。

书接上文。《西游记》写了一个和尚、一只猴子、一头猪和一个人，还有一匹马的故事，看起来简直是个有点荒诞色彩的童话。的确，很多人对《西游记》的理解都停留在动画片的层面上，这实在是太小瞧吴承恩了。

在我看来，《西游记》其实并不是在讲如何取经，它的主角甚至也根本不是唐僧，吴承恩是在“借假修真”，借着唐僧西天取经的故事主线写孙悟空，这只猴子才是这本书真正的主角。如果让我来概括《西游记》的大意，我会说，这本书讲了一只猴子的成长历程。

《西游记》全书总共100回，前七回全是孙悟空。第八回开始插叙交代取经的背景，

第九回讲的是唐僧老爸的事儿，第十回和第十一回是唐太宗，一直到第十二回，唐僧才出现。而紧接着到第十四回，马上又回到孙悟空身上来了——心猿归正，六贼无踪。孙悟空开始迈向了他人生的一个全新阶段，他要护送大唐圣僧前往西天取经。此后的每一回都有孙悟空出现，并且几乎在每一回里都对这只猴子进行描写，花的笔墨比写唐僧的都要多。

我以前上阅读课带着同学读西游的时候，曾经半开玩笑讲过，唐僧虽然是取经故事的主线，可他不仅在整本《西游记》里戏不多，就算出现，他基本上也就两句台词：第一句“阿弥陀佛”，第二句“悟空救我”。遇到妖怪先是“阿弥陀佛”，妖怪要吃他，他就“悟空救我”，最后菩萨来了他又“阿弥陀佛”。所以我说《西游记》真正的主角是孙悟空。

明明书名是《西游记》，应该是讲去西天取经的事儿，怎么就变成讲一只猴子的成长历程了呢？在我看来，如果说《三国演义》的关键词是“英雄”，《水浒传》的关键词是“侠义”，那么《西游记》的关键词就是“成长”。它写的不仅仅是一只猴子的成长，还从这只猴子身上折射出了我们每个人的成长历程。

成长是一个人毕生的课题，不仅是指我们身体上、生理上的成长，还应当指内心的修炼，也就是精神层面的成长。随着时间推移，你的见识越来越多，思考越来越深，阅历越来越丰富，那么，你养成的就不只是知识，还有智慧。只有有阅历、经历过世事磨炼、能把知识运用到现实生活中去的人，才可以说是有智慧的，他们能够借助智慧看到更深、更远的东西。

成长还是古今中外很多文学作品都试图去表现的一个根本性的主题，甚至可以说是亘古不变的。在文学作品中有很多这类主题，因为作家们对人生的思考，往往都集中在这些极具共性的方面，比如爱情、友情、亲情、忠诚与背叛、成功与失败、时间与生命……

打个比方，孙悟空三打白骨精的故事其实就是在讨论一个忠诚与背叛的议题。孙悟空出于忠诚打死白骨精的行为，被唐僧当成了一种背叛。最后孙悟空坚持了他的忠诚，化解了唐僧对于背叛的误解，让这种忠诚得以升华。

除此之外，还有一个永恒的主题，就是成长中的“变化”。一个人的成长，一定伴随着变化。人们在成长中表现这种变化，再通过变化来反观和审视自己，去直面自己的弱点，最后战胜自己，实现自我成长。

比如狄更斯写的《远大前程》中记述了主人公皮普从 7 岁到 34 岁的人生经历，写在大起大落的二十多年中皮普经历了什么，有什么困惑和焦灼，有什么幸福和快乐，如何面对困难，如何迎接命运的突然改变，在长大的过程中，皮普自己又发生了怎样的变化，最后他如何找回自我，实现了人生的蜕变。

从这个角度去读《西游记》你会恍然大悟，原来《西游记》正是孙悟空成长的历程，是他遭遇困境，面对痛苦，沉沦而后觉醒的过程。

一个人是怎样长大的？一开始懵懵懂懂，然后立志学了本事，接着可能会开始自以为是了。青春的生命往往就是不知天高地厚的，天皇老子称第一，他就敢称第二，人年轻的时候或多或少都有过这种狂妄。然后可能会撞一鼻子灰，会遇到挫折和失败，被现实狠狠地教训一顿——可能还不止一顿。之后呢？会灰心，会失望，会迷茫，会沉沦……几乎所有人都有这样的经历。鲁迅就在《呐喊·自序》里讲过几乎一模一样的过程。有些人可能在沉沦中迷失了，但也有些人会从沉沦中站起来、走出去，那么等待着他的就是未来光辉的前程了。这一整个过程，就是一次蜕变和成长。

孙悟空就在这部小说里，完整地走过了这个历程。

他从石头里蹦出来以后，在花果山上做他的美猴王，然后去找菩提老祖学了本事，接着开始自以为是，不知天高地厚，经历大闹天宫的一番折腾，撞了南墙，被如来佛压在五指山下五百年。但是他没有绝望，他走出来了，成熟后的他知道自己应该做什么，不能做什么，他忠实地履行了自己的工作，踏踏实实地陪唐僧走了一路。经过九九八十一难，终得正果。是不是一模一样的成长历程？

这可能也是你将要走的路。每个人都有天赋，和这只猴子一样，你一定有一些别人无法企及的能耐。你也一定要很努力、很勤奋地学习，你还需要一个有能耐的领路人（像菩提老祖那样），跟着他，不计辛苦，踏踏实实地好好学。然后你很可能会开始狂妄，度过一段自以为是的时光，也会遇到困难和挫折。重要的是，撞了南墙之后，你能站起来、走出来吗？能在走出来以后，重新走上正路，一步一步地再走下去吗？

什么是正路？《西游记》里，帮唐僧去取经，帮一个好人去做一件正确的事情就是走正路。取经的路上有很多的磨难，可是你看，这只孙猴子已经跟当年的齐天大圣完全不一样了。在踏上取经路之后，他在不断地成长。他因为戴上了金箍而不爽，但是他知道这是对他的一种限制，而这种限制其实正是在帮助他更好地成长；他开始懂得要承担责任，并且也真的能在关键时刻站出来承担；书中甚至有过唐僧都在喊苦喊累的时候，却是孙悟空去鼓励他。

在三打白骨精的故事中，他出于忠诚结果却被误解，可是他忍了，而且是一忍再忍，一直到唐僧赶他走，他还一步三回头。换作从前那个还不成熟的野猴子会怎么做？一定是转身就走：老子不伺候了，爱咋咋地！但此刻的孙悟空却忍下来了。这就是成长。

《西游记》真的是一本值得好好读一读的书。在各位进入青春期之前，你得知道，每个人都是这样长大的，长大的过程里也一定会有不公平，有委屈、有磨难、有失望，也会有自鸣得意、自以为是……你该怎样去面对这些？人生是一场修行，等到你通过修行，把那些毛毛糙糙的、急躁的、没有耐心的东西去掉，就会变得更有韧性、更淡定、更从容，成为一个更善良、更美好，也更真诚的人。

《西游记》的主题当然还有非常多，只不过在我眼中，“成长”是最重要的一个。至于别的主题，期待你在阅读中自己去发现。

愿这只猴子的成长历程，能对你有所启迪。

才子点评才子书

——施耐庵《水浒传》（上）

施耐庵应该是民间的塾师，也就是教书匠。他一边以教书的收入糊口，一边写作《水浒传》。而身处元末乱世的他，很可能确如传言所载，或主动或被动地曾卷入民间起义的风潮之中。不难推断，正是因为身处乱世，施耐庵写起水泊梁山的好汉故事来，才如此得心应手。

四大名著之一的《水浒传》，是一本神奇的小说。一部文艺作品一般都是一两个主角，几个配角，再加一大批的“群众演员”，满打满算不超过二十个人。比如《西游记》，有四个主角，重点描写过的妖魔鬼怪加起来，了不起十几个。《红楼梦》也不过十二金钗，《三国演义》虽然出场的总人数很多，但真正费力刻画的，也就二三十人。

可是《水浒传》里正面人物就有 108 个，三十六天罡，七十二地煞。这还没算高太尉、高衙内、阎婆惜、镇关西、泼皮牛二、祝家兄弟等反面人物和一众路人甲们。就说这一百单八将，个个性格迥异。你想想，光是给他们起个诨号，就得花多少心思。再加上其中错综复杂的人物关系，比如好汉当中，谁和谁是亲兄弟，谁和谁是夫妇，谁和谁怎么结识，谁是谁的介绍人……每位都得编排上故事，都得安排好出场的时机，还得有他的重头戏码……这绝不是一般作家干得了的活。所以说，从写作技法来讲，《水浒传》的编织技艺实在是精巧绝伦。

其实，《水浒传》里的故事，历史上是有真实依据可以参考的。小说一开篇在楔子中所讲的背景就是历史上的真实故事：宋徽宗赵佶好蹴鞠，引来了不学无术的高俅，高俅因投其所好，走上了飞黄腾达的仕途。再加上宋徽宗根本不理朝政，把国家大事都交给贪赃枉法的“六贼”（北宋末年以蔡京为首的六个奸臣），最后搞得国将不国，民怨沸腾。正是在这个背景下，才有了民间老百姓占山为王、起义造反的事。而这些造反的老百姓里，就有一个名叫宋江的人。

历史上真实的宋江起义，发生在宋徽宗宣和元年，也就是公元 1119 年。不过这场起义到底是不是发生在山东的梁山泊，到现在历史学家们还没有达成共识。根据《宣和遗事》记载，宋江起义总共 36 名将领，这本宋人写的笔记里就记载了杨志卖刀、晁盖带人截取生辰纲、宋江杀阎婆惜等故事。所以我们一般认为，《宣和遗事》所记载的这次宋江等人起义的故事，就是《水浒传》的雏形。

这场起义，在短短两年时间内席卷了十几个州县，据说所到之处，很多州县根本没有抵抗，反倒开门相迎。由此也可见民心向背。

宋江起义的故事此后就一直在民间流传，成了说书人话本中的常见题材，故事情节也随着民间说书艺人的不断加工而日趋完善。到元杂剧中时，梁山好汉从 36 人发展壮大成了 108 个人。这个过程中，很多人物的姓名也在发生变化。比如梁山泊的军师吴用，在《宣和遗事》的记载中，名字叫“吴加亮”，一看就是在和诸葛亮叫板。后来也有一些版本直接称呼“吴学究”，一直到元末明初的《水浒传》里才给他定名“吴用”。

历史上，宋江起义后来是被官军剿灭的。水浒的“浒”字，本义就是一大片水域中的一块陆地。水泊梁山的地理环境是四面环水，中间一座小岛，这样的地形看似是一片独立王国，其实在军事上并不是有利地形，虽然易守难攻，可一旦被围困，就是死路一条。所以在梁山泊三面都被官军水师包围之后，宋江为了保存实力，选择了招安，就是有条件的投降。

北宋末年的这场宋江起义，最后以宋江等 36 人接受朝廷招安收场，被封了小官，不再与朝廷作对。可朝廷显然不会容忍这样招安的“盗匪”长期存在。若是靠着造反再接受招安就能吃香的喝辣的，那以后老百姓还不都这么干？于是朝廷想了个办法，招安宋江之后，派他带队去攻打南方正在造反的另一支起义军——方腊。

真实的历史中，方腊起义的规模远超宋江起义，对北宋造成的破坏程度也是宋江起义不可比的。所以 120 回版本的《水浒传》里，梁山好汉们最后纷纷都倒在了征方腊的战场上，死的死，散的散，没几个有善终的好结局。这也算是部分合乎历史吧。

如前所述，水浒故事是基于真实历史，通过长时间民间演绎陆续汇总而成，所以有很多版本。除了现在大家看到的 100 回施耐庵定稿版之外，还有 115 回、120 回等等。甚至还有很多为《水浒传》续写的故事。不过，我们现在一般所讲的《水浒传》，都是指施耐庵的版本。

我更喜欢的是清朝才子金圣叹点评的 70 回版本的《水浒传》。水泊梁山的好汉聚义，就在第 70 回（算上楔子是第 71 回），金圣叹觉得后半部分都写得不好，真正的水浒侠义精神，应该只取前面 70 回。对于金圣叹的这个看法，我举双手同意。金圣叹对《水浒传》的点评相当精到，大家如果想读《水浒传》原著，我推荐读一读这个版本，很多我们自己读书不曾留意的细节和作者施耐庵的匠心独运，都让金大才子给点评出来了，真正是锦上添花。

最后说说施耐庵。他也是个大才子，

据说考中过进士。现在流传下来关于施耐庵可信的历史记载非常少，更多材料都取自民间野史笔记。比如有一种说法是施耐庵和罗贯中都曾参加过元末的农民起义，罗贯中还拜施耐庵为师。还有一种说法，施耐庵有个同榜进士名叫刘基，就是后来辅佐朱元璋打下江山的刘伯温，而且刘伯温还多次向朱元璋推荐施耐庵，可施耐庵却三番五次地拒绝。

根据现有的史料判断，施耐庵应该是民间的塾师，也就是教书匠。他一边以教书的收入糊口，一边写作《水浒传》。而身处元末乱世的他，很可能确如传言所载，或主动或被动地曾卷入民间起义的风潮之中。不难推断，正是因为身处乱世，施耐庵写起水泊梁山的好汉故事来，才如此得心应手。

一部小说写了上百个人物，其中有完整故事情节的就多达五六十位，这在世界文学史范围内都是相当罕见的。金圣叹把《水浒传》称为“才子书”，实在是慧眼识英雄。如果从文学性的角度来给四大名著排序，《水浒传》即便排不到第一，至少也能稳坐第二。

因此，这本书实在值得我们带着不同的目的、从不同的角度多读几遍，相信每一遍你都能读出不一样的味道来。

真正的读书人是胸怀天下的

——施耐庵《水浒传》（下）

读一本优秀的文学作品，就像是拉开了我们生命的维度，去过另一种人生。去经历别人的选择取舍，去体验别人的命运浮沉，去理解别人的感情理想，去分辨世上的一切丑陋和美好。从这个意义上说，《西游记》太单调，它只呈现了人性中的两三种维度。《三国演义》也寡淡，典型人物不过那么几类。而《水浒传》则最为精彩。

几年里，我把《水浒传》仔仔细细地梳理了一遍，收获和以前大不一样，读罢掩卷，我眼前涌现的是一个个鲜活生动又各不相同的人。通常大家都说，水浒里全是英雄好汉。而我觉得，“英雄好汉”是一个不太准确的标签，他们和三国里的英雄们不同，他们不是那种为国家社稷抛头颅洒热血的英雄，不是战无不胜攻无不克、好像拥有超能力一般的英雄。他们不像诸葛亮那样鞠躬尽瘁又满腹韬略，更不像曹操那样为达目的不择手段。他们是一个个有血有肉的人，有着各自截然不同的人生道路、鲜明而迥异的脾气秉性、不为人知的伤痛以及难与人说的困厄。

一个无所不能、战无不胜的英雄是不会打动我们的。就像在《三国演义》里，最打动我们的是华容道放走曹操时关羽的一声长叹，是五丈原六出祁山却功败垂成后孔明的大放悲声。而像关云长和诸葛亮这样有长处也有弱点、有勇敢也有畏惧、有决绝更有不忍、有成功亦有失败的有血有肉的人，在《水浒传》里有几十个之多。林冲、鲁智深、武松、柴进、戴宗、吴用、阮小七、杨志、关胜、呼延灼、宋江、李逵、卢俊义、燕青……他们每个人都有自己的故事，有冲冠怒发，也有绕指柔情，有聪明，有失算、有计谋、有莽撞……他们每一个都是如此与众不同，在不同的境遇里，凭借不同的性格，做出不同的选择，迎向不同的命运。

这是文学，也是我们面对的世界和将要度过的人生。

文学，从来都是关于人的。关于人在事件中的选择，在时代中的命运，以及由此而产生的感情和思想。而我们需要文学，正因为文学呈现了人的这些方方面面。读一本优秀的文学作品，就像是拉开了我们生命的维度，去过另一种人生。去经历别人的选择取舍，去体验别人的命运浮沉，去理解别人的感情和理想，去分辨世上的一切丑陋和美好。从这个意义上说，《西游记》太单调，它只呈现了人性中的两三种维度。《三国演义》也寡淡，典型人物不过那么几类。而《水浒传》则最为精彩。

在《水浒传》中，同样是看起来鲁莽的李逵和鲁智深，其实全然不同。李逵的鲁莽背后除了忠肝义胆还有天真烂漫，鲁智深的鲁莽是因为心地厚实，可他的粗中带细远非常人能及。其他角色呢？吴用看起来诡计频出，其实却心地良善。宋江是众人眼中的“及时雨”“呼保义”，而他的奸猾世故让人害怕……关于水浒英雄的故事，有太多值得我们去思考、体会、感受甚至可以借鉴的东西。我们读《水浒传》，其实是在读一个又一个复杂的人物，把自己代入到那些命运转折的十字路口。在目睹过、体验过他们的选择后，虽然并不能让你以后的人生路变得畅通无阻，但至少，应该能让你少走一些他们走过的弯路吧。

有人说，整本水浒都是在讲“忠义”二字。其实，讲忠义的是施耐庵100回版本的水浒，而金圣叹70回版本的水浒，讲的是“侠义”。

侠义不是“路见不平一声吼”，而是“水里火里不回头”。侠义不是意气用事，是“但行好事，莫问前程”，是理性思考后的决然勇气。侠义的背后是一种敢从人群中站出来的责任感。英语里有个词：outstanding，翻译过来是杰出，就是要敢于在那些重要的时刻勇敢地站出来。这绝不是义愤填膺失去理智，而是为自己、为朋友、为众人，乃至为天地扛起重担，担负责任。

20 岁不到的“九纹龙”史进就是这样一个有肩膀敢担责任的侠义之士。他听说华山上有强盗，就敢于站出来保一方百姓的平安。而在知道所谓的强盗其实也不过是官逼民反的可怜人后，又敢于再次站出来保护他们，乃至不惜搭上自己的身家性命。这哪是我们通常所说的绿林好汉、强盗匪徒？这是绝大部分人都不具备的人间大勇。这和关云长放走曹孟德，诸葛亮为蜀汉鞠躬尽瘁，是一脉相承的、真正的勇敢。

这份勇敢就是“侠义”，就是 70 回版的《水浒传》中最打动人心的东西。

有人说“少不读水浒”，那是只读到了水浒的皮毛。水浒真正的精神，绝不是打打杀杀那么简单。它真正的精神是这份能让一个人变得高贵的侠义，尽管它并不是大多数人所具备的特质。但正因为它不多见，所以更珍贵、更动人。而我的一点小小的奢望，就是通过我的讲读，在更多人，尤其是孩子们的心里，种下这颗能让人变得高贵的侠义的种子。

从富可敌国到一贫如洗

——曹雪芹《红楼梦》（上）

好文章是天地间本就有的，不过是借了作家的笔把它写出来而已。不知道为什么，读到这句话时，我脑海中首先冒出来的，就是《红楼梦》。

当代著名作家贾平凹老师在谈到文学创作的时候说过一句话，大意是说：好文章是天地间本就有的，不过是借了作家的笔把它写出来而已。不知道为什么，读到这句话时，我脑海中首先冒出来的，就是《红楼梦》。读完《红楼梦》，你会有一种怅然若失，一时间分不清是幻是真的感觉，你会觉得这些人物本是天地间自然存在的，没有人工斧凿，而是浑然天成。甚至你都很难想象，居然是一个血肉之躯的人写出了这样的作品。

其实作者曹雪芹也有同样的领悟。他在小说刚开始就写过：这故事不是我曹雪芹写出来的，而是在青埂峰一块石头上刻着的，我只是把这石头上刻的故事传抄出来，让世人知晓而已。石头上怎么会刻故事呢？原来是这块顽石曾化作人形，来到世间，经历一番人间的历练磨洗，最后又化作顽石而去。这块顽石来到世间所化的人形，便是这本《红楼梦》的主角——贾宝玉。

要讲《红楼梦》，咱们就从作者曹雪芹讲起吧。

曹雪芹的家族可是真正“富”过的，鼎盛时期的曹家几乎可说是富可敌国。曹雪芹的爷爷叫曹寅，他的亲妈做了一份很特殊的职业：奶妈。更特殊的是，她被清廷皇宫选中，成了康熙皇帝的奶妈。因为这层关系，比康熙小了四岁的曹寅不仅成了康熙童年的玩伴，还在 17 岁时当上了康熙的侍卫。从此，曹家开始了飞黄腾达的显贵之路。

随着康熙开始主政，在治理天下的时候自然要选择自己信得过的人来做耳目，为他监视在地方上执掌大权的官员，甚至还会把认为关系皇族命脉的重要事务交给这个人。于是，从小“陪太子读书”的曹寅被皇上派到了繁华富庶的江南，坐上了“江宁织造”的位子。“织造”是一个直属皇帝管辖的职位，相当于管理着一家为皇族提供纺织品的超大型国有中央企业。众所周知，丝绸是中国江南特产，行销全球，皇族的衣物被褥全是丝绸纺织品，这些丝绸的纺织制造、漕运行销，都归江宁织造曹寅管辖。这下知道为什么说曹家“富可敌国”了吧？整个国家一半以上的对外贸易，都掌握在曹家手中！

于是，皇上到江宁（南京）自然就要找曹寅。康熙六次南巡，有四次都住在曹寅家！这权势，是不是无人能敌了？而对皇上而言，让曹寅做江宁织造，不仅能通过这个儿时玩伴控制住大半个钱袋子，还可以借由曹寅的汇报，随时了解江南各层级官员的动向，避免出现因为“天高皇帝远”，江南官员自行其是的情况。那么，整个江南官场对曹寅的恭敬程度也就可想而知了。

可天下事，有起就有落，有波峰就有波谷，有向上爬的时候，就有往下落的一天。权势喧天的曹家，在康熙皇帝驾崩之后，就遇到了天大的麻烦。道理很简单：一朝天子一朝臣。新皇上有自己信得过的人，“江宁织造”这么重要的岗位，当然要任用自己人。更何况，曹寅此前曾卷入宫廷的皇位争夺之中，多次保举八阿哥做太子。而新皇帝雍正是四阿哥，自然更不能留曹寅了。于是，曹家很快就被抄家，一个显赫一时的大家族顷刻间土崩瓦解。这个时候的曹雪芹，大概才十四五岁。

青春年少，横遭变故。这就是曹雪芹的少年时代。他“含着金汤匙出生”，从小生活在享不尽的荣华富贵中。可到了十四五岁，突然一切都没有了。家里的东西统统收归国有，家里的人，该抓的抓，该杀的杀，该流放的流放，剩下的人自谋出路。而富贵了小半辈子的大户人家孩子，从来都是四体不勤、五谷不分，别说干农活了，他们恐怕连锄头长什么样都没见过。于是，这个十几岁的少年开始了与他幼年时天差地别的潦倒生活。上天安排他享受了 99.99% 的人都难以想象的富贵，又遭遇了 99.99% 的人都未曾经历的穷困。大概也只有经历过这些的人，才写得出《红楼梦》这样极尽奢华又满目苍凉的作品吧。

曹家的富，可以富到什么程度呢？小说里处处都有表现。说一个小细节，贾宝玉出门是从来不用走路的，家里有一台八抬大轿，由八个壮小伙（轿夫）给他抬着轿子。这还不算什么，除了八个轿夫之外，贾宝玉的轿子前面还有两个童子，这俩小孩是负责“撒钱”的——抓起一把铜板，沿着贾宝玉要走的路，一把一把撒出去，意思是我们家公子要出门了。撒了钱，自然有人围观，有小孩子哄抢，多热闹！

后来，曹雪芹也尝到了穷的滋味。他四十多岁的时候，在街头支了个小摊，卖自己做的风筝。那可是曹雪芹童年的玩物啊！童年时他可以按着自己的心思爱好做风筝，却不曾想，四十几年后要靠着这点手艺换钱吃饭。

曹雪芹活了 48 岁，不算长寿。前 15 年荣华富贵，后 33 年穷困潦倒。我们都想要富贵，不想要穷困，可是造化弄人，偏偏他这一生，最伟大的成就却是在穷困潦倒的后半生里完成的。

究竟什么样的生活才是一种幸运？实在没有答案。

不看情节看细节——百科全书式的精致生活

——曹雪芹《红楼梦》（下）

少年时读红楼，会赞叹世界之大，老来再读，会感慨人心之深、江湖之险。不论什么时候翻开，都能从《红楼梦》里发现一个你不曾了解的中国社会，就凭这一点，这也是一本让人叹为观止的小说。

《红楼梦》到底是一本怎样的书？在我看来，它是一部中国封建社会的大百科全书，它用文学的笔法描摹了一个集大成的中国古代社会，经济、政治、文化、艺术、民俗、风情……各个阶层、各色人等、仁义道德、肮脏混乱样样都有。单说当时富贵人家的玩乐游戏，《红楼梦》里就有诗词歌赋、文玩书画、说书、曲艺、建筑营造、对联匾额、行酒令、打灯谜、蓄养禽鸟、栽种花果……书里所写，可谓包罗万象，无不精通。

除了这些文人玩意儿，书里还写到烹调、星象、天文、算卦，连说起中医药来都头头是道。曹雪芹的知识面，远非我们现在任何一科的博士教授可比。比如他写一道菜，名叫“茄鲞（xiǎng）”：

刘姥姥笑道："别哄我了，茄子跑出这个味儿来了，我们也不用种粮食，只种茄子了。"众人笑道："真是茄子，我们再不哄你。"刘姥姥诧异道："真是茄子？我白吃了半日。姑奶奶再喂我些，这一口细嚼嚼。"凤姐儿果又搛了些放入口内。刘姥姥细嚼了半日，笑道："虽有一点茄子香，只是还不像是茄子。告诉我是个什么法子弄的，我也弄着吃去。"凤姐儿笑道："这也不难。你把才下来的茄子把皮刨了，只要净肉，切成碎丁子，用鸡油炸了，再用鸡脯子肉并香菌、新笋、蘑菇、五香腐干、各色干果子，俱切成丁子，用鸡汤煨干，将香油一收，外加糟油一拌，盛在瓷罐子里封严，要吃时拿出来，用炒的鸡瓜一拌就是。"刘姥姥听了，摇头吐舌说道："我的佛祖！倒得十来只鸡来配他，怪道这个味儿！"

还有一味药，名叫"冷香丸"：

宝钗见问，乃笑道："不用这方儿还好，若用了这方儿，真真把人琐碎死。东西药料一概都有限，只难得'可巧'二字……要春天开的白牡丹花蕊十二两，夏天开的白荷花蕊十二两，秋天的白芙蓉蕊十二两，冬天的白梅花蕊十二两。将这四样花蕊，于次年春分这日晒干，和在药末子一处，一齐研好。又要雨水这日的雨水十二钱……"周瑞家的忙道："嗳哟！这么说来，这就得三年的工夫。倘或雨水这日竟不下雨，这却怎处呢？"宝钗笑道："所以说那里有这样可巧的雨，便没雨也只好再等罢了。白露这日的露水十二钱，霜降这日的霜十二钱，小雪这日的雪十二钱。把这四样水调匀，和了药，再加十二钱蜂蜜，十二钱白糖，丸了龙眼大的丸子，盛在旧磁坛内，埋在花根底下。若发了病时，拿出来吃一丸，用十二分黄柏煎汤送下。"

类似的门道在《红楼梦》里俯拾皆是。莫说这些东西大都有些来由，哪怕是作者凭空捏造的，能编出这些来也足够让人瞠目结舌。

不仅如此，红楼梦还是一本规模奇大的书——倒不是说书写得长，而是书中涉及的人物之多、关系之复杂，实难找出堪与匹敌的作品。我们之前讲《水浒传》，其中的 100 多个有声有色的人物已经让人大为赞叹了，而《红楼梦》一共涉及 975 个人物，其中有名有姓的就有732个，不带重样儿的，而且还要为这些有名有姓的人物编制家谱。

贾、史、王、薛四大家族开枝散叶，又相互通婚生出旁枝末节，整理成一张庞大的家谱树，密密麻麻的名字都能看得人头晕。想想看，你们学校里一个班才 40 人，曹雪芹一本书就写到将近 50 个班级的人，差不多有你们一个学校那么多了，其中光是有名字的就超过 18 个班，并且这些人物还得各有脾气秉性，形形色色无所不包。

有了人物，还得有故事，曹雪芹写各种社会事务同样是一把好手。《红楼梦》里有豪奢的夜宴，写排场有多大；有贪敛钱财，写如何贪污腐败；有红白喜事、婚丧嫁娶，有衙门断案、典狱刑罚，有专营贸易，有唱作法事，不仅涉及面广，曹雪芹还都能写

出其中的细节来。就连如何走后门通关系，怎样徇私枉法中饱私囊，他竟然都知道。所以从这个角度来说，《红楼梦》也为读者勾勒了一个“江湖”，一个中国几千年文明史积淀下来的民间社会画卷。

这大概也是读《红楼梦》让人感觉最精彩的地方。少年时读红楼，会赞叹世界之大，老来再读，会感慨人心之深、江湖之险。不论什么时候翻开，都能从《红楼梦》里发现一个你不曾了解的中国社会，就凭这一点，这也是一本让人叹为观止的小说。

相比之下，我们现在看到的很多文艺作品中对“富有”的描绘，都是“痴人说梦”，恐怕写的人并没有真正富过。真要说富贵，看看《红楼梦》里的食物就能体会一二了。这些吃食，如果没见过也没吃过，只凭空去想是想不出来的，即便想出来，恐怕也不合理。下面这些是书里提到的，其中有一些，我们平时别说吃不到，只怕是听都没听过：

豆腐皮包子、枫露茶、枣泥馅的山药糕、火腿炖肘子、糖腌的玫瑰膏子、小荷叶儿小莲蓬儿的汤、红菱鸡头、桂花糖蒸的新栗粉糕、茄鲞、烤鹿肉、糟鹌鹑、火腿鲜笋汤、鸡髓笋、建莲红枣汤、牛奶茯苓霜、酒酿清蒸鸭子……

说起这些菜式，现在还真有饭店去尝试着还原《红楼梦》中的菜品点心，听说复原出来，味道并不太好，不知道是厨师的烹饪水平不够还是文字理解能力不行。不过我倒是觉得，这些菜品放在小说里留个念想就好，真做出来，大概也就流俗了。

关于《红楼梦》有太多太多可研究的东西，甚至由此还产生了一门专门的学问叫“红学”。平哥不是红学专家，就不再班门弄斧了。各位到十五六岁（比被抄家时的曹雪芹略大一点）时，这本《红楼梦》就可以自己读起来了。

这是一本值得中国人读一辈子的书。

精彩八卦，魏晋风流

——刘义庆《世说新语》

功名富贵，对所有人都是一种诱惑，但这一定不是人生的全部意义。所以，也许竹林七贤看起来与当时的世俗格格不入，但他们所标识出的人格的高度，是中国古代知识分子的精神坐标，值得我们用来度量自己的言行。

这是一本挺有意思的古书，它既不是虚构的小说，也不尽然是真实的历史，每一篇都短小精悍，寥寥数笔便刻画出跃然纸上的人物，描摹出精彩纷呈的故事。要我说，《世说新语》大概更像是一本魏晋时期的“八卦新闻”。

《世说新语》的作者，一般被认为是南朝的刘义庆。其实这书是他掏了钱，组织门客一起编撰的。书里记载的主要内容，是从东汉末年开始一直到魏晋期间，一大批社会名流的言行谈吐、所作所为。这些故事本来就在坊间流传，刘义庆组织人给写了下来，于是民间散布得更快、更广，也更有模有样了。今天来看，这些正史当中没有记载的事儿，反而显得那些名流特别有趣。

既然是八卦新闻，内容当然有真有假，有些事儿可能确实是捕风捉影，这个人讲给那个人听，传来传去，故事多少就会有些变形。可要说这些事情完全虚构也不可能，对照历史来看，书里的人物，从长相到性格，从举止到口碑，都吻合真实的历史。真实人物的八卦故事，是不是让人更有读的兴趣了？

不过，作为一本古书，想读它还是有难度的。毕竟是一千多年前的古文，是非常标准的“古代汉语”。但同时，这部笔记小说出名，最重要的原因就是，它的文字实在是相当精到，对同学们来说是很好的学习文言文的素材。其中很多篇目，不仅文字凝练畅达，所写人物生动自然，故事情节还特别好玩。

从文学鉴赏的角度来讲，《世说新语》对人物的刻画做到了极致，往往是寥寥几笔，就把一个人写得活灵活现。

写人的记叙文，大概从小学三年级起就开始有要求了。部编版语文教材三年级上册，第一单元的作文“猜猜他是谁”，就是要求大家写人物的。可要说真的能把人物写具体、写生动，写出人物的性格特点，还要把人物写活，着实不容易。我摘一段《世说新语》的原文，大家品一品。这个八卦故事的主角，是大家很熟悉的大书法家——王羲之：

王右军年减十岁时，大将军甚爱之，恒置帐中眠。大将军尝先出，右军犹未起。须臾，钱凤入，屏人论事，都忘右军在帐中，便言逆节之谋。右军觉，既闻所论，知无活理，乃阳吐污头面被褥，诈孰眠。敦论事造半，方意右军未起，相与大惊曰：“不得不除之！”及开帐，乃见吐唾从横，信其实孰眠，于是得全。于时称其有智。（《假谲》第二十七）

全段仅有144个字，但作为一篇记叙文，不仅“起承转合”结构完备，而且，一个机智少年的形象跃然纸上。

这故事说的是什么呢？

右军将军王羲之不满十岁的时候，他的长辈大将军王敦很喜爱他，常常安排他在自己的床帐当中睡觉。有一次，王敦起床，自己先出了卧室，把王羲之给忘了。王羲

之接着睡懒觉，没起来。

过了一会儿，一个叫钱凤的人进来找王敦了，王敦屏退手下人，偷偷跟钱凤一起商量着叛乱的计划，完全忘了里屋还睡着一个十岁的王羲之。这可不得了，叛乱谋反本是必须保密的事，如此密谋，竟然让王羲之听了去，这还了得！

不一会儿，王羲之醒了，一下就听到外屋王敦和钱凤的密谋，他登时就知道，完了，今天自己这条小命算是交待在这儿了。谋反的事让我听了去，这还有放我走的道理吗？这俩家伙谋反都敢，要杀我个小孩儿灭口，还不是轻而易举？这是飞来横祸呀。怎么办？王羲之灵机一动，干脆接着装睡，为了装得足够像，他就在帐子里吐出口水，弄得满头满脸的哈喇子（口水），把被褥枕头都给弄脏了，假装自己睡得很熟。

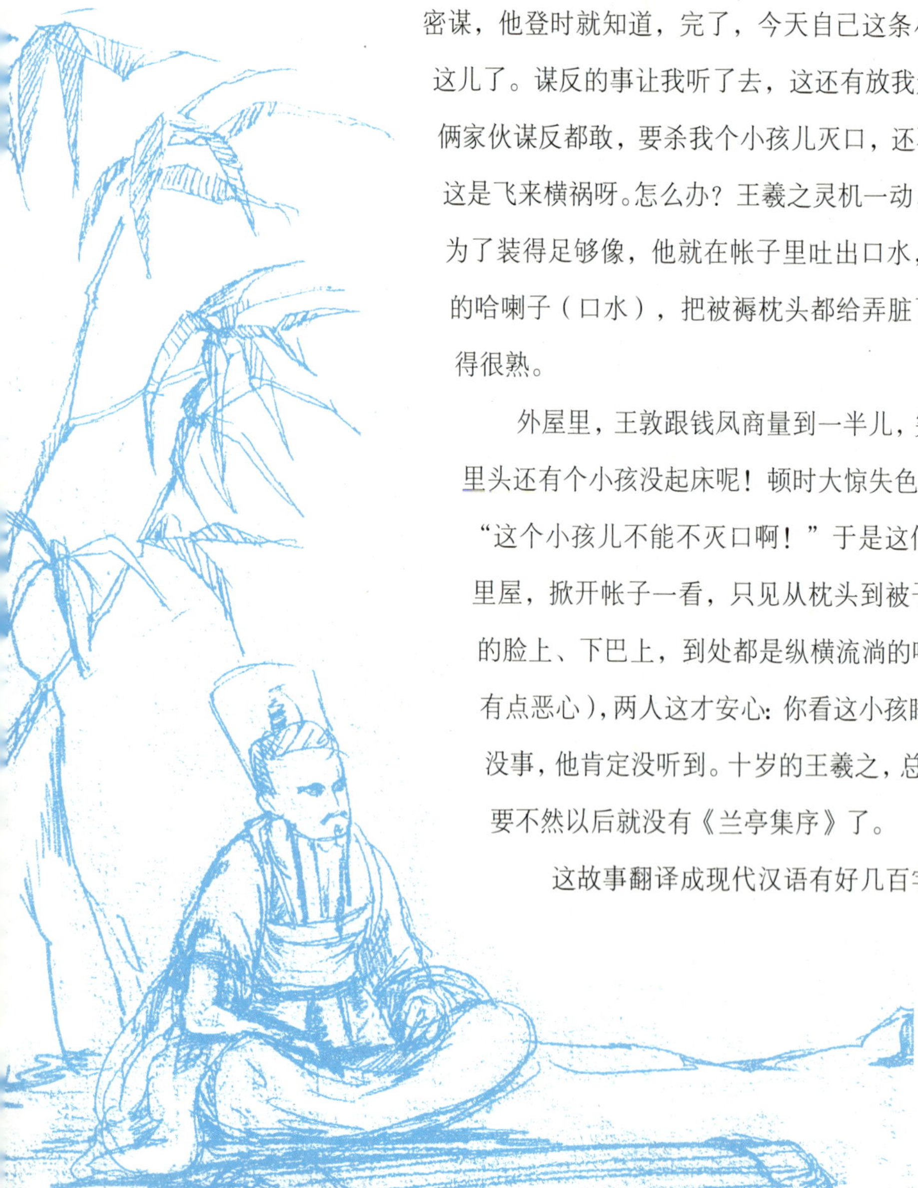

外屋里，王敦跟钱凤商量到一半儿，突然一想不对，里头还有个小孩没起床呢！顿时大惊失色，两人一商量：“这个小孩儿不能不灭口啊！”于是这俩“歹徒”冲进里屋，掀开帐子一看，只见从枕头到被子，还有王羲之的脸上、下巴上，到处都是纵横流淌的哈喇子（想想是有点恶心），两人这才安心：你看这小孩睡得很熟，算了，没事，他肯定没听到。十岁的王羲之，总算保住了性命，要不然以后就没有《兰亭集序》了。

这故事翻译成现代汉语有好几百字，凝练的古文仅用144个字就全部呈现了，而且起承转合严丝合缝，故事结构完整。关键是把王羲之的机智表现得淋漓尽致，顺便还把王敦的野心和恻隐之心也写了出来。

要说这故事的真实性，我觉得待考，但作为一本“笔记小说”（八卦文集），这样的故事读来真可谓妙趣横生。《世说新语》里通篇都是这类故事，所涉及的人物涵盖了从汉末到魏晋几乎所有重要的名流。比如“旧时王谢堂前燕，飞入寻常百姓家”中的王导家族（王羲之就是王家族人）、谢安家族；比如《三国演义》里的知名人物曹操、袁绍、司马懿家族；再比如孔融、钟会、支道林、陶侃等一众名人；还有后来成为中国文人精神代表的“竹林七贤”。而《世说新语》写这些人物的方法，统统都是大家写作文的路子：一人，一事，一理。简简单单，却让人手不释卷。

说到竹林七贤，他们可以说一直都是中国文人精神的一个标杆，有自己丰足的精神世界，对现世的功名富贵全不挂怀。他们与蝇营狗苟于现实利益的人保持距离，也与现实的利益、体制保持距离，虽然很孤独，但他们始终清醒。其实，在此后至今一千多年的中国文化坐标上，他们拥有太多能与之呼应的人物和思想，所以拉长时间线去看，他们其实并不孤独。功名富贵，对所有人都是一种诱惑，但这一定不是人生的全部意义。所以，也许竹林七贤看起来与当时的世俗格格不入，但他们所标识出的人格的高度，是中国古代知识分子的精神坐标，值得我们用来度量自己的言行。

我选几段《世说新语》里关于竹林七贤的段落，作为本文的结尾。他们也许看来荒诞不经，但他们所代表的精神和所标识的高度，令我心向往之。

陈留阮籍、谯国嵇康、河内山涛三人年皆相比，康年少亚之。预此契者，沛国刘伶、陈留阮咸、河内向秀、琅邪王戎。七人常集于竹林之下，肆意酣畅，故世谓“竹林七贤”。（《任诞》第二十三）

阮仲容、步兵居道南，诸阮居道北。北阮皆富，南阮贫。七月七日，北阮盛晒衣，皆纱罗锦绮。仲容以竿挂大布犊鼻裈于中庭。人或怪之，答曰：“未能免俗，聊复尔耳！”（《任诞》第二十三）

嵇、阮、山、刘在竹林酣饮，王戎后往。步兵曰：“俗物已复来败人意！”王笑曰：

“卿辈意，亦复可败邪？”（《排调》第二十五）

钟士季精有才理，先不识嵇康。钟要于时贤俊之士，俱往寻康。康方大树下锻，向子期为佐鼓排。康扬槌不辍，傍若无人，移时不交一言。钟起去，康曰：“何所闻而来？何所见而去？”钟曰：“闻所闻而来，见所见而去。”（《简傲》第二十四）

嵇中散临刑东市，神气不变，索琴弹之，奏《广陵散》。曲终，曰：“袁孝尼尝请学此散，吾靳固不与。《广陵散》于今绝矣！”太学生三千上书，请以为师，不许。文王亦寻悔焉。（《雅量》第六）

被讽刺的读书人群像

——吴敬梓《儒林外史》

作者吴敬梓在《儒林外史》中所写的，大体都是读书人的各种不堪，有些人穷得没了一丝一毫的体面，有的人溜须拍马到了没有任何自尊的地步，还有招摇撞骗的、仗势欺人的、势利刻薄的……总而言之，整本《儒林外史》里，就没几个有点人样的读书人，大体都是衣冠禽兽、斯文败类。

人生南北多歧路，将相神仙，也要凡人做。

百代兴亡朝复暮，江风吹倒前朝树。

功名富贵无凭据，费尽心情，总把流光误。

浊酒三杯沉醉去，水流花谢知何处。

这首词写在著名古典小说《儒林外史》的开篇，看似都是大白话，其实透出了浓重的苍凉底色，其中对时代更迭、富贵无凭、光阴荏苒的感慨，真是千年不易的万古长叹。

《儒林外史》虽然不在“四大名著”之列，不过在我看来，它一点也不逊色，是

值得每一个中国“读书人”读一读的书。而其中所展现的，还不只是读书人的圈子和生活，更是整个中国社会的写照。

所谓“儒林”，就是读书人的集合，就像“武林”是习武之人的集合一样。那为什么说是“外史”？是因为在那个年代，正统的读书人都去做官了，历朝历代的高官显贵都是科考成功飞黄腾达的读书人，如果说这是读书人的“正史”，“外史”当然就是在写读书人的另一面了。说得直接一点，作者吴敬梓在《儒林外史》中所写的，大体都是读书人的各种不堪，有些人穷得没了一丝一毫的体面，有的人溜须拍马到了没有任何自尊的地步，还有招摇撞骗的、仗势欺人的、势利刻薄的……总而言之，整本《儒林外史》里，就没几个有点人样的读书人，大体都是衣冠禽兽、斯文败类。

现在我们把“读书人”称作“知识分子”，可读过几天书，上过几天学，懂一点上网都能查到的知识，写两笔不算难看的字，这就算“读书人”了吗？

在我看来，“读书人”或“知识分子”是一个有些神圣的字眼，至少应该是有风骨、有底线、有理性、有良心的。西方思想界认为，知识分子应当是社会的良心，读书人因为掌握知识而势必成为社会发展的中坚力量，客观上就会成为时代的标杆。如果一个社会的知识分子都不能保持理性，我们又如何能指望普通民众可以理性地看待问题？如果一个社会的读书人都没了底线和良心，我们又如何能指望这个社会风清气正？如果对读书人的要求再高一点，他就应该是那个拆穿皇帝的新衣的孩子，应该是一个敢于说真话的人。可现实真的是这样吗？

至少在《儒林外史》里，不是的。

坚持原则和底线多难啊，拿点现实的利益和好处多轻松愉快。维持高标准的人格底线多辛苦啊，放低要求同流合污多简单。人应该怎样才能活得有尊严呢？读书人要怎样才能成为一个真正的读书人？这些大概就是吴敬梓在这本小说里一直试图去追寻和表达的东西。

因为小说里尽是斯文败类，所以我们一般把《儒林外史》看成一本“讽刺小说”。而作者吴敬梓之所以能写出这样一部讽刺作品，当然是有原因的。

据说吴敬梓祖上三代有六名进士，包括一个榜眼和一个探花，可以说他们整个家族都是科举制度的获益者。从小生活在这样的“书香门第”，让吴敬梓也走上了这条科举“正途”，康熙六十一年，他考取了秀才。可就在同一年，吴敬梓的父亲病逝，一下子家道中落了。

但是俗话说，“三年清知府，十万雪花银”，吴敬梓的父亲留下了与他的官职不成比例的财富。这么看来，即便家道中落，吴敬梓一生吃穿用度总也应该是不愁的。可是吴敬梓却因不善经营又挥霍无度，很快就把父亲留给他的这份家业败光了。七年以后，花光了钱的吴敬梓再次应试科举，可当时他已经有了“败家子”的名声，所以被主考官斥责，说他“文章大好人大怪”，根本不适合做官，一句话就把吴敬梓的仕途彻底斩断了。也难怪主考官那么说，一个有脾气不流俗的人是难以在官场生存的，以吴敬梓的性格，只怕即便真入了官场，也会闹到两败俱伤吧。

此后，吴敬梓离开家乡，开始闯荡江湖，自谋出路了。七年后，他来到安徽，安徽巡抚赵国麟推荐他三度应试，可吴敬梓坚决称病请辞，再也不想跟这些衣冠楚楚的儒林中人一起玩了。此时的吴敬梓，即便没有看破红尘，至少也看破了科考和官场的实质。从父亲去世到此时，已过去 14 年，他看到了太多儒林怪现象，也经历了太多世态炎凉。于是，他开始动笔写这本《儒林外史》。

除了“斯文败类”的反面人物，吴敬梓也在《儒林外史》的楔子里刻画了一位正面人物，这个人就是元朝的画家王冕。吴敬梓借《儒林外史》提了一个问题：值得尊重的读书人，应该是什么样的？他用整本小说描画了各种各样不值得尊重的读书人，而在开篇的楔子里，他用王冕的故事，给了读者一个他的回答。

其实，这个问题也是我们每个读书人迟早要回答的：一个值得别人尊重的读书人，应该是什么样子的？

是泥沙俱下，和大家一起稀里糊涂过日子？还是保持清醒，做真正有长远价值的事？读一读《儒林外史》的开篇楔子，你大概就有答案了。

学古文有我就够了

——吴楚材、吴调侯《古文观止》

《古文观止》从成书开始，就不是为了把学生培养成文学家的，而是明确以科举考试为目标，简直可以算是一本“历届高考高分作文选”。

和《唐诗三百首》类似，《古文观止》也是古代的一本“教科书”。

清康熙三十三年，吴姓叔侄二人吴楚才、吴调侯选定十二卷总计222篇古代散文（兼取若干骈文）定名《古文观止》，意思就是，所选俱为佳作，要看古代散文，看到这本书就够了。“观止”，观就是看，止就是停。这叔侄俩是教书匠，开办教学机构，教书需要教材，总括前人经典文章，翻来检去找不到现成教材，干脆自己选编了一本。

自《古文观止》成书以来，学界一直颇有微词，批评的言论不绝于耳。客观来讲，这本书的选编者吴姓叔侄二人在文学史上的地位并不高——学塾老师而已，自古而今都没什么特别的地位，也谈不上多高的学术含金量。可这个选本覆盖面广，所选文本质量很高，从中不难看出选编者的阅读量之大、选编之精心。

从选文的量上来讲，《古文观止》的一大特点就是：全。这本《古文观止》作为教学机构的教材，在选编之初是为应试教育服务的。也就是说，《古文观止》从成书开始，就不是为了把学生培养成文学家的，而是明确以科举考试为目标，简直可以算是一本“历届高考高分作文选”。所以，这 222 篇文章里，后半部分的选文中，确实有一些篇目水平很是一般。其中所选的一些名家作品，也颇有非议。比如书里选了苏东坡参加科考时写的《刑赏忠厚之至论》，按应试作文的标准，可称范文，可要用文学性的标准来衡量，苏东坡写的文章中比这篇好的可多了去了。

但是争议归争议，总体来看，《古文观止》的选文瑕不掩瑜，其中的大部分篇目，都是值得我们熟读背诵的经典篇目。比如第一篇《左传》中的《郑伯克段于鄢》，就有非常典型的“春秋笔法”，值得一说的东西非常多。

此外，《古文观止》的选文篇幅相对都比较短——毕竟是当作教材使用，过长的文本不适合用于课堂。尤其考虑到有应试之需，过长的文章，老师难以讲透，学生难以运用。而短小的文本，随讲随学，随学随用，更容易见成效。

综上来看，选文覆盖面广，文本适合学习，精选篇目又都涵盖其中，这就让《古文观止》成为一本至今都非常适合作为文言文学习材料的教科书。当然，原书的内容量比较大，放到现在，除非是专门的汉语言专业学

子，否则并没有必要篇篇都学。

我建议，有一定的文言字词底子的同学，不妨借助字典自学其中的经典篇目。而剩下的大部分，有兴趣的话，蜻蜓点水略读即可，没有详解的必要。尤其如今网上学习资料如此丰富，自学其中名篇应非难事。

总而言之，这是一本很成功的教材。各位，挤出时间好好读一读吧。

附录：《古文观止》精选篇目

《郑伯克段于鄢》选自《左传·隐公元年》

《曹刿论战》选自《左传·庄公十年》

《宫之奇谏假道》选自《左传·僖公五年》

《介之推不言禄》选自《左传·僖公二十四年》

《烛之武退秦师》选自《左传·僖公三十年》

《子产论政宽猛》选自《左传·昭公二十年》

《郑伯克段于鄢》选自《谷梁传·隐公元年》

《苏秦以连横说秦》选自《战国策·秦策一》

《邹忌讽齐王纳谏》选自《战国策·齐策一》

《冯谖客孟尝君》选自《战国策·齐策四》

《触龙说赵太后》选自《战国策·赵策四》

《唐雎不辱使命》选自《战国策·魏策四》

《谏逐客书》选自《史记·李斯列传》

《项羽本纪赞》选自《史记·项羽本纪》

《孔子世家赞》选自《史记·孔子世家》

《伯夷列传》选自《史记·伯夷列传》

《屈原列传》选自《史记·屈原贾生列传》

《游侠列传序》选自《史记·游侠列传》

《太史公自序》选自《史记·太史公自序》

《报任安书》（西汉·司马迁）选自《汉书·司马迁传》

《过秦论（上）》选自《新书》（西汉·贾谊）

《答苏武书》（西汉·李陵）

《前出师表》（三国·诸葛亮）选自《三国志·蜀书·诸葛亮传》

《陈情表》（西晋·李密）选自《昭明文选》

《兰亭集序》（东晋·王羲之）选自《晋书·王羲之传》

《归去来兮辞》（东晋·陶渊明）选自《陶渊明集》

《桃花源记》（东晋·陶渊明）选自《陶渊明集》

《五柳先生传》（东晋·陶渊明）选自《陶渊明集》

《谏太宗十思疏》（唐·魏徵）选自《魏郑公文集》

《滕王阁序》（唐·王勃）选自《王子安集》

《吊古战场文》（唐·李华）选自《全唐文·卷三二一》

《陋室铭》（唐·刘禹锡）选自《全唐文·卷六零八》

《阿房宫赋》（唐·杜牧）选自《樊川文集》

《原道》（唐·韩愈）选自《韩昌黎集》

《师说》（唐·韩愈）选自《昌黎先生集》

《进学解》（唐·韩愈）选自《昌黎先生集》

《捕蛇者说》（唐·柳宗元）选自《柳河东集》

《种树郭橐驼传》（唐·柳宗元）选自《柳河东集》

《钴鉧潭西小丘记》（唐·柳宗元）选自《柳河东集》

《岳阳楼记》（北宋·范仲淹）选自《范文正公集》

《醉翁亭记》（北宋·欧阳修）选自《欧阳文忠公文集》

《秋声赋》（北宋·欧阳修）

《留侯论》（北宋·苏轼）选自《苏东坡全集》

《贾谊论》（北宋·苏轼）选自《苏东坡全集》

《超然台记》（北宋·苏轼）选自《苏东坡全集》

《石钟山记》（北宋·苏轼）选自《苏东坡全集》

《前赤壁赋》（北宋·苏轼）选自《经进东坡文集事略》

《后赤壁赋》（北宋·苏轼）选自《经进东坡文集事略》

《六国论》（北宋·苏洵）选自《嘉祐集·权书》

《黄州快哉亭记》（北宋·苏辙）选自《栾城集》

《读孟尝君传》（北宋·王安石）选自《临川集》

《游褒禅山记》（北宋·王安石）选自《临川集》

《卖柑者言》（元明·刘基）选自《诚意伯文集》

《沧浪亭记》（明·归有光）选自《震川集》

《徐文长传》（明·袁宏道）选自《袁中郎全集·卷四》

《五人墓碑记》（明·张溥）选自《七录斋集》

人生三境界

——王国维《人间词话》

奋斗而难成功，寻觅而不可得，迈向成功的路上，没有红毯，没有鲜花。那成功在哪里呢？王先生说，成就大事业、大学问的人，这份成功在“蓦然回首”的“灯火阑珊处”。

古今之成大事业、大学问者，必经过三种之境界：

昨夜西风凋碧树，独上高楼，望尽天涯路。此第一境也。

衣带渐宽终不悔，为伊消得人憔悴。此第二境也。

众里寻他千百度，蓦然回首，那人却在灯火阑珊处。此第三境也。

这四句话，说的文学，又不只是文学。它是在用文学说人生，从宋人词句里品味人生况味，用文学揭示了人生的真相。这四句话选自著名学者王国维的扛鼎之作《人间词话》。人间词话，是在人间“话”词，更是在词里“话”人生。

王国维，1877 年出生，1927 年在颐和园昆明湖投湖自尽，终年 50 岁。作为一个近现代的传统学者，王国维享有很高的学术地位。我知道这本《人间词话》，正是从开篇引用的这段话开始的，依稀记得是我的语文老师在讲宋词时提到的，真如拨云见日一般，让即将揭开青春帷幕的我认识了人生的冰山一角，有了一种近乎恍然大悟的体验。我一直知道，文学是写人生的，可读到这段话，才知道文学可以用这样的方式阐释和概括人生。后来，当我在青春期乃至踏上社会之后，遇到种种困难、困扰、挫折的时候，便会时不时地想到这段话，有时是启发，有时是感触，有时一声长叹，有时满心振奋。让我感叹于前朝文人的通透畅达，也感叹于文学的神奇魔力。

《人间词话》是一本文学批评集。这里所谓的“批评”和我们平时听到的批评不是一回事，它是一个中性词，可以理解成“批注和点评”。王国维先生以他深厚的学养、丰富的阅历、广博的阅读，还有详细的研究与缜密的思考，把人生的感悟融入对文学作品的解读中，成就了这样一部经典的词话。

王国维是浙江海宁人，虽非徐、陈、查这样的大姓，却也是书香门第。他的父亲做官，因此他从小就接受了传统的私塾教育，沿着“四书五经”、儒家经典的路径读下来。此后在十几岁时接触了西方哲学、政治方面的思想，以传统国学的根底，遍读西方哲学名著。用“学贯中西”四个字来评价王国维的治学之路，并不为过。王国维也和那个年代救亡图存的年轻学子一样，以满腔热忱为中国谋未来。他曾留学日本，读的竟是物理，辛亥革命爆发时，还带家人到日本侨居四年避乱。可和大部分留学生不同，王国维并不认为走西方道路是救中国的不

二法门，回国后他反倒在已成明日黄花的溥仪手下做“南书房行走”，成了清朝遗老。

为什么一个接受西方新学的知识分子，会固守传统帝制？这大约也是王国维思想复杂性的体现。在溥仪被冯玉祥赶出故宫后，王国维就险些以死明志。此后他仍以学问为人生要务，读书写作，考据学问。但皇权没落对王国维来说，思想上的冲击太大了。

1927 年 6 月 2 日，王国维早起完成洗漱后，到饭厅吃早餐，餐后到书房小坐片刻，之后他抵达位于清华大学的办公室，完成工作后，雇车来到颐和园，抽完一根烟，跃身自沉于昆明湖中。死后，旁人在他内衣口袋里发现一份遗书。短短数言，让后人唏嘘不已：

五十之年，只欠一死。经此事变，义无再辱。

王国维先生在这本书里提出了一个文学批评的理论框架，一种分析的方式，就是“境界说”。他认为，评价一首词好坏的标准，不是看它是否辞藻华丽、内容丰富，而是看它能否营造出一种境界。

古今之成大事业、大学问者，必经过三种之境界。

在王先生看来，成就大事业和大学问都是一种成功，是值得追求的人生目标。而要达成目标，必有三种境界。

昨夜西风凋碧树，独上高楼，望尽天涯路。此第一境也。

这句词，选自北宋晏殊的《蝶恋花》：

槛菊愁烟兰泣露，罗幕轻寒，燕子双飞去。

明月不谙离恨苦，斜光到晓穿朱户。

昨夜西风凋碧树，独上高楼，望尽天涯路。

欲寄彩笺兼尺素，山长水阔知何处？

风吹叶落，一派凋敝，心事重重之下，独上高楼，回头望去，漫漫天涯路尽在眼底。这是一种在迷茫中感到人生孤独的境界，眼看繁华落幕，望断来时路，来路已绝，前途何在？这是人生无路可走的迷茫和孤独——不是穷途末路，是站在人生的十字路口，路在眼前，却不知通向何方，不知如何下足。所以第一重境界，就是迷茫。

待到选择了一条路走下去，便是度过了这种境界，来到王先生所说的第二层：

衣带渐宽终不悔，为伊消得人憔悴。此第二境也。

语出北宋词人柳永，词牌也是《蝶恋花》：

伫倚危楼风细细，望极春愁，黯黯生天际。

草色烟光残照里，无言谁会凭阑意。

拟把疏狂图一醉，对酒当歌，强乐还无味。

衣带渐宽终不悔，为伊消得人憔悴。

衣带的长度是不变的，若是衣带愈来愈紧，那就是该减肥了，所以衣带渐宽，是暗指人日渐消瘦。消瘦而“终不悔”，原来是“为伊消得人憔悴”。这个“伊”，是谁呢？

按词里所写，或是一位二八佳人？若只如此解，实在是看低了柳永。王先生所说的第二境界，是一个人认准了奋斗的目标，走在前行的路上，路漫漫其修远兮，上下求索而不惜日渐消瘦。追求目标的道路从来不是坦途，困难和挫折尽是题中应有之义，憔悴是必然的。但只要目标值得追求，便理当不忘初心，奋勇向前，尽己所能，方得始终。

哪一个成就事业与学问的成功者，没有经历过艰苦卓绝的奋斗呢？随随便便就能获得的所谓成功，能有多大价值呢？所以第二重境界就是奋斗。

由此，第三重境界就该是成功了吧？我们以为的成功，往往是舞台中央的鲜花和掌声，是人生的巅峰体验。王先生却说：

众里寻他千百度，蓦然回首，那人却在灯火阑珊处。此第三境也。

语出南宋词人辛弃疾，《青玉案·元夕》：

东风夜放花千树，更吹落、星如雨。

宝马雕车香满路。凤箫声动，玉壶光转，一夜鱼龙舞。

蛾儿雪柳黄金缕。笑语盈盈暗香去。

众里寻他千百度。

蓦然回首，那人却在，灯火阑珊处。

奋斗而难成功，寻觅而不可得，迈向成功的路上，没有红毯，没有鲜花。那成功在哪里呢？王先生说，成就大事业、大学问的人，这份成功在“蓦然回首”的“灯火阑珊处”。“灯火阑珊”是幽暗中无人问津的角落，“蓦然回首”是前途迷茫中的幡然回顾。人最后的成功，竟然不在孜孜寻觅的前方，而在蓦然回首的阑珊处？我曾以为自己懂了，再想一想，大概还是没懂。

第一重境界是迷茫，第二重境界是奋斗，这第三重境界该如何概括呢？是恍然大悟？是回归本心？是无心插柳？是机缘还是运气？

不论你是否能成就大事业、大学问，人生的路上一定会有迷茫，想走好这段人生的路，你也必须要奋斗。至于有没有达成第三重境界的机缘，除了你自己，谁也给不了你答案。可唯一确定的是，如果没有迷茫和奋斗，你自己也一定给不了自己答案。而我所做的大概只是种下一颗种子，等待开花结果的那一天。我期待着你长大、迷茫、奋斗……直到你能给自己答案的那一天。

对历史负责

——司马迁《史记》

讲历史，不能只讲跌宕起伏的故事，更要讲历史故事背后的道理。历史对于我们更重要的意义，也许是在于那些前人走过的路给我们留下的经验、教训和其中的道理。毕竟，人世间道理最大。

中国古代图书分四个部类，分别是经、史、子、集。排第一的“经书”，都是儒家经典，是古代科举的教科书。而排第二的“史书”，其重要性仅次于教科书，排在其他所有书目之上。史书中最重要的有四本，称为“前四史”，分别是《史记》《汉书》《后汉书》和《三国志》。《史记》就是在前四史中排第一的史学巨著。

《史记》是汉朝著名史官司马迁所写的一部时间跨度超过三千多年的历史书。刚成书的时候，它其实是没有名字的，但因为司马迁在每篇结束时都会写一段“太史公曰”，发表自己的看法，所以这本书在很长一段时间内被称为《太史公书》。

对于史书，我的观点一直都是：讲历史，不能只讲跌宕起伏的故事，更要讲历史故事背后的道理。历史对于我们更重要的意义，也许是在于那些前人走过的路给我们留下的经验、教训和其中的道理。毕竟，人世间道理最大。

中国的历史书有多种写法。比如，编年体就是按年份逐一记载，孔子编定的《春秋》，司马光撰写的《资治通鉴》都属此类；国别体是按不同国家区域划分来写，《国语》《战国策》均属此类。而《史记》则开创了“纪传体”的写法，简单说，就是不严格按年份交代历史事由，而是将在历史中有影响的人物梳理出来，通过给不同人物作传的方法，呈现这些人物所处的社会环境和历史风貌。

自太史公开纪传体之先河以来，用人物串联历史，借由人物去认识历史，也成为一种被广泛接受的方式，此后的一众史书均有专门的人物纪传，如《汉书》《后汉书》等，甚至连《水浒传》的写法，也与《史记》一脉相承。

《史记》全书分为五个部分，分别是十二本纪、三十世家、七十列传、十表和八书。五个部分分别对应不同的内容。

第一部分“本纪”，是纵向看构成整本书的提纲，以王朝更迭为主线，为帝王作传。上至三皇五帝，下到司马迁所处的武帝刘彻。

书中第二、第三部分是“表”“书”，表就是以表格形式列明世系关系，简述人物史实；书则记述了制度变迁、礼乐文化、社会经济、河渠地理。一般读《史记》，除了比较专业的研究者外，较少涉及十表、八书。

第四部分是“世家”，记述的是子孙世袭的诸侯王孙。

第五部分是“列传”，可以看作《史记》全书的横向铺展，将各个有时代影响力的代表人物逐一展开，故事跌宕起伏，扣人心弦。七十列传，可说是《史记》的精华所在。

不过，太史公也有打破这个体例的时候。最典型的要数两个历史人物。

其一是项羽。项羽所得最高名位为“西楚霸王”，一生没有称帝。照理是不能列入专写帝王生平政绩的“本纪”之中的，但太史公对项羽别有厚爱，项羽以功败身死而入本纪，不仅是项羽的荣幸，更是太史公历史价值观的体现——不以成败论英雄。

其二是孔子。孔子出身低微，后虽在鲁国为官，却从不曾位列公卿。照理应该写入列传，但太史公以过人的历史眼光，看出孔子对国人思想的重大影响，将这个“惶惶如丧家之犬”的孔子故事写入《孔子世家》，和项羽的“破格提拔”一样，成为中国历史写作中的骄傲。

至于七十列传，太史公一支笔，真是惊天地泣鬼神，从先秦到西汉，从诸子百家到文臣武将，社会、政治、经济、文化……天下之大，太史公无有不写。这样一部皇皇巨著，当得起鲁迅先生那句经典的评语：“史家之绝唱，无韵之离骚。”

司马迁最后未得善终。关于他的死，历史上没有准确的记载。以太史公这般敢言敢写，得罪汉武帝是必然的。都说篡改历史的习惯是从唐太宗李世民开始的，其实汉武帝也难辞其咎。《史记·孝武本纪》一篇就被汉武帝删改，替换了八书之一《封禅书》的内容。以武帝泰山封禅作为他的本纪，不过是想为自己歌功颂德而已。此后，司马迁又因李陵案受腐刑之辱，卒年成谜。直至司马迁的外孙成人后读到《史记》，终于在汉宣帝时，使这本中国历史上最伟大的史书重见天日。

下面这段文字选自司马迁的《报任安书》，是我从少年时起就读过无数遍的文章，也在我人生困顿中，不止一次给过我勇气和力量。时至今日读

来，仍如雷贯耳，心潮激荡：

古者富贵而名摩灭，不可胜记，唯倜傥非常之人称焉。盖文王拘而演《周易》；仲尼厄而作《春秋》；屈原放逐，乃赋《离骚》；左丘失明，厥有《国语》；孙子膑脚，《兵法》修列；不韦迁蜀，世传《吕览》；韩非囚秦，《说难》《孤愤》；《诗》三百篇，大底圣贤发愤之所为作也。此人皆意有所郁结，不得通其道，故述往事、思来者。乃如左丘无目，孙子断足，终不可用，退而论书策，以舒其愤，思垂空文以自见。

仆窃不逊，近自托于无能之辞，网罗天下放失旧闻，略考其行事，综其终始，稽其成败兴坏之纪，上计轩辕，下至于兹，为十表，本纪十二，书八章，世家三十，列传七十，凡百三十篇。亦欲以究天人之际，通古今之变，成一家之言。草创未就，会遭此祸，惜其不成，是以就极刑而无愠色。仆诚以著此书，藏之名山，传之其人，通邑大都，则仆偿前辱之责，虽万被戮，岂有悔哉！然此可为智者道，难为俗人言也！

为什么我们要读历史？

因为天大地大，道理最大，天皇老子也得讲理，而历史里面有道理。

那真遇到不讲理的呢？

不怕。因为历史自有公论。

人 间 悲 喜

可以被毁灭，不能被打败

——海明威《老人与海》

一个人有多大能耐？能忍受多少磨难？这个老头想得很简单，他不过是要证明自己是一个可以忍受磨难、可以捕到大鱼的老人。

有些文学作品，情节扣人心弦，文字优美动人，这当然很好。不过我最喜欢的还是那些能给我带来无穷力量的作品。那样的作品也许没有多复杂的情节，也没有多优美的文字，但是它有一股强大的精神力量，取之不尽用之不竭的精神力量。这种力量会穿透文字，直抵内心，成为让你永不停步的源泉。

他是个独自在湾流中一条小船上打鱼的老人，现已出海 84 天，一条鱼也没捉到。头 40 天，有个男孩跟他在一起。可是，过了 40 天还没钓到一条鱼……

老人消瘦而憔悴，脖颈上有些很深的皱纹，腮帮上有些褐斑，那是太阳在热带海面上反射的光线所引起的良性皮肤瘤。褐斑顺着两腮蔓延下去，他的双手常用绳索拉大鱼，留下了刻得很深的伤疤。但是这些伤疤中没有一块是新的，它们像无鱼可打的沙漠中被侵蚀的地方一般古老，他身上的一切都显得古老。除了那双眼睛，它们像海水一样蓝，是愉快而不肯认输的。

选文来自美国作家海明威的《老人与海》。这部作品获得了两个世界级的文学大奖，1953年的美国普利策奖和1954年的诺贝尔文学奖。我推荐这部作品不只是因为它的奖项，而是因为，透过这部不长的小说，你会和曾经的我一样，收获一种绵长的、不肯认输的精神力量。

你看，这个一无所获的老人，又出发了：

老人在黑暗中感觉到早晨在来临，他划着划着，听见飞鱼出水时的颤抖声，还有它们在黑暗中凌空而去时直挺挺的胸鳍所发出的嘶嘶声。

他从容地划着，对他说来并不吃力，因为他保持在自己的最高速度以内，而且除了偶尔水流打个旋儿以外，海面是平坦无浪的。他正让海流替他做三分之一的活儿，这时天渐渐亮了，他发现自己已经划到比预期此刻能达到的更远的地方了。

不等天色大亮，他就放出了鱼饵，让船随着海流漂移。

终于，他等到了一条大鱼：

离天亮还有点时候，有什么东西咬住了他背后的一个鱼饵。他听见钓竿啪地折断了，于是那根钓索越过船舷朝外直溜。他摸黑拔出鞘中的刀子，用左肩承担着大鱼所有的拉力，身子朝后靠，就着木头的船舷，把那根钓索割断了。然后把另一根离他最近的钓索也割断了，摸黑把这两个没有放出去的钓索卷儿的断头系在一起。他用一只手熟练地干着，在牢牢地打结时，一只脚踩住了钓索卷儿，免得移动。他现在有六卷备用钓索了。他刚才割断的那两根有鱼饵的钓索各有两卷备用钓索，加上被大鱼咬住鱼饵的那根上的两卷，它们全都接在一起了。

“鱼啊，”他轻轻地说出声来，“我跟你奉陪到死。”依我看，它也要跟我奉陪到死的，老人想，他等待着天明。眼下正当破晓前的时分，天气很冷，他把身子紧贴着木船舷来取暖。它能熬多久，我也能熬多久，他想。天色微明中，钓索伸展着，朝下通到水中。小船平稳地移动着，初升的太阳一露边儿，阳光直射在老人的右肩上。

老人已经受伤了。但这是一个顽强的、坚如磐石的老头，他不会放弃的。与其说老人的对手是这条不肯轻易就范的鱼，还不如说老人的对手是他自己，是他心里那股永远不肯服输的劲头。就算付出再惨痛的代价，受再多的伤，也要把鱼抓回来，哪怕最后发现一文不值，内心却笃定：别想跑，你照样是我的。

成功重要吗？那得看怎么定义成功。

如果成功只是旁人艳羡的眼神，是聚光灯下的鲜花和掌声或者一瞬间的满足，那么成功一点都不重要；而如果成功是自己的收获和成长，是不惜付出而终将自证价值的努力，是人之为人的尊严的证明，那么成功太重要了。

什么是尊严？成功才有尊严吗？不，真正的尊严在失败里。失败却不低头的人，以奋斗为生的人，才配得上“尊严”二字。

他用右手小心地摸摸钓索，发现手上正在淌血。

“这么说这鱼给什么东西弄伤了，”他说出声来，把钓索往回拉，看能不能叫鱼转回来。但是拉到快绷断的当儿，他就握稳了钓索，身子朝后倒，来抵消钓索上的那股拉力。

“你现在觉得痛了吧，鱼，”他说，“老实说，我也是如此啊。”

他把那只抽筋的手在裤子上擦擦，想使手指松动松动。可是手张不开。也许随着太阳出来它能张开，他想。也许等那些养人的生金枪鱼肉消化后，它能张开。如果我非靠这只手不可，我要不惜任何代价把它张开。但是我眼下不愿硬把它张开。让它自行张开，自动恢复过来吧。我毕竟在昨夜把它使用得过度了，那时候不得不把各条钓索解开，系在一起。

他眺望着海面，发觉他此刻是多么孤单。但是他可以看见漆黑的海水深处的七色彩虹、面前伸展着的钓索和那平静的海面上的微妙的波动。由于贸易风的吹刮，这时云块正在积聚起来，他朝前望去，见到一群野鸭在水面上飞，在天空的衬托下，身影刻画得很清楚，然后模糊起来，然后又清楚地刻画出来，于是他发觉，一个人在海上是永远不会感到孤单的。

我听过一首歌，歌名叫*Like A Rock*。我抄一段歌词在这里。希望这首打动过我的歌，也可以打动你：

I was eighteen（那年我十八）

Didn't have a care（生活总是无忧无虑）

Working for peanuts（为生活打拼）

Not a dime to spare（兜里总是空空如也）

But I was lean and（瘦小的身材）

Solid everywhere（却有着无穷的能量）

Like a rock（坚如磐石）

My hands were steady（我的双手曾如此坚定）

My eyes were clear and bright（我的双眼曾如此清澈）

My walk had purpose（我的目标曾如此明确）

My steps were quick and light（我的步伐曾如此矫健）

And I held firmly（只要认为是对的）

To what I felt was right（我就决不会妥协）

Like a rock（坚如磐石）

And I stood arrow straight（我总是挺直了腰杆）

Unencumbered by the weight（无论有多重的负担）

Of all these hustlers and their schemes（无论有多少的艰险）

I stood proud, I stood tall（我骄傲地站着，我笔直地站着）

High above it all（感觉世界之巅就是我）

I still believed in my dreams（永远坚持自己的梦想）

一个人有多大能耐？能忍受多少磨难？这个老头想得很简单，他不过是要证明自己是一个可以忍受磨难，可以捕到大鱼的老人。

一个理性的人会问：证明了自己又怎么样？你证明给谁看呢？精致的利己主义者们不会理解，因为“证明自己”这件事既不能给你带来财富，又不会给你带来名誉。但他们不懂的是，一个有尊严的人，一个拼尽全力去证明自己的人，要的不是财富和名誉，而只是尊严。至于结果和代价，对他并不重要。

老人会成功吗？

你得自己去读书，读到最后，你应该问问自己，到底什么才是成功？

送你一句话：

A man can be destroyed, but not defeated.

一个人，可以被摧毁，但不能被打败。

什么是成功？你追求怎样的成功？

这些问题，你得自己给自己答案。

祝你成功。

若创造，你将得到整个王国

——罗曼·罗兰《约翰·克里斯朵夫》

生命最大的价值，绝不是安逸地享乐，而是用自己的生命力去自由地抒发和创造。约翰·克里斯朵夫过的就是自由抒发和创造的一生。也许他的作品不被世人理解，也许他时常被嘲弄，也经常犯下这样那样的错误，但是这有什么关系！只要你不停歇地创造，终有一天将拥有你自己的王国。

大概是在2005年前后，我每周都要去两次位于上海衡山路上新华社上海分社背后的庆余别墅，为寓居其中的王元化先生读书。

真的是“读”书。一字一句，有感情地朗读。王老从小在清华园长大，学问人品都是第一流的。年轻时参加革命，后来官至上海市委宣传部部长，峥嵘岁月、官场生涯，王老最珍惜的却是学者身份。老来目力不济，经《财新》杂志（当时还叫《财经》）主编胡舒立女士安排，从复旦大学新闻学院找大学生去为王老朗读他想读的书。

那段岁月，于我是一笔巨大的财富。人年轻的时候得遇名师提点，是毕生荣幸。最早知道王老，是余秋雨在一篇文章中提及的，王老和爱人张可先生都是学界泰斗，

我记得少年时读到王老的文章，便已心向往之。大学课堂里未见得学到多少东西，在王老寓所，真是日日都有长进。

长进来自和王老的交流，也来自所读的书。一开始读论文，印象中读得最多的是汉学家史华慈的文章。王老边听边讲，时有妙语。我边读边学，偶尔插两句话，虽常贻笑大方，倒也其乐融融。后来有一天，我见王老枕边放着一本《约翰·克里斯朵夫》，他说，这本书他年轻时就很喜欢，现在还想再听到。于是我便读起来。

对于这本书我是不陌生的，初读是在六年级（预备班）暑假，人民文学出版社的版本，我还做了密密麻麻的笔记。大学里旁听中文系的课，时任复旦中文系主任的陈思和教授说，他从小喜欢这本书，少年时曾读得泪流满面。

真要说起来，这本《约翰·克里斯朵夫》在文学界的声誉虽高，但仅就文学性而论，评价并不是顶尖的。虽然作者罗曼·罗兰因这本书而享誉世界，还得了诺贝尔文学奖，但不可否认，大段旁白式的叙述和议论是属于 19 世纪的古典写法，用现在的眼光看，的确是有些“过时”了。可若换个角度，把它当成一本传记、一个人的成长历程去读，这真的是一本能让人泪流满面的“励志书”。我为王老读书的那几年，也是王老人生的最后几年。2007 年暑假，张可先生在华东医院病逝，对王老打击很大，次年五月，就在汶川地震的前几天，王老驾鹤西归。那天凌晨我接到电话，在赶往瑞金医院途中，脑中闪过一念：王老床头那本《约翰·克里斯朵夫》，还没有读完哪！

罗曼·罗兰写这本书的灵感，据说是源自德国音乐家贝多芬。罗曼·罗兰写过很多著名人物的传记，贝多芬波澜壮阔的一生，尤其耳聋之后还写出震撼人心的传世作品，一定是深深地感染了他的。在主人公约翰·克里斯朵夫的身上，也许找不到和贝多芬一模一样的人生经历，却能清晰地感受到一个同样绝不屈从于命运，却要奋起扼住命运咽喉的倔强的灵魂。

一颗永不屈服、追求自由、为艺术献身的高贵的灵魂——这就是我对主人公约翰·克里斯朵夫的理解。说来轻巧，可真要做到，是要付出极大代价的。不妥协，不功利，不放任自流，不蝇营狗苟于现实的好处，与环境抗争，与信仰抗争，与失败抗争，与自己抗争，与沉沦堕落的天性抗争，将一个人渺小而蓬勃的生命力发展到极致，不顾一切地去创造，去勃发，勇敢地去爱，去生活。

这大概就是让陈思和泪流满面的地方吧——至少，这个如夸父般的形象，不止一次在我消沉的时候，给过我力量：

摆脱了！……摆脱了别人，摆脱了自己！……一年以来把他束缚着的情欲之网突然破裂了。怎么破裂的呢？他完全不知道。他的生命奋发之下，所有的锁链都松解了。这是发育时期的许多剧变之一；昨天已死的躯壳和令人窒息的往昔的灵魂，在发育时期都被强毅的

天性撕得粉碎。

克里斯朵夫非常畅快地呼吸着……他看看周围，想想自己：一点束缚也没有了。他是孤独的……孤独的！多快乐啊，独立不羁，完全自主！多快乐：摆脱了他的束缚，摆脱了往事的纠缠，摆脱了所爱所憎的面目的骚扰！多快乐：生活而不为生活俘虏，做着自己的主人！……

克里斯朵夫受着光明照耀的时候，一阵电流在身上流过，使他发抖了。那好像在黑夜茫茫的大海中突然出现了陆地。也好像在人堆里忽然遇到一双深沉的眼睛瞪了他一下。这种情形，往往是在几小时的胡思乱想，意气消沉之后发生的，尤其在想着别的事，或是谈话或是散步的时候。倘若在街上，他还因为顾虑而不敢高声表示他的快乐。在家里可什么都拦不住他了。他手舞足蹈，直着嗓子哼一支欢呼胜利的调子。母亲听惯了这种音乐，结果也明白了它的意义。她和克里斯朵夫说，他活像一只才下了蛋的母鸡。

我曾写过这样一段话：

若祈求，你将被给予。

若要求，你将得到。

若创造，你将拥有整个王国。

生命最大的价值，绝不是安逸地享乐，而是用自己的生命力去自由地抒发和创造。约翰·克里斯朵夫过的就是自由抒发和创造的一生。也许他的作品不被世人理解，也许他时常被嘲弄，也经常犯下这样那样的错误，但是这有什么关系！只要你不停歇地创造，终有一天将拥有你自己的王国。哪怕最后天崩地裂，一切都被摧毁，可创造的过程已经不容置疑地属于了你、塑造了你，你的生命因这创造而有了意义。成果并不重要，创造的过程，生命勃发、激情澎湃的过程，就是一个人生命的全部意义。

生命注定是来受苦的，但只要不在苦难中沉沦，用你全部的生命去创造，你就必将战胜苦难。所以罗曼·罗兰在整本书的扉页上写下了这样的献词：

献给各国的受苦、奋斗，而必战胜的自由灵魂。

怎样的人生才算是真正地活着？这是我们每个人终其一生要回答的问题。不用说出来，你一生的作为和成就，就是你的答卷。

最后，我把《约翰·克里斯朵夫》篇末的一段话完整地摘录给大家。在我临近高考，面对昏天黑地的习题和试卷的时候，在我迷茫于人生的十字路口彷徨无措的时候，在我沉入失望的深渊对未来将要失去希望的时候，在我贪婪于安逸的享乐眼看要失去前行动力的时候，我曾无数次地读过这段文字：

圣者克里斯朵夫渡过了河。他在逆流中走了整整的一夜。现在他结实的身体像一块岩石一般矗立在水面上，左肩上扛着一个娇弱而沉重的孩子。圣者克里斯朵夫倚在一株拔起的松树上；松树屈曲了，他的脊骨也屈曲了，那些看着他出发的人都说他渡不过的，他们长时间地嘲弄他，笑他。随后，黑夜来了，他们厌倦了。

此刻克里斯朵夫已经走得那么远，再也听不见留在岸上的人的叫喊了。在激流澎湃中，他只听见孩子的平静的声音——他用小手抓着巨人额上的一绺头发，嘴里老喊着："走吧！"他便走着，伛着背，眼睛向着前面，老望着黑洞洞的对岸，峭壁慢慢地显出白色来了。

早祷的钟声突然响了，无数的钟声一下子都惊醒了。天又黎明！黑沉沉的危崖后面，看不见的太阳在金色的天空升起，快要倒下来的克里斯朵夫终于到了彼岸。于是他对孩子说：

"咱们到了！唉，你多重啊！孩子，你究竟是谁呢？"

孩子回答说：

"我是即将来到的日子。"

祝福你。但不祝你心想事成——这世上哪有心想事成这么便宜的事！

祝你有胆量迎向苦难，不论胜败。

祝你有勇气以蓬勃的热忱，迎接即将到来的日子。

不看不听过半年，你能做到吗？

——海伦·凯勒《假如给我三天光明》

你能想象一个人终其一生都在黑暗和寂静中度过吗？别说终其一生，试着用耳塞堵住耳朵，用眼罩遮住眼睛，就这样过一天——哪怕只过半天，你就会感谢上苍，没有让这等不幸降临到你头上。一个终其一生都只能面对黑暗和寂静的人，将怎样生活？海伦·凯勒给了我们答案。

美国作家海伦·凯勒的这本《假如给我三天光明》应该是一本大家比较熟悉的作品。中小学的推荐书单里，这本书是常客，语文课本中也节选过一些段落。可能是因为太耳熟能详，对这个标题我们早已习以为常。的确，对我们这些视力和听力都正常的普通人来说，“给我三天光明”实在不是什么惊天动地的事。可对一个听力和视力都几乎完全丧失的人而言，“给我三天光明”的假设是何等痛彻心扉、震撼心灵的感受！

世上多少事，拥有的时候，我们不知道珍惜，直到失去，才追悔莫及。

你能想象一个人终其一生都将在黑暗和寂静中度过吗？别说终其一生，试着用耳塞堵住耳朵，用眼罩遮住眼睛，就这样过一天——哪怕只过半天，你就会感谢上苍，没有让这等不幸降临到你头上。一个终其一生都只能面对黑暗和寂静的人，将怎样生活？海伦·凯勒给了我们答案。

海伦·凯勒于1880年出生在美国亚拉巴马州北部的一个小镇，在她一岁半的时候，突然得了一种急性脑充血的疾病，持续高烧不退，进而陷入昏迷。等到她苏醒过来时，家人无比高兴，因为莫名其妙的高烧莫名其妙地退了。可没想到，这场高烧已经烧瞎了她的眼睛，烧聋了她的耳朵。

春光里百鸟争鸣，歌声欢悦，夏天里到处是果子和蔷薇花，待到草黄叶红已是深秋来临。三个美好的季节匆匆而过，在一个活蹦乱跳、牙牙学语的孩子身上留下了一生难忘的美好记忆。

好景不长，第二年阴冷的二月来临时，我病了。这场病让我变得看不见东西听不着声音，生生将我扔进一个漆黑寂静的可怕世界里。我就像刚出生的婴儿般无知。人们说我得了急性脑充血，连医生都说我活不成了。然而一天清晨我突然退了烧。这高烧来得迅速，退得也很奇特。一家人感天谢地，欣喜不已。但是当时谁都没有料到，我从此再也看不见、听不到周围世界的一切，就连医生也未承想到会是这个样子。

至今我仍能够依稀记得那场病，尤其是母亲在我高烧不退、昏沉沉痛苦难耐的时候，温柔地抚慰我，让我勇敢地度过了那段恐惧的时光。我还记得在高烧退后，眼睛因为干枯炽热、疼痛怕光，必须避开自己以前所喜爱的阳光，我面向着墙壁，或让自己在墙角蜷伏着。后来视力一天不如一天，对阳光的感觉也渐渐地模糊不清了。

有一天，当我睁开眼睛，发现自己竟然什么也看不见，眼前一片黑暗。我像被噩梦吓倒一样，全身惊恐，悲伤极了，那种感觉让我今生永远难以忘怀。

一岁半的孩子，正要开始牙牙学语，可突然她的世界变得寂静无声，变得暗无天日。因为听不到，她无法学习说话，哪怕声带发育正常，也无法吐出只言片语。因为看不到，她的世界陷入了沉寂的黑夜。一夜之间，海伦·凯勒成了残疾人。

如果一个残疾人生活在高科技的当代，也许他的病还有治愈的机会，或者能通过一些科技手段弥补先天的不足。可那是140年前的19世纪，在这片没有希望的黑暗和寂静中，一个残疾人只能无望地叹息命运的不公。可正是这样一个残疾的海伦·凯勒，却绝不肯向命运低头。她以常人无法想象的卓绝的努力，成了一位作家，一辈子写了 14 部小说。

大体上说，我们认识一样东西是很简单的，比如“水”，用眼睛看水的颜色和流动，用耳朵听水的声音，然后认识“水”字，听到“水”字的读音，几次重复之后，我们就认识了水，掌握了“水”字。这一切都是那么顺理成章、理所当然。

可对于一岁半就失明且失聪的海伦·凯勒来说，她既看不到水的形状和颜色，也听不到水流的声响，她只能触摸到冰凉的液体，却听不到“水（water）”字的发音，也看不到“水（water）”字的拼写。她学习的唯一途径，只有触摸。

而她也是幸运的。虽然失去了视觉、听觉和语言，但她至少有一位了不起的老师——她的家庭教师安妮·莎莉文小姐。书中用了大量篇幅写这位像母亲般温柔耐心的莎莉文小姐：

我一生中至为重要的一天就是我的老师安妮·曼斯菲尔德·莎莉文来到我身边的这一天。那天我刚好六岁零九个月，我记得特别清楚，是1887年3月3日。她的到来给我带来了与以前截然不同的生活，前后对比一番，我感慨不已。

第二天早上，我就来到了莎莉文老师的房间。她拿出一个娃娃送给我。后来她告诉我，那是柏金斯盲人学校的朋友们集体赠送给我的，已经年老的劳拉布里奇曼还亲手为娃娃缝制了衣服。我抱着娃娃玩了一会儿，莎莉文老师把我的手掌摊开，在上面缓慢地拼写出“doll”（洋娃娃）这个词。我把这种手指拼写当作一种妙趣横生的游戏，兴致盎然地模仿着在她手上画。最后，当老师确定我的拼写准确无误时，我感觉无比自豪，兴奋得涨红了脸。我飞快地跑下楼，摊开母亲的手掌，把这个词拼写给她看。

井房，房顶上金银花盛开，一阵阵芬芳扑鼻而来。有人正在提水。莎莉文老师引导着把我的一只手放在水龙头下，一股清凉的水倾泻在我的手上。她在我的另一只手上拼写“water（水）”，一开始书写缓慢，后来写得快了一些。我一动不动地站着，全神贯注于她手指的动作。就在那一刹那，灵感袭遍了我的全身，我记起了忘却已久的事情。一股神奇的感觉激荡着我的大脑，似乎掌握了通向语言宫殿的钥匙。我彻底区分开了“杯”和“水”两个单词，水就是在我手上流过的这种清凉而奇妙的东西。

水开启了我的心灵之门，可以说它赐予了我光明、快乐、希望和自由。当然，以后生活的路上仍然会有许多阻碍，但最终一定能被克服。

因为没有听觉，海伦·凯勒无法通过模仿来学习。那要怎么学说话呢？她伸手去摸说话的莎莉文小姐的脸颊和喉结，莎莉文小姐一遍一遍地讲，海伦就一遍一遍地感受每一个字母、每一个单词在发音的时候，嘴巴、舌头、脸颊、喉结是如何配合着运动的。就这样凭借着超人的毅力，她一个字一个字地、艰难地学了下来。

这还只是学说话，摆在海伦·凯勒面前的还有更难的事：阅读。难以想象她是如何用九个小时读完一本20万字的书的，因为她只能全凭手指去触摸凸起的盲文。她以超人的记忆力、耐心和坚韧，做到了一件正常人难以想象的事。

海伦有一套自己的学习方法。就像我在很多演讲和课程中提到的，最好的学习方法一定是你自己在长期的学习中积累和总结出来的。海伦的独特学习方法分四步：

第一步，每天花三个小时自学，自己“看”三个小时的盲文书。

第二步，用两个小时来默记所学的知识。没错，三小时的阅读，用两个小时在脑海中“背”出来，记住它。

第三步，再用一个小时，把刚才花两小时记住的知识，默写下要点。

第四步，用剩下的时间，把所有已经学过的、记住的知识，用自己的语言加以组织、消化，进行写作练习。

海伦·凯勒之所以能成为一个作家，是因为她的写作能力就是这样硬生生练出来的。一直到1967年逝世，海伦·凯勒活了87岁。这八十多年里，她以坚韧的精神感染了无数美国人，这也是为什么几乎全世界的老师都会给自己的学生推荐《假如给我三天光明》，它出版的时候，让全世界为之动容。

这本书分为两个部分，前半部分是海伦·凯勒的自传，从她失明、失聪的经历讲起，到此后怎么认识莎莉文小姐，又怎样学习，如何考上哈佛大学，遇到怎样的挫折……后半部分篇幅略短，其中这篇被选进语文课本的散文，标题就叫《假如给我三天光明》。这篇文章简直可说是一曲赞歌，是一个对世界充满了好奇和热情，却被命运无情地夺取观察和聆听世界的机会的人，在抛弃了她的命运面前，奋勇生活、永不低头的赞歌。

也许没有人能真正战胜命运，但有些人，足可以赢得命运的尊重。

你花半天时间，试试看把自己变成一个聋哑人。堵上耳朵，蒙上眼睛，不发一言。这是一种非常奇妙的体验，比你上再多的培训班都管用。但这种经验无法传授，你得自己去体会。

在这个信息爆炸的时代，我们所有人似乎都陷入了一种盲目和焦虑之中：我们被时代的巨浪推着往前走，我们怕被时代的车轮碾过，我们匆促而狼狈，失去了静下来面对自己、面对人生、面对自然和世界的能力。所以，哪怕就半天时间，一定要试试，我相信你一定会有所体悟的。因为我们比海伦·凯勒幸运得多。

可是，我们是不是也能活得像海伦·凯勒一样，赢得被尊重的一生呢？

失败比成功更值得称颂

——斯蒂芬·茨威格《人类群星闪耀时》

那颗星星闪耀一下的时刻，就在这时发生了。决定历史走向的，似乎就是这短短的一秒。可能真的只有一秒钟。

对一个普通人来说，命运几乎不会给予他们神圣的掌控权，即使意外得到恩赐，他们多半也是不知所措，遗憾地与之失之交臂，就算他们集谨慎、温顺、勤勉这众多优秀品质于一身，在命运降临的伟大时刻，只有伟大的天才才能做出灵敏而准确的反应，从而名垂青史。那些唯唯诺诺的怯懦之人永远难登大雅之堂。命运总是会向英雄们伸出慈爱之手，用强有力的臂膀把他们送进只属于英雄的伟大殿堂！

开篇这一段，写得非常动情，也正因此，有一种感人至深的力量。这段话选自奥地利著名作家茨威格的一本书——《人类群星闪耀时》。

人类的历史，往多了算能有一百多万年，其间数不清的人走过历史长河，真是恒河沙数，繁星似锦。而这一百多万年的历史中，真正值得被历史铭刻、让后人敬仰的瞬间，就如满天繁星中突然闪耀的一下，虽然和每一颗星辰一样转瞬即逝，但毕竟它留下过光辉。

可究竟怎样的瞬间，能称得上“人类群星闪耀”的时刻呢？是哪一场战争的胜利，还是某个人的发现？或者是某个国家的建立？在这本书里，茨威格选择了 14 个瞬间，向我们讲述了人类历史的 14 个故事。作为一个欧洲人，茨威格的视角是从欧洲出发的，但他所选择的 14 个人类群星闪耀的时刻，有成功的喜悦，也有失败的悲歌。不论是哪个故事，都在某一个电光火石的刹那，影响了历史的进程，甚至可能改变了人类文明的走向。而这“电光火石”的刹那，可能就发生在一念之间。

比如曾经几乎以一己之力撼动整个欧罗巴的拿破仑，他出生在法国科西嘉岛上一个没落的贵族家庭。1789 年，在拿破仑 20 岁时，法国爆发了革命，一腔热血的拿破仑加入了革命军，并由此在军队和政界出人头地，扶摇直上。十年以后，年仅 30 岁的他在 1799 年 11 月 9 日发动雾月政变，一举成为法兰西第一共和国“第一执政”。

仅仅五年之后，拿破仑把“共和国”变为“帝国”，自称“法兰西第一帝国皇帝”，他的统治也变成了独裁。他迅速发动对英国和俄国的战争，试图引领法兰西重回世界霸主的地位。此后十几年，他南征北战，权势显赫一时，野心直指整个欧洲大陆，进而制霸全球。但 43 岁的拿破仑很快兵败莫斯科，一年后又在莱比锡战争中失利。两年后，拿破仑 45 岁那年，他被迫在巴黎枫丹白露宫宣布退位，并被流放到地中海的厄尔巴岛上。

但他的政治生命并未终结。此后的法国依旧多灾多难，路易十八复辟的波旁王朝更让法国人深恶痛绝。两害相权取其轻，拿破仑再次获得了更多人民的支持。1815 年，46 岁的拿破仑秘密返回法国。他于当年 3 月 20 日抵达巴黎，在 14 万正规军和 20 万志愿军的拥护之下再次登上皇位，开启了“百日王朝”。

庆祝拿破仑退位的维也纳会议正在召开。这时，一个消息像是一颗重磅炸弹，在那些忙于交际应酬、嬉笑调情、玩弄权术和互相指责的人们之中爆炸了：拿破仑，这

头被困的雄狮挣脱了厄尔巴岛的牢笼，闯出来了。紧接着，不断有飞马的信使带来新的消息：里昂被拿破仑占领了；那里的国王也被他赶走；许多军队都倒戈，狂热地投靠了他，现在他已经到了巴黎；……

面对这样一个野心勃勃、斗志昂扬的枭雄，整个欧洲显得空前的团结：

他们决定抽调出一支英国军队、一支普鲁士军队、一支奥地利军队、一支俄国军队。现在他们要再次联合起来，将这个野心勃勃的篡权者彻底击溃。

第七次反法同盟，70 万重兵直逼拿破仑。精彩的故事就此拉开帷幕，一场争夺欧洲大陆霸主地位的大战一触即发。面临大兵压境，拿破仑把一支三万多人的军队交给了手下的高级将领格鲁西。历史在很多时候就是如此吊诡，决定一场如此重要的战争胜负的，并不是那颗最闪亮的明星。格鲁西元帅被推到了历史的风口浪尖，仅在一瞬之间，就成了命运之船的掌舵人。而这个格鲁西到底是个什么样的人呢？

事实证明，他是一位合格、称职的骑兵队长。然而，他的才能也仅仅是一位骑兵队长而已。

……

在漫长的 20 年里，他历尽千辛万苦，才艰难地成为人人艳羡的元帅，正可谓一步一个脚印，这人很踏实，但是没什么特别的才华。他之所以能登上军中最为耀眼的职位，靠的不是过人的表现，而是 20 年的浴血奋战和岁月的历练。

时间来到了 6 月 17 日，滑铁卢战役开始的前一天。

掌握了拿破仑三分之一军力的格鲁西，领命去前线侦察普鲁士军队的动向，并实施追击，把普鲁士军队引开，为拿破仑的主力军争取战略上腾挪的时间和空间。三分之一的人马，简直可以说拿破仑是在赌博，他把自己的命运也交到了格鲁西的手上。

就在格鲁西的部队出发的时候，一场滂沱大雨突然而至，士兵们踩着烂泥迈着艰难的步伐赶往普鲁士军逃跑的方向。

这是一场致命的大雨。部队在大雨的深夜只能缓慢行进，视线被遮挡，道路泥泞不堪，骑兵难以前行，每个人的鞋底都沾满了厚重的烂泥，连拿破仑自己也成了个落汤鸡，狼狈不堪。当部队暂时留在离威灵顿前沿阵地约两英里的野地里歇脚时，他们发现，这个地方没有人家没有房屋，到处水淋淋，根本没有地方可以躲雨——除了所有这些行军中的“不方便”之外，他们枪里的火药也被淋湿了。

而最让拿破仑如坐针毡的是，直到这一刻，他却仍对敌人的动向一无所知。侦察兵在漆黑的雨夜里什么都看不清，他根本无从判断威灵顿会不会应战。格鲁西带走的三分之一人马能牵制住普鲁士军队吗？当夜，这位“合格的骑兵队长”传回了他的第一批报告：

报告上关于普军撤退的方向的消息非常含糊，全是一些让人放心的空洞承诺：正在继续追击普军。

经过一夜的煎熬——拿破仑甚至还自己冲到最前线，亲自进入英军炮火的射程，在阵地的最前沿视察军情，斟酌作战方案。一直到第二天天亮，凌晨五点，东方微明，拿破仑返回临时作战指挥中心。此时，他已做出了决定：赌一把。

进攻的时间原本定在九点，但是由于昼夜不停的雨下了三天，前一天晚上还遭遇了罕见的狂风暴雨，战斗区域过于泥泞，炮兵骑兵根本无法展开进攻，九点就说要打的仗，一直拖到十一点才打起来。

这是致命的两小时。

而战斗打响的 6 月 18 日中午，格鲁西正在一户农民家里吃午餐。

他脚底的地面忽然间微微震动起来……没错，这是大炮的声音。是远处的军队在进行战斗，离这里并不是很远，最多三个小时的路程。几个军官用印第安人式的姿势匍匐在地上，试图听清炮声的方向……没错，这是来自圣让山的炮声，滑铁卢战役打响了。

该怎么办？几乎所有格鲁西手下的将官都不约而同地表示：回头增援！要快！事后来看，这是一个简单得甚至都不需要任何理由的决定。你的任务只是牵制和追击，现在离你不远的地方，主战场已经开打，你追击的敌人尚不知在何方，你有什么理由滞留在外，不回去帮忙？

那颗星星闪耀一下的时刻，就在这时发生了。

决定历史走向的，似乎就是这短短的一秒。可能真的只有一秒钟。因为格鲁西几乎没有任何犹豫：

他用非常严厉和生硬的口气说，在皇帝撤回命令之前，他绝不会改变行军的方向。

茨威格接着写道：

这一秒决定了他的命运，拿破仑的命运以及整个世界的命运。在农舍里的这一秒改变了整个19世纪的历史。而这一秒钟完全取决于一个迂腐、平庸人的一张嘴……如果格鲁西在那一秒钟有勇气和魄力，不拘泥于那张皇帝的命令，那么法国就可以得救

了。可惜他是个毫无主见的家伙，他听不到命运的召唤，只会乖乖听命于写在纸上的文字。

当读过越来越多的历史后，我们会发现，人类历史似乎正是由无数个这样的一秒钟决定的。甚至我们每一个人的命运，我们的一生，也是在无数个这样的一秒钟里决定的。很多时候，放弃还是坚守，再试一次还是随波逐流，所有这些选择，可能都会是一个人命运的转折点。你做出选择的那一秒钟，也许就将决定你的一生。

像这样决定人类历史走向的故事，在这本书中还有十多个。比如，五百多年前（1513年），西班牙探险家巴尔沃亚发现太平洋，虽然巴尔沃亚简直就是一个流氓混蛋，但如果没有他的发现，就不会有后来欧洲的大航海时代，也就不会发现美洲大陆。再比如，拜占庭的陷落，讲的是伊斯坦布尔——也就是在宗教上有极高地位的君士坦丁堡——是如何被攻克的。有一篇讲述的是《弥赛亚》这首在欧洲人看来非常重要的乐曲是如何诞生的。甚至还有一篇讲了黄金国的发现，这直接引发了一场全球范围的“淘金热”。除了这些政治人物和事件，茨威格还专门提到了两个俄国作家，一个是押赴刑场执行枪决的陀思妥耶夫斯基，另一个则是八十多岁时摆脱精神枷锁，离家出走的托尔斯泰。

当然，茨威格看待人类历史的时候，不可避免地带有欧洲中心主义的眼光、但这本书在映照出欧洲文明进程的同时，多少也折射了人类的历史。

历史是一个庞大复杂的话题，有太多值得思考和辩论之处。茨威格这本书的书名透出了身而为人的自豪：人类灿若星辰，那些闪耀的时刻，便是人类历史值得铭记的高光时刻。

细节里的斗智斗勇

——阿瑟·柯南·道尔《福尔摩斯探案集》

柯南·道尔花了很多笔墨去表现福尔摩斯，他是一个缺点和优点同样突出的有血有肉的人。在作者的笔下，福尔摩斯的“缺点”可多了，他从来不好好收拾房间，他不擅长人际交往，甚至在人际交往方面有障碍，几乎没办法和常人好好交流，因为他脑袋转得太快，懂的又太多，思维总是走在普通人前面。要说他懂得多，其实他的知识结构是很“偏科”的，他是化学、心理学、恐怖文学、地理学方面的专家，而对天文学、哲学、文学、政治学等与破案关系不大的学科，则几乎是门外汉。

侦探小说怎么能算“文学经典”？的确，侦探小说似乎从来是不登大雅之堂的，不过，如果一本侦探小说可以流行一百三四十年，恐怕就不能这么说了。一百多年来，这本书被无数次改编成电影、电视剧，而且几乎是每改必火。不同的演员，不同的故事，甚至连配角的性别都给改了，但是只要主角没改，这部侦探小说就照样经久不衰地受到大家欢迎。这个拥有一百三四十年好名声的侦探，就是福尔摩斯。

阿瑟·柯南·道尔写的福尔摩斯系列故事，并不算侦探小说的开山之作。从文学史来看，最早的侦探小说是美国作家埃德加·爱伦·坡在1840年前后发表的一系列小说，写的是一些业余侦探。当时的社会背景是，西方世界刚刚开始政教分离（政治和宗教分离），于是出现了职业化的警察，原先需要由教堂出面处理的各类刑事案件，转而由警察介入。所以，侦探小说是伴随着警察、探长的出现应运而生的。这种类型的小说在经过了40年的发展后渐渐成熟，就在这个时期，福尔摩斯出现了。

《福尔摩斯探案集》所引发的文学现象挺有意思的，主角的名声远比作者更响亮。就像中国的《西游记》，人人都知道孙悟空和唐僧，但好像很多人说不上来书的作者是吴承恩。主角福尔摩斯的英文全名叫夏洛克·福尔摩斯（Sherlock Holmes），英格兰人，摩羯座，身高6英尺，1854年1月6日出生，住在英国伦敦的贝克街221号B座。这些个人信息真实得就好像福尔摩斯在现实中存在一样。相反，讲到创作福尔摩斯的作家，可能一大半人根本就说不出"柯南·道尔"这个名字，更不要说了解他是个什么样的人了。

福尔摩斯的影响力真的是不能低估的。伦敦贝克街221号这个地址是真实存在的，而且还是福尔摩斯博物馆的一部分。这事儿听起来简直魔幻，一个文学作品里虚构的人物，居然有故居，还有博物馆！但其实小说里并没写福尔摩斯是怎么去世的，甚至都没写他到底去世了没有。但是来福尔摩斯博物馆观光的游客络绎不绝，由此不难想见《福尔摩斯探案集》在全世界的影响力。

不过在我看来，这本书影响力巨大的主要原因，不是小说的情节跌宕起伏，

而是福尔摩斯这个人物形象被柯南·道尔写活了。和普通的侦探小说侧重描绘离奇情节不同，柯南·道尔花了很多笔墨去表现福尔摩斯，他是一个缺点和优点同样突出的有血有肉的人。在作者的笔下，福尔摩斯的“缺点”可多了，他从来不好好收拾房间，他不擅长人际交往，甚至在人际交往方面有障碍，几乎没办法和常人好好交流，因为他脑袋转得太快，懂的又太多，思维总是走在普通人前面。要说他懂的多，其实他的知识结构是很“偏科”的，他是化学、心理学、恐怖文学、地理学方面的专家，而对天文学、哲学、文学、政治学等与破案关系不大的学科，则几乎是门外汉。在文学的世界里，读者从来都不愿意接受一个“全才”式的“完人”形象，我们都喜欢那些缺点和优点同样突出的、特色鲜明的人物。所以，柯南·道尔对他的初始设定，就让福尔摩斯这个人物显得异乎寻常的真实，给读者留下难以磨灭的印象。

柯南·道尔年轻时是学医的，还做过一段时间眼科大夫，可是他行医的历程很失败，没人找他看病，通过看病赚到的钱根本不足以养活他和他的家庭。最后没辙了，只能出来写小说。不承想，眼科大夫写的侦探小说塑造了一个如此成功的形象，流传了一百多年，成为侦探小说的一座丰碑。

柯南·道尔因塑造了福尔摩斯一炮而红，后来编辑要求他接着写下去，给福尔摩斯编出更多的故事来。而随着故事越写越多，柯南·道尔一方面越写越顺手，读者也越来越欲罢不能；可另一方面，真的写得多了，柯南·道尔自己都写烦了，一段时间之后，他一心想在小说里把福尔摩斯“写死”。后人找到一封柯南·道尔给自己母亲的信，信里说，他的生活被福尔摩斯包围，他实在受不了了，简直要崩溃了，他要写死福尔摩斯。后来柯南·道尔真的在一个故事里把福尔摩斯给“写死”了，他让福尔摩斯掉落深渊，想就此了结。

可是事情的发展似乎并没有朝着柯南·道尔的想法进行。福尔摩斯“死”后，连载福尔摩斯故事的杂志倒了霉，订阅量立马减少两万多，读者非常不满：凭什么福尔摩斯会死？福尔摩斯怎么能死？杂志编辑眼看着订阅量大减也不高兴，只能请求柯南·道尔想办法让福尔摩斯再活过来。没办法，柯南·道尔只好再想办法编出新的故事，让福尔摩斯“重回人间”。所以，这个系列故事到最后福尔摩斯都没死，直到他晚年退休回到乡间，过上了退隐的生活，开始了自己的养蜂事业，这才算是“功成身退”。

情节精彩，人物形象丰满，这是一部小说成功的重要因素。我给大家推荐《福尔摩斯探案集》，还有第三个原因，就是小说的细节描写相当到位。福尔摩斯最拿手的就是演绎推理，不仅是罪案现场，他也会在现实生活中发现看似不起眼的一点线索，然后基于广博的知识，从有限的线索中演绎推理出更多线索，进而还原出真实的情景。福尔摩斯破案，主要依靠的是这种能力。比如在小说开篇，他一下子就判断出华生医生是从阿富汗战场退役的：

“正是如此。因为我有那么一种利用直觉分析事物的能力。间或也会遇到一件稍微复杂的案件，那么，我就得奔波一番，亲自出马侦查。你知道，我有许多特殊的知识，把这些知识应用到案件上去，就能使问题迎刃而解。那篇文章里所提到的几点推断法则虽曾惹起你的讪笑，但在实际工作中，对我却有着无比的价值。观察能力是我的第二天性。咱们初次会面时，我就对你说过，你是从阿富汗来的，你当时好像还很惊讶哩。”

“没问题，一定有人告诉过你。”

“没有那回事。我当时一看就知道你是从阿富汗来的。由于长久以来的习惯，一系列的思索飞也似的掠过我的脑际，因此在我得出结论时，竟未觉察得出结论所经的步骤。但是，这中间是有着一定的步骤的。在你这件事上，我的推理过程是这样的：‘这一位先生，具有医务工作者的风度，但却是一副军人气概。那么，显见他是个军医。他是刚从热带回来，因为他脸色黝黑，但是，从他手腕的皮肤黑白分明看来，这并不是他原来的肤色。他面容憔悴，这就清楚地说明他是久病初愈而又历尽了艰苦。他左臂受过伤，现在动作品来还有些僵硬不便。试问，一个英国的军医在热带地方历尽艰苦，并且臂部负过伤，这能在什么地方呢？自然只有在阿富汗了。’这一连串的思想，历时不到一秒钟，因此我便脱口说出你是从阿富汗来的，你当时还感到惊讶哩。”

而要在小说中实现这种“演绎推理”和“还原情景”，全凭作者的生花妙笔，具体的写法，就是捕捉并刻画细节。

福尔摩斯走到尸体跟前，跪下来全神贯注地检查着。

“你们肯定没有伤痕吗？”他一面问，一面指着四周的血迹。

两个侦探异口同声回答说：“确实没有。”

“那么，这些血迹一定是另一个人的喽，也许是凶手的。如果这是一件凶杀案的话，这就使我想起了 1834 年攸垂克特地方的范·坚森死时的情况。葛莱森，你还记得那个案件吗？”

“不记得了，先生。”

“你真应该把这个旧案重读一下。世界上本来就没有什么新鲜事，都是前人做过的。”

他说话的时候，灵敏的手指这里摸摸，那里按按，一会儿又解开死人的衣扣检查一番；他的眼里又现出前面我谈到的那种茫然的神情。他检查得非常迅速，而且是出我意料的细致和认真。最后，他嗅了嗅死者的嘴唇，又瞧了一眼死者起皮靴子的靴底。

他问道：“尸体一直没有动过吗？”

“除了进行我们必要的检查以外，再没有动过。”

“现在可以把他送去埋葬了，”他说，“没有什么再需要检查的了。”

他说着，很快地就从口袋里拿出一个卷尺和一个很大的圆形放大镜。他拿着这两样工具，在屋里默默地走来走去，有时站住，有时跪下，有一次竟趴在地上了。他全神贯注地工作着，似乎把我们全都忘掉了；他一直在自言自语地低声咕哝着，一会儿惊呼，一会儿叹息，有时吹起口哨，有时又像充满希望、受到鼓舞似的小声叫了起来。我在一旁观察他的时候，不禁想起了训练有素的纯种猎犬，在丛林中跑来跑去，狺狺吠叫，一直到它嗅出猎物的踪迹才肯甘休的样子。他一直检查了 20 分钟，小心翼翼地测量了一些痕迹之间的距离；这些痕迹，我是一点也看不出来的。偶尔他也令人不可思议地用卷尺测量墙壁。后来他非常小心地从地板上什么地方捏起一小撮灰色尘土，并且把它放在一个信封里。接着，他用放大镜检查了墙壁上的血字，非常仔细地观察了每个字母。最后，他似乎很满意了，于是就把卷尺和放大镜装进衣袋中去。

魔鬼都在细节里。福尔摩斯关注细节、观察细节，我们也一样——生活中善于观察细节的人能获得更多乐趣，写作中善于观察细节的人能写出更精彩的文章。《福尔摩斯探案集》不仅是一本适合休闲阅读的精彩小说，也能让我们从中体会到细节描写的精妙之处，对大家自己的写作也不无裨益。记得我当年读福尔摩斯时，真是全身心地被这位神探折服，扣人心弦的情节和严丝合缝的细节，彻底把我“俘虏”了。相信你也会和当年的我一样，对这本书欲罢不能。读起来吧！

人间悲喜

——巴尔扎克《高老头》

钱是利益最直观的呈现，在利益面前，亲情、友情、爱情，似乎都变得寡然无味，甚至可以变成一项交易的条件，从而让人与人之间的关系，甚至让每一个人本身，都开始“异化”了。本来钱财是人获取幸福的手段之一，而现在，钱财成了主人，人反倒成了工具。

巴尔扎克是19世纪法国非常重要的一位现实主义作家，他对19世纪的欧洲现实持一种批判的态度，留下了大量对那个时代有着细致观察和描写的文学作品。这些作品汇总起来，有一个名字叫“人间喜剧”。

巴尔扎克只活了50岁，他在40岁的时候提出了一个充满野心的写作计划，他计划要写一系列共137部小说，构成“人间喜剧”这个主题。他希望能通过这137部小说，全面地反映出19世纪法国的社会、文化和生活，相当于用文学的手法，完成一部法国的社会风俗史。但是很可惜，巴尔扎克的身体支持不了他完成如此宏伟的计划。写了十年之后，巴尔扎克因劳累过度与世长辞，到这时，他总共写出了91部小说。这

91 部小说里，描绘了 472 个栩栩如生的人物形象，涵盖各色人等，真可说是一部“人间喜剧”了。只是其中的“喜”字大概要打个问号，因为这些作品，似乎都是一幕幕“人间悲剧”。

既是要写 19 世纪法国的社会风俗，就不可避免会写到很多当时法国社会的弊病，而对现实的描写和批判常常是一体两面的。当时的法国处在大革命后期，政治的变革已经发生，经济的转型尚未完成。曾经的贵族在政治变革中逐渐没落，但新兴的资产阶级在完成了原始积累之后，开始在社会生活的方方面面崭露头角。在这个资本主义大发展的时期，钱，变得越来越重要。

巴尔扎克吃过关于钱的亏。他曾为自己伪造过贵族的身份，也办过印刷厂，却因创业失败而负债累累。所以他既深知钱的魔力，也痛恨钱带来的冷漠和无情。后来巴尔扎克以惊人的速度创作，挣钱还债也是重要的动因。

钱的冷漠和无情，正是巴尔扎克在很多作品中试图表现的现实。财富对社会的公序良俗、对人内心的天平都产生了很大的影响。钱是利益最直观的呈现，在利益面前，亲情、友情、爱情，似乎都变得寡然无味，甚至可以变成一项交易的条件，从而让人与人之间的关系，甚至让每一个人本身，都开始“异化”了。本来钱财是人获取幸福的手段之一，而现在，钱财成了主人，人反倒成了工具，为赚取更多的钱财不惜放弃为人的准则，不惜变得冷漠甚至冷血……

每个人都需要钱，可是传统中国社会从来都不认为钱是个好东西。因为钱会让人的欲望膨胀，给人一种虚幻的权力欲，让拥有钱的人自以为无所不能。而在欲望膨胀的过程中，人性就会被腐蚀，那些曾经理所当然的善良美好，在利益的诱惑和欲望的膨胀中会渐渐瓦解。

人间喜剧整个系列小说中，评价最高也最经典的一部小说是《高老头》，正向我们描绘了这样一幅充满金钱欲的法国社会风俗图景。

高老头的名字叫高里奥，他是一个在大革命时期起家的面粉商人，一个很有钱的法国新兴资产阶级。妻子去世之后，他把感情完全倾注到了两个女儿身上，而正是在钱与亲情的纠葛中，高老头的悲剧开始了。

在女儿长大将要嫁人的时候，高老头把自己的财产分成两份，为两个女儿各自置办了 80 万法郎的嫁妆，这在当时可是很大一笔钱了。分光了家产，高老头自己只能住到一所群租楼里，与跟他并非同一阶层的穷人们生活在一起。自然地，他成了大家好奇和八卦的对象。但他对这些毫不在意，在他心里，两个女儿的幸福是可以用钱来保障的，而自己的晚年，只要有女儿，总也有个依靠。

这想法的前一半没错，两个女儿一个嫁给了伯爵，一个嫁给了男爵，照理说用钱换来的幸福，应当成为老父亲下半辈子的指望。一开始还好，高老头去这家住一个礼拜，去那家住一个礼拜，但很快，这个上了岁数又已经没了钱的老头，就成了两个女儿的累赘，从一周去女儿家吃两次饭，逐渐变成了一个月去两次，再到后来，两个女婿开始拒绝见高老头，直到最后，连女儿都将他拒之门外了。难道只是因为时间久了，嫌高老头烦了吗？不，更主要的原因是，两个女儿和女婿都知道，这个老头已经再没有价值了。更何况，他不过是一个在大革命里趁乱发家的面粉商人——一个本就是让贵族瞧不起的卑贱身份。

故事到这里还没有完。女儿和女婿不仅不待见高老头，还用尽方法试图从老头身上再榨出点东西来。当然，小说里的情节更丰满，两个女儿之间有针锋相对，两个女婿也并非真正的贵族爵爷。而最后，在女儿们轮番的搜刮之下，高老头把自己身上所有值钱的东西全部贡献出去，倾家荡产，一文不名，最后死在了他租住的群租楼里。

“在那个世界里我要闷得发慌哩。看不见孩子，做父亲的等于入了地狱。可是自从她们结了婚，我就尝着这个味道。

倘使我进了天堂，我的灵魂还能回到她们身边吗？听说有这种事情，可是真的？我现在清清楚楚看见她们在于西安街的模样。她们一早下楼，说：爸爸，你早。我把她们抱在膝上，用种种花样逗她们玩儿，跟她们淘气。她们也跟我亲热一阵。我们天天一块儿吃中饭，一块儿吃晚饭，总之那时我是父亲，看着孩子直乐。在于西安街，她们不跟我讲嘴，一点不懂人事，她们很爱我。天哪！干吗她们要长大呢？（哎哟！我痛啊；头里在抽。）啊！啊！对不起。孩子们！我痛死了；要不是真痛，我不会叫的。你们早已把我训练得不怕痛苦了。上帝呀！只消我能握着她们的手，我就不觉得痛啦。你想她们会来吗？克里斯朵夫蠢极了！我该自己去的，他倒有福气看到她们。你昨天去了跳舞会，你告诉我呀，她们怎么样？她们一点不知道我病了，可不是？要不她们就不肯去跳舞了，可怜的孩子们！噢！我再也不愿意害病了。她们还少不了我呢。……她们需要钱。我知道到哪儿去挣，我要上奥特赛去做淀粉。我才精明呢，会赚他几百万。（哦呀！我痛死了！）”

高里奥不出声了，仿佛集中全身的精力熬着痛苦。

弥留之际，两个女儿都没回来，这是高老头最后的呼号。为什么女儿没有回来看看临死的父亲呢？被差遣去给两个女儿带信的克里斯朵夫回来说：

“先生，我先上伯爵夫人家，可没法跟她说话，她和丈夫有要紧事，我再三央求，特·雷斯多先生亲自出来对我说：高里奥先生快死了是不是？哎，再好没有。我有事儿，要太太待在家里。事情完了，她会去的。——他似乎很生气，这位先生。我正要出来，太太从一扇我看不见的门里走到穿堂，告诉我：克里斯朵夫，你对我父亲说，我同父亲正在商量事情，不能来。那是有关我孩子们生死的问题。但等事情一完，我就去看他。——说到男爵夫人吧，又是另外一桩事儿！我没有见到她，不能跟她说话。老妈子说：啊！太太今儿早上五点一刻才从跳舞会回来；中午以前叫醒她，一定要挨骂的。等会儿她打铃叫我，我会告诉她，说她父亲的病更重了。报告一件坏消息，不会嫌太晚的。——我再三央求也没用。哎，是呀，我也要求见男爵，他不在家。”

“一个也不来。”拉斯蒂涅嚷道，“让我写信给她们。”

“一个也不来。”老人坐起来接着说，“她们有事，她们在睡觉，她们不会来的。我早知道了。”

到这一刻高老头终于醒悟了：

“直要临死才知道女儿是什么东西！唉！朋友，你别结婚，别生孩子！你给他们生命，他们给你死。你带他们到世界上来，他们把你从世界上赶出去。她们不会来的！我已经知道了十年，有时我心里这么想，只是不敢相信。”

他每只眼中冒出一颗眼泪，滚在鲜红的眼皮边上，不掉下来。

“唉！倘若我有钱，倘若我留着家私，没有把财产给她们，她们就会来，会用她们的亲吻舐我的脸！我可以住在一所公馆里，有漂亮的屋子，有我的仆人，生着火；她们都要哭作一团，还有她们的丈夫、她们的孩子。这一切我都可以到手。现在可什么都没有。钱能买到一切。买到女儿，啊！我的钱到哪儿去了？倘若我还有财产留下，她们会来伺候我，招呼我；我可以听到她们，看到她们。啊！欧也纳，亲爱的孩子，我唯一的孩子，我宁可给人家遗弃，宁可做个倒霉鬼！倒霉鬼有人爱，至少那是真正的爱！啊，不，我要有钱，那我可以看到她们了，唉，可谁知道她们两个的心都像石头一样，我把所有的爱在她们身上用尽了，她们对我不能再有爱了。

做父亲的应该永远有钱，应该拉紧儿女的缰绳，像对付狡猾的马一样，我却向她们下跪，该死的东西！她们十年来对我的行为，现在到了顶点。你不知道她们刚结婚的时候对我怎样的奉承体贴！我才给了她们每人 80 万，她们和她们的丈夫都不敢怠慢我。我受到好款待，好爸爸，上这儿来；好爸爸，往那儿去。

她们家永远有我的一份刀叉，我同她们的丈夫一块吃饭，他们对我很恭敬，看我手头还有一些呢。为什么？因为我生意的底细，我一句没提。一个给了女儿80万的人受点奉承是应该的。他们对我那么周到、体贴，可都是为了我的钱。”

巴尔扎克批判这两个狼心狗肺的女儿，更是在批判让人异化、变得冷漠的钱，因为是钱让亲情变得廉价。我们同样生活在一个物质丰裕的社会里，也切身地感受到钱的价值和它对我们的影响。衷心希望你我不被钱异化，衷心希望，这样的人间悲剧，不要在我们的生活里重演。

有的人死了，他还活着

——欧·亨利《最后一片藤叶》

有的人把自己的名字刻在石头上想要不朽，但说不定他很快就会被人忘记；而有些人可能生前默默无闻，但他曾经给许多人带去过的温暖和感动，永远在他们心里。我觉得，如果让我来选，我宁可活成后面这个样子。

“哼，我从来没听过这种傻话，”苏十分不以为然地说，“那些破常春藤叶子和你的病好不好有什么关系？你以前不是很喜欢这棵树吗？你这个淘气孩子。不要说傻话了。瞧，医生今天早晨还告诉我，说你迅速痊愈的机会是，让我一字不改地照他的话说吧——他说有九成把握。噢，那简直和我们在纽约坐电车或者走过一座新楼房的把握一样大。喝点汤吧，让苏娣去画她的画，好把它卖给编辑先生，换了钱来给她的病孩子买点红葡萄酒，再给她自己买点猪排解解馋。”

“你不用买酒了，”琼西的眼睛直盯着窗外说道，“又落了一片。不，我不想喝汤。只剩下四片了。我想在天黑以前等着看那最后一片叶子掉下去。然后我也要去了。”

"琼西，亲爱的，"苏俯着身子对她说，"你答应我闭上眼睛，不要瞧窗外，等我画完，行吗？明天我非得交出这些插图。我需要光线，否则我就拉下窗帘了。"

引文节选自一篇世界闻名的小说，也曾选入过语文教材，是美国作家欧·亨利的短篇小说《最后一片藤叶》。欧·亨利是"世界短篇小说三巨匠"之一，另两位是法国的莫泊桑和俄国的契诃夫。欧·亨利1862年出生，闯荡江湖几十年，有很多故事可说。

欧·亨利从小就没了母亲，家里条件不好，15岁就辍学了。当时他有个叔叔开了药房，他就去药房给叔叔当小伙计，这个时期的欧·亨利是一心想要做画家的。五年以后，他没做成画家，却跟着一个医生，四处行脚给人看病。他跟着医生来到了美国西部，做起了牛仔，开始了他闯荡江湖的生活。而这个年轻的欧·亨利，没读过书，靠什么谋生呢？

传奇经历这就来了。他当过药房学徒、牧羊人、厨师、婴儿看护员——就是保姆。然后他又浪迹天涯，做过歌手、喜剧演员、药剂师、绘图员，还做过记者。一直混到29岁，终于找到一份正经工作，到一家银行做出纳员。但不论他的职业生涯多不靠谱，写作倒一直是欧·亨利的业余爱好，就在当上出纳的同时，他发表了人生中的第一部文学作品。这个时候的欧·亨利已经结婚了，其实只是想要通过写作多赚点奶粉钱。生活看上去渐渐步入正轨，然而三年后，因为他手上的账目不清楚，银行觉得他贪了钱，就把他辞退了。两年以后他被银行起诉，罪名是盗用公款，而在被传讯的前一天，他干脆逃跑了。欧·亨利从此亡命天涯，逃到了中美洲的洪都拉斯，他找了个小旅馆，一待就是好几个月。这简直都是电视剧里的情节，全让这位大作家赶上了，在外面又混了一年，直到听闻妻子病危，他才赶回来，结果被抓了。

当年七月，欧·亨利的妻子死于肺结核。很快，他被判了五年有期徒刑，到了监狱里，他终于老实了，一边服刑一边正经开始写小说。因为在监狱里表现良好，欧·亨利只服了三年半的刑就出狱了，从此成了职业作家，靠写小说养活自己和女儿。而在赚到钱也赢得了名声之后，欧·亨利又开始学坏了，整日挥霍无度，赌博、酗酒，很快就把身体也搞坏了。据说他经常一周六天喝酒赌博，什么事也不干，第七天花一天的时间来写小说，敷衍了事地交给杂志社发表。这篇《最后一片藤叶》，就是欧·亨利在那个时期写出来的。

给大家推荐欧·亨利，显然不是因为他的人品，而是因为他的短篇小说写得实在精彩，让读者猜不到结局，会给人以阅读的快感。除了《最后一片藤叶》，另外一篇《麦琪的礼物》也同样出人意料，精彩纷呈。

闯荡江湖的欧·亨利深谙人性，所以他的小说往往悬念迭起，先用循循善诱的语气给读者“挖坑”，把读者往坑里带，最后在不经意间突然一个反转，小说戛然而止，留下读者张大嘴巴缓不过神来。这样的小说，的确让人欲罢不能。

好的小说一定要有思想深度，有性格鲜明的人物，而同时，精彩的情节和描写以及出人意料的情节，也是小说成功的要素。我小时候读到过一本很厚的欧·亨利短篇小说集，是从学校图书馆借阅的，几个晚上就读完了，根本停不下来。

在欧·亨利生活的时代，美国的社会贫富差距特别大，所以他写的很多作品都关于贫富这一主题。因为自己的生活处境和特别的经历，他对穷人有一种特别的关注，《最后一片藤叶》就是一个非常动人的故事，说的是两个穷画家，一个叫琼西，一个叫苏，租房子住在一起，但是琼西得了肺结核，病得很重，眼看就要不行了，而且她自己也已经没有了活下去的勇气。对一个对生活没有憧憬的人而言，放弃生命似乎比活下去更容易一些。

可就在这时候，小说中的另一个重要人物出现了，是住在两位姑娘楼下的一个落魄一生的老画家：

老贝尔门是住在她们这座楼房底层的一个画家。他年过六十，有一把像米开朗琪罗的摩西雕像那样的大胡子，这胡子长在一个像半人半兽的森林之神的头颅上，又鬈曲地飘拂在小鬼似的身躯上。贝尔门是个失败的画家。他操了 40 年的画笔，还远没有摸着艺术女神的衣裙。他老是说就要画他的那幅杰作了，可是直到现在他还没有动笔。几年来，他除了偶尔画点商业广告之类的玩意儿以外，什么也没有画过。他给艺术区里穷得雇不起职业模特儿的年轻画家们当模特儿，挣一点钱。他喝酒毫无节制，还时常提起他要画的那幅杰作。除此以外，他是一个火气十足的小老头子，十分瞧不起别人的温情，却认为自己是专门保护楼上画室里那两个年轻女画家的一只看家狗。

在听说琼西已经失去了活下去的信念后，老画家忍不住了：

老贝尔门两只发红的眼睛显然在迎风流泪，他十分轻蔑地嗤笑这种傻呆的胡思乱想。

“什么，”他嚷道，“世界上真会有人蠢到因为那些该死的常春藤叶子落掉就想死？我从来没有听说过这种怪事。不，我才不给你那隐居的矿工糊涂虫当模特儿呢。你干吗让她胡思乱想？唉，可怜的琼西小姐。”

老画家做了些什么呢？欧·亨利在这里突然打住，卖了个关子。这就是他常用的技巧：用一个悬念牵住读者，等待最后的“意想不到”。

就在琼西等待着藤上最后一片叶子落下来的时候，就在读者都以为那片叶子一定熬不过漫漫长夜的风吹雨打时，奇迹发生了。

然而，看呀！经过了漫长一夜的风吹雨打，在砖墙上还挂着一片藤叶。它是常春藤上最后的一片叶子了。靠近茎部仍然是深绿色，可是锯齿形的叶子边缘已经枯萎发黄，它傲然挂在一根离地20多英尺的藤枝上。

“这是最后一片叶子。”琼西说道，“我以为它昨晚一定会落掉的。我听见风声的。今天它一定会落掉，我也会死的。”

是的，叶子没有掉落。

当然，你可能也猜到了，琼西在这片不肯掉落的叶子身上找回了活下去的希望和勇气，她也慢慢好起来了。

如果故事就此结束，也许也是一篇不错的小说，但那就不是欧·亨利的作品了。最后到底发生了什么呢？叶子为什么能熬过漫漫长夜的风吹雨打？还有那位落魄一生的老画家，欧·亨利又为什么要写到他呢？

请你自己去读原文吧！

其实，无论曾经将钱财、地位、名誉看得多么重要，人生到最后是什么都带不走的。

既然都带不走，那么究竟怎样的人生才是值得一过的呢？

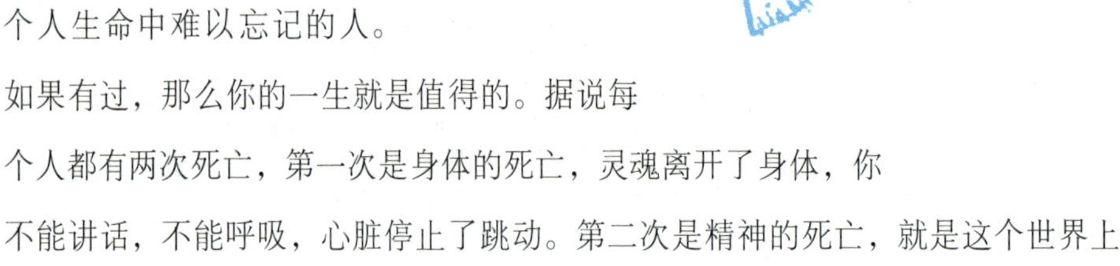

我觉得很重要的一点，是在你活在这世上的有限的几十年里，有没有做过一些了不起的事，比如成为某个人生命中难以忘记的人。如果有过，那么你的一生就是值得的。据说每个人都有两次死亡，第一次是身体的死亡，灵魂离开了身体，你不能讲话，不能呼吸，心脏停止了跳动。第二次是精神的死亡，就是这个世界上不再有人记得你，那才是真正的死去了。

诗人臧克家有一首诗里写道：“有的人活着，他已经死了；有的人死了，他还活着。”有的人把自己的名字刻在石头上想要不朽，但说不定他很快就会被人忘记；而有些人可能生前默默无闻，但他曾经给许多人带去过的温暖和感动，永远在他们心里。我觉得，如果让我来选，我宁可活成后面这个样子。希望所有朋友们都能从这个故事里，从这最后一片叶子里，得到感动，找到人生的意义。

虚荣的代价

——莫泊桑《项链》

传统观念下的世界崩塌了，人性中的贪婪、欲望、自私……所有那些丑陋肮脏的东西，和人性中的善良、高尚一起，都毫无遮掩地呈现了出来。而这些，正是文学家最应当，也最想要在他们的作品中表现的——深刻的人性。

莫泊桑，世界短篇小说三巨匠之一，他最有代表性的作品就是《项链》，这篇小说虽篇幅不长，但足够精彩和深刻。

莫泊桑于1850年出生在法国的诺曼底。他比欧·亨利大12岁，算是同时代的人。作为一位作家，莫泊桑的一生远没有欧·亨利那么传奇。他从少年时代开始写作，13岁就写了自己的诗集，大学读的也是文学专业。但他是如何成为短篇巨匠的？这就要从他生活的时代讲起。

19世纪的法国，经济和军事都强盛，并且还是世界艺术的中心。现在我们都称巴黎是“艺术之都”，卢浮宫里有数不尽的艺术瑰宝，但真正让其成为世界艺术中心的，绝不只是雄伟的博物馆和馆藏艺术品，更重要的，是19世纪中叶的巴黎，聚集了全世界最优秀的艺术家——作家、画家、音乐家扎堆涌现，奔赴巴黎。有艺术家才有艺术品，才有活生生的艺术氛围，这也让巴黎这座城市在世界艺术史上占据了一个不可撼动的地位。

比如在西方美术史当中极其重要的印象派，就是19世纪末在巴黎首先流行起来的，随后引领了世界的潮流。印象派的代表画家莫奈，出生于1840年，比莫泊桑大十岁。他二十多岁的时候来到巴黎，后来在艺术界崭露头角。著名作家雨果和莫奈就是好朋友。同时期还有许多知名的作家，比如福楼拜、左拉、巴尔扎克等，其中福楼拜还是莫泊桑的老师。有意思的是，优秀的艺术家往往是扎堆出现的，比如文艺复兴时期的意大利，巨匠迭出；比如19世纪的奥地利，音乐家风起云涌；再比如，就是此刻的巴黎。

150年前的巴黎，把整个西方艺术乃至人类艺术都推到了一个全新的高度。但同时，西方社会也开始出现很多问题，其中最典型的就是由工业革命带来的贫富差距不断拉大的问题。

西方世界近代最重要的社会进步，就是18世纪中叶开始的工业革命，标志性的事件是瓦特改良蒸汽机。从此之后，人类走出农业时代，开始进入工业社会，整个社会的生产力水平发生了翻天覆地的变化。也正是由于这种改变，使得资本主义逐渐萌芽，造成了社会上贫富差距的逐渐拉大。工业革命的发生，使得流水线式的社会化大生产变成可能，促使财富向金字塔顶端集中。农业人口因为掌握的社会资源有限，自然就成了最贫穷的阶级，从事工业生产的人次之，最富有的是垄断市场和资本的资本家，社会的贫富差距在这个过程中不可避免地被拉大了。

在我们讲过的欧·亨利的作品中，也有很多表现了当时的贫富差距。包括三巨匠的最后一位，1869年出生的契诃夫，也和欧·亨利、莫泊桑一样，都看到了这个问题，并且也在他的作品中多有涉及。

当社会财富爆炸式地膨胀，很容易将人“异化”。不论是赚到钱的人，还是看着别人赚到钱的人，都在这个过程中不可避免地改变了。他们对人生和世界的看法产生了变动，随即动摇了他们的价值观。社会矛盾也变得越发激烈，以至于几十年后演变到无法收拾，接连发生了两次世界规模的战争。

在19世纪之前，作为一个平民阶层的普通人，大概只会羡慕贵族的生活，而从来不敢想象，有朝一日自己也有可能和财富走得如此之近。那么反过来，钱所带来的欲望与贪婪，也前所未有地影响了越来越多的人。传统观念下的世界崩塌了，人性中的贪婪、欲望、自私……所有那些丑陋肮脏的东西，和人性中的善良、高尚一起，都毫无遮掩地呈现了出来。而这些，正是文学家最应当，也最想要在他们的作品中表现的——深刻的人性。

莫泊桑的这篇《项链》，就是在给读者展现人性。

这个故事的情节其实并不复杂，故事的主角是小公务员的妻子马蒂尔德。

世上的漂亮动人的女子，每每像是由于命运的差错似的，出生在一个小职员的家庭；我们现在要说的这一个正是这样。她没有陪嫁的资产，没有希望，没有任何方法使得一个既有钱又有地位的人认识她、了解她、爱她、娶她；到末了，她将将就就和教育部的一个小科员结了婚。

她漂亮但是没钱，所以没机会也没希望改变阶级身份，于是只能“将就”。权贵阶层有自己的生活圈子，改变阶级谈何容易？她的丈夫是个教育部的小科员，即便不算社会“底层”，也和让人艳羡的权贵阶层差了十万八千里。

其实马蒂尔德的丈夫对自己的生活就很知足：

然而事实上，她每天吃晚饭的时候，就在那张小圆桌跟前和她的丈夫对面坐下了，桌上盖的白布要三天才换一回，丈夫把那只汤池的盖子一揭开，就用一种高兴的神气说道：“哈！好肉汤！世上没有比它更好的……”

可马蒂尔德呢？

因此她又梦想那些丰盛精美的筵席了，梦想那些光辉灿烂的银器皿了，梦想那些满绣着仙境般的园林和其间的古装仕女以及古怪飞禽的壁衣了；她梦想那些用名贵的盘子盛着的佳肴美味了，梦想那些在吃着一份肉色粉红的鲈鱼或者一份松鸡翅膀的时候带着朗爽的微笑去细听的情话了。

人世间最大的悲剧，不是“没钱”，而是贪婪的欲望得不到满足。这便是痛苦的源头。

巨大的贫富差距让马蒂尔德感到了痛苦，她看到了别人的生活——那种让她艳羡不已的奢侈的生活，再面对自己寒碜的房屋、粗糙的墙壁、陈旧的家具、庸俗的衣料，她的难过不难体会。可你能说她是个坏人吗？当然不是，她只是虚伪、贪婪，还有一点软弱，无力和自己的欲望抗争。

故事就在这样的背景下开始了。有一天，马蒂尔德偶然得到了一个参加盛大晚会的机会。参加这样的宴会，那得有一身漂亮衣服，没有怎么办？她决定去买。

“这么着吧，马蒂尔德。要花多少钱，一套像样的衣裳，以后遇着机会你还可以再穿的，简单一些的？”

她思索了好几秒钟，确定她的盘算，并且也考虑到这个数目务必可以由她要求，不至于引起这个节俭科员的一种吃惊的叫唤和一个干脆的拒绝。

末了她迟迟疑疑地回答：

“细数呢，我不晓得，不过我估计，有四百金法郎，总可以办得到。”

果然，丈夫省下自己买猎枪的钱，给马蒂尔德买下了一套漂亮的裙袍。可是欲望一旦开了闸，又怎会轻易得到满足？

“你有点怎样？想想吧，这三天以来，你是很异样的。”于是她说，“没有一件首饰，没有一粒宝石，插的和戴的，一点儿也没有，这件事真教我心烦。简直太穷酸了。现在我宁可不去赴这个晚会。”

没有钱买首饰了，怎么办？一般人的想法是不戴就好了嘛。可已经被勾起来的虚荣心，还能容许她不戴吗？没办法了，去找有钱的朋友借吧。

第二天，她到她这位朋友家里去了，向她谈起了自己的烦闷。

弗莱士杰太太向着她那座嵌着镜子的大衣柜跟前走过去，取出一个大的盒子，带过来打开向马蒂尔德说：

“你自己选吧，亲爱的。”

梦寐以求的虚荣被满足了。在当晚的宴会上：

她比一般女宾都要漂亮，时髦，迷人，不断地微笑，并且乐得发狂。一般男宾都望着她出神，探听她的姓名，设法使人把自己引到她跟前作介绍。本部机要处的人员都想和她跳舞，部长也注意到她。

不料，就在舞会结束的清晨，出事儿了。

当马蒂尔德和丈夫拖着疲惫的身躯回到自己的公寓，丈夫想着第二天十点前又要到部里报到工作，就在这时：

她在镜子跟前脱下了那些围着肩头的大氅之类，想再次端详端详无比荣耀的自己。但是陡然间她发出了一声狂叫。她已经没有那串围着颈项的金刚钻项链了！

找，赶紧去找！他们在家里找，到街上找，去警察局悬赏，到马车租赁公司询问……一个星期过去了，他们一无所获。丈夫洛塞尔像一下子老了五岁。他知道，他们该想办法来赔这件宝贝了。而这件让马蒂尔德在舞会上风头无两的宝贝钻石项链，值多少钱呢？整整四万金法郎——就算店家给优惠，最少也要三万六千金法郎，是那套裙袍的 90 倍！

和欧·亨利的小说类似，莫泊桑也很善于设置悬念和反转，这是短篇小说最吸引人的地方。虚荣的马蒂尔德会做出怎样的决定？他们要怎样赔得起这样一笔近乎天文数字的钱？又付出了什么代价？而故事的结局又是怎样出乎所有读者的意料？

我把这些悬念都留给你。

而我想说的是，不论你读到了什么，你都要知道，这就是人性。在我看来，人活一世真正的价值所在，大概就是通过一生的修行，让虚荣、贪婪、自私的人性再少一点，让善良、勤恳、诚信更多一点。

文学的缘起

——《古希腊神话》

说到底，希腊神话其实还是“人的倒影”，它始终在通过对奥林匹斯山上众神的描绘来表现人。整个希腊文明一直都在发现和展现人的价值。这些神话故事没有留下作者的姓名，但他们对人类文明未来的走向，产生了奠基性的影响。

问大家一个问题：先有文字还是先有文学？

乍听之下，这简直是句废话，没有文字哪里来的文学呢？其实，人类最早的文学大概是这样的：狩猎归来，一个氏族部落的人们聚在篝火边，一边享用着几天的收获，一边听狩猎的英雄讲述今天捕获猎物的经过，或是听部落巫师讲述她与天地神明沟通的故事。夜色中，繁星灿烂，他们时而兴奋欢歌，时而陷入哀伤……

人类有上百万年的历史，而其中落于文字的，只有几千年。

战歌、祷词、劳动号子，都是文学的起源。文字不仅出现得晚，起源也与文学并无关系——文字记载的往往是数字、消息、命令，用于记录、传播和发号施令。

那么，文字和文学是在什么时候结合到一起的呢？大概是从神话开始的。

神话和所有文学作品一样，是人类精神世界的创造。在没有文字之前的千万年文学传承过程中，流传下了无数精彩的神话故事，在一定区域之内的人们耳熟能详，终有一天，有人用文字把这些故事记载下来。于是，有了我们如今看到的神话故事。

神话被认为是人类文学的起源，而神话故事往往又是从人类的起源开始讲述。人，这种直立行走的哺乳类动物，是从何而来的？不论东西方，神话故事都不可避免地要处理这个问题。东方有《山海经》《搜神记》，讲盘古开天辟地、女娲补天造人、后羿射日、精卫填海、夸父逐日……西方民间亦有传说，最早的描绘落于文字，就在《荷马史诗》里。荷马，一个连字都不会写的盲人，却因为传唱了远古的神话而被后人记住，他所传唱的故事，成了西方文学可阅读、可传续的源头。

《荷马史诗》有两个序列的故事，《伊利亚特》和《奥德赛》，对大家而言，了解故事便已足够，现在阅读原著并无必要。除了《荷马史诗》，西方早年也有历史学家记载神话故事，但当时他们并无法区分真实的历史与文学描绘的神话，于是文学与历史往往杂糅。后世将“两希文明”称为西方文明的源头，“两希”指的就是希腊和希伯来，希腊神话便是西方文明早期神话故事的代表作品。

希腊神话和中国神话的散点分布不同，它是自成体系的，神和神之间有明确的关联，有些是一大家子，有些是世代仇敌。比如，宙斯就是整个宇宙的最高统治者，至高的真神，双手操控雷电为武器；他的妻子是另一个神赫拉；他还有两个弟弟，“冥王”哈迪斯和“海神”波塞冬，一个掌管地狱，一个掌管大海；太阳神阿波罗则是宙斯的儿子；此外还有掌管智慧和战争的雅典娜，掌管文艺的女神缪斯，掌管战争的阿瑞斯，掌管爱与美的女神阿芙洛狄忒……我们会发现，希腊神话中所有神的形象，都与自然或是人间的诉求紧密相连，甚至有着一一对应的关系。毫无疑问，神的世界是人类世界的投射，是人创造了神话故事——尽管在神话故事里，是神创造了人。

希腊神话的想象非常瑰丽，很多故事有着强烈的象征和隐喻意义。比如“盗火者”普罗米修斯的故事。

和女娲造人的故事类似，希腊神话里的普罗米修斯也是用捏泥巴的办法创造了人的形体，而智慧女神雅典娜则赋予了人类灵魂和知识。一开始，普罗米修斯很受宙斯的信任和重用，而在创造了人类之后，诸神在奥林匹斯山上集会，讨论人类应当享有怎样的权利和义务。比如，人应当对神虔敬，并以人类的牺牲来向神奉献。正是在这个集会中，普罗米修斯为了给人类争取更多的权利，用一些小手段欺骗了宙斯，结果触怒了他，导致宙斯拒绝向人类提供火，让人类始终处在原始蛮荒的状态之中。于是，普罗米修斯决定不惜冒着风险为人类拿到火种，他要从神的领域“盗火”。

“盗火者”至今仍是西方文明中一个非常重要的象征和隐喻：那个为处于蒙昧中的人带来光明和智慧的人，就是“盗火者”。比如莎士比亚、孔子、释迦牟尼、爱因斯坦……当他们把真知带到世上，便是盗取了上天的火种，照耀了人间。

不难想见，宙斯对成功盗火的普罗米修斯大发雷霆，接着，残忍的惩罚开始了。宙斯命令所有山神一起出动，把普罗米修斯抓住，用锁链把他绑在高加索山脉的一块岩石上，然后命令一只饥饿的秃鹰每天来啄食普罗米修斯的肝脏。这无疑是一种折磨，而为了让普罗米修斯的痛苦加倍，宙斯让普罗米修斯获得再生的能力，每天都会长出新的肝脏，而后再被秃鹰啄食。普罗米修斯需要承受这样不尽的痛苦三万年，以赎盗火之罪，但他并不为自己的所作所为而后悔，他坚定地面对苦难，从来不在宙斯面前低声下气地乞求，一直到后来再有其他人介入，才将他救出苦海。

这个故事其实隐藏着另一层深刻隐喻：盗火者会为他的行为付出代价，会承受必然也是巨大的痛苦。他将大众拯救出蒙昧是有代价的，这更让“盗火者”变成一个文明里难能可贵的伟大存在。

希腊神话中类似的故事还有很多。比如被罚永远在推石头上山，到了山顶，石头又会自己滑落山底，从而不断重复攀登的西西弗斯的故事。这和中国神话里永无休止的吴刚伐桂的故事异曲同工。

还有潘多拉的匣子，它原本是宙斯的馈赠，宙斯让潘多拉把这只匣子送给娶她的男人：普罗米修斯的弟弟，“后觉者”埃庇米修斯。普罗米修斯深知宙斯对人类不怀好意，告诫弟弟千万不要接受馈赠，可埃庇米修斯受不了好奇的驱使，娶了潘多拉，并打开了那只匣子。（作者注：另一种说法是潘多拉自己打开了匣子）于是，灾难、瘟疫、祸害都从匣子里飞了出来，埃庇米修斯赶紧把匣子盖上，却不想，把最后一样东西留在了匣子里，那是雅典娜偷偷藏在匣子最底下的“希望”。

所以灾难和不幸横行人间，可希望却被我们深藏在心底；只要还有希望，哪怕灾祸让人间变得不值得留恋，人类也永远可以生存下去。

希腊神话常常带有一种宿命式的、难以抗争的悲剧意味。但如同潘多拉匣子的故事一样，正是有了悲剧的底色，才让现世的生活变得充满希望。而这种悲剧底色，对整个“两希文明”起到了一种净化甚至升华的作用，就好像我们从“盗火者”普罗米修斯的故事中，能看到残酷的悲剧，更能领悟伟大的牺牲精神。

而说到底，希腊神话其实还是“人的倒影”，它始终在通过对奥林匹斯山上众神的描绘来表现人。整个希腊文明一直都在发现和展现人的价值。这些神话故事没有留下作者的姓名，但他们对人类文明未来的走向，产生了奠基性的影响。某种程度上说，如今的人类不过是在重复着先哲们早已为我们设想过的道路。奥林匹斯山众神的故事，何尝不是人类社会的一个缩影呢？

悲剧也好看

——从《哈姆雷特》到《赵氏孤儿》

鲁迅先生曾经讲过，悲剧将人生的有价值的东西毁灭给人看。它的本质不是让我们感觉到悲伤和难过，而是因为它毁灭了一个美好的、有价值的东西。这种毁灭，让人心碎。

同学们一开始接触一部文艺作品，往往都是图个乐。也许是因为大家读到的儿童文学作品，还有动画片、电影，大都是“大团圆”（happy ending）的结局：奥特曼一定能够打败那些怪兽；灰太狼永远也吃不到喜羊羊；汤姆和杰瑞在屋子里上蹿下跳，永远不会老……

可是我必须告诉大家一个残酷的现实：这个世界并不总是如此美好的。而在文学世界里，往往正是一些不那么大团圆的结局，反倒更能打动人心。这些没有 happy ending 的故事，我们该怎么去读，怎么去理解呢？借着有关悲剧的话题，我们先来认识一位西方悲剧大师，也是文学史上绕不开的一个名字——莎士比亚。

莎士比亚是出生在文艺复兴时代（1564 年）的大文豪，他的作品一直到现在还广为流传，不仅改编为各种剧目活跃在舞台上，还会鲜活地存在于各种文艺作品中。我们经常会看到电影中引用莎士比亚的台词，甚至在老派英国人的书信中、社交活动中，都有大量对莎士比亚原文原句的直接引用。在英国，无法想象一个识字的人居然会没读过莎士比亚。他于 1616 年 4 月 23 日去世，而 4 月 23 日这天，后来被定为“世界图书与版权日”，也称作“世界读书日”。读莎士比亚和读书，几乎是同一个意思。

16 世纪的欧洲，大概是欧洲历史上最美好的一段时光，现在我们称之为“文艺复兴时期”。一讲到文艺复兴，我们最先想到的是美术上的成就，著名的三巨匠：米开朗琪罗、达·芬奇、拉斐尔。而在文学领域，同样唱响了反对宗教压迫、人生而自由高贵的号角，那正是人文主义精神的礼赞，也是文艺复兴的本质。而这一时期文学领域的代表人物，正是莎士比亚。

莎士比亚流传下来的作品，经考证共有 39 部戏剧、154 首十四行诗和 2 首叙事长诗。所有这些作品当中，最著名的莫过于四大悲剧之一的《哈姆雷特》。那句著名的台词“To be or not to be, that’s a question.（生存还是毁灭，这是个问题。）”就是出自这部剧。这是一个复仇故事，王子哈姆雷特发现叔叔杀了自己的父亲，篡夺了王位，他经历了内心的痛苦和纠结，之后踏上了复仇之路。

而在中国古典文学的经典悲剧中，同样有一部流传后世的元代杂剧（作者注：一种有说有唱的文学体裁，主要在元代发展起来，后来逐渐演变成了明清的平话小说）。

这部戏的名字叫《赵氏孤儿》，虽然是虚构的故事，但故事的原型在《左传》和《史记》中均有记载。

为什么我会将这两部作品放到一起来说呢？因为曾有人把《赵氏孤儿》称为“中国版哈姆雷特”，大概是因为这两部作品都是特别震撼人心的悲剧吧。

《赵氏孤儿》的故事发生在春秋时期的晋国。主人公叫赵武，长大成人后做了晋国的卿大夫。赵姓氏族的祖先在晋景公三年与屠岸贾的政治斗争中，遭遇了诛族之祸，被屠岸贾灭九族，赵氏一族眼看被杀戮殆尽，只留下了一个怀着孩子的女性，也就是赵氏孤儿的母亲。

然而，想要虎口逃生是非常不易的。赵氏孤儿的母亲生下了孩子，她知道逢此乱世，自己一介女流断无逃出生天的可能，而自己的儿子又是赵氏唯一的骨血，于是她把儿子托付给了一位能出入皇宫的医生程婴，自己选择了自尽。为什么要自尽呢？因为她知道，如果屠岸贾发现她刚刚生下了一个孩子，一定会不惜代价找到他。为了增加孩子活下去的可能，也为了断程婴的后路，逼他答应将孩子送出宫去，母亲成了这个故事中第一个自我牺牲的人。从这一刻起，悲剧开始了。

可程婴要如何保住这个孩子，并将孩子带出宫去？他身上没别的东西，只有身为医生随身携带的一个药箱，情急之下，程婴把赵氏孤儿塞在药箱里准备带出宫，结果没想到，被把守宫门的将军韩厥发现了。韩厥看着襁褓中的婴儿，实在下不去手，终于心一软，把程婴和孩子放走了。可韩厥和程婴都心知肚明，这事万一传到屠岸贾的耳朵里，韩厥也绝不会有好下场。怎么办？为了给赵氏一族留下这最后的血脉，韩厥在放走程婴和孩子之后，拔剑自刎。他成了第二个为赵氏孤儿自我牺牲的人。悲剧，向我们展现了它凄厉残酷的面容。

屠岸贾还是很快知道了，他明白君子报仇十年不晚，这个孩子有朝一日长大成人，自己性命定然难保。事情已到这一步，那就必须斩草除根，把事情做绝。屠岸贾下令，如果找不到赵氏孤儿，那就杀光全国一个月以上半岁以下的所有婴儿，不论是谁的孩子，一个不留。

这既是“宁可错杀一万，也不放过一个”的焦土策略，也是希望能有更多人发现线索并向他告密。其实程婴此时已没有退路了，事情到了这一步，哪怕现在把孩子交给屠岸贾，自己也难逃一死，于是只能拼死保住这个孩子，哪怕付出再大的代价。

这个代价会有多大？各位，真正的悲剧在此出现了。

当时程婴自己正好也有一个不到半岁的孩子，事到临头，为了保住赵氏孤儿，也为了避免近乎屠城的人伦惨祸，程婴决定，亲手献出自己的亲生骨肉，用自己的孩子去顶替，以自己和孩子的死，来保住赵氏孤儿。

你也许会问，这个赵氏孤儿到底有什么样的魔力，让这么多人愿意为他去做这样的牺牲？其实，促使所有人做出牺牲的根本原因，并不是赵氏孤儿的魔力，甚至都不见得是赵盾曾对大家有过什么恩情。牺牲的那一刻，大家是在共同对抗一个邪恶的力量。这力量太邪恶、太强大，以至于每个人甘愿牺牲自己，也必须要跟它抗争到底，绝不认输。

一个邪恶的对手，强大到我们似乎已经没有战胜它的可能，怎么办？缴械投降吗？不，虽千万人，吾往矣！去就去了，死就死了，有什么了不起！哪怕舍生取义，杀身成仁，也要前赴后继去做一件注定没有结果的事情，这就是《赵氏孤儿》所带给我们的悲剧的力量。

后来程婴到底是怎么做的？赵氏孤儿有没有保住？有兴趣的同学自己可以找来《赵氏孤儿》的原著读一读。这个故事也曾被拍成电影，片名就叫《赵氏孤儿》。

悲剧会带给人一种远超喜剧的力量。“大团圆”的结局固然让人很开心，可往往残缺的、不团圆的悲剧故事更让人感动。这是为什么？

鲁迅先生曾经讲过，悲剧将人生的有价值的东西毁灭给人看。它的本质不是让我们感觉到悲伤和难过，而是因为它毁灭了一个美好的、有价值的东西。这种毁灭，让人心碎。

人生是五味杂陈的，我们都希望天天幸福甜美，给人的祝福也都是天天快乐、心想事成。但如果人生只有甜美，生活只有快乐，这样的生活，你真的快乐得起来吗？

一桌子菜，只有一种甜味，你吃得下去吗？

所以，悲伤和难过，应该也是一个人在一生中必须要去体验的感觉。要知道，人生从根上注定是一场悲剧，任何一个人最终都是要死的，人类就是向死而生的。死亡这个必然的终点，注定了人生的悲剧底色，不管你愿不愿意，都是无法抗拒的。换句话说，我们每个人本就是生活在一场悲剧之中的，悲伤、难过和其他人生的味道，本就是生活的一部分。因为有了这样的底色，所以当我们面对悲剧的时候，这个故事就会和我们生命底色中的悲剧属性奇妙地连通，让我们感同身受。

所以，我推荐大家去读一些悲剧。尽管你可能会伤心难过，会读得泪流满面，但我相信，在经受悲剧的洗礼之后，你会获得从 happy ending 的故事里无法获得的满足和升华。

小故事里的大道理

——《伊索寓言》

> 虽然经过两千多年，可人性并没有多少改变，所以这本《伊索寓言》到今天还是值得我们好好读一读。这也的确是一本适合放在床头的书，临睡前读一段，带着故事背后的道理进入梦乡。等你把三百多段故事都读完，我相信，那会是你人生很有用的一课。

这是本很老的书，成书的年代应该是在公元前 6 世纪，距离现在 2600 年左右。这本书里有很多故事，我们就从这些故事开始说起。

第一个故事。

猎狗抓住了一只野兔，一会儿咬他，一会儿舔他的嘴唇，不断地作弄他玩。野兔竭力抗拒，并对猎狗说：“喂，你这家伙，请你不要又咬又亲，我难以判断，你究竟是我的敌人，还是朋友。”

这故事适用于态度暧昧的人。

猎狗到底是野兔的朋友还是敌人？这不是摆明的事嘛！可你要知道，现实中，你的敌人往往会在你面前表现出像一个朋友的样子。坏人从来都不会在自己脑门上贴个“坏人”的标签，相反，他们总是满口的甜言蜜语。问题是，你分得清吗？

第二个故事。是关于“朋友”的，不过，他们算不算朋友呢？

狐狸请鹤来吃晚饭。然而他并没有真心真意地准备什么饭菜来款待客人，仅仅只用豆子做了一点汤，并把汤倒在一个很平很平的石盘子中，鹤每喝一口汤，汤便从他的长嘴中流出来，怎么也吃不到。鹤十分气恼，狐狸却十分开心。后来，鹤回请狐狸吃晚饭，他在狐狸面前，摆了一只长颈小口的瓶子，自己很容易地把头颈伸进去，从容地吃到瓶里的饭菜，而狐狸却一口都尝不到。狐狸受到了应得的回报。

这当然不算真朋友，但错在谁呢？鹤不过是“以其人之道还治其人之身”罢了，错在狐狸。你对别人不真诚，别人又怎么会真诚对你呢？所以这故事告诉我们：真诚，是友情得以建立的前提。那遇到不真诚的人呢？也简单，你不用对他客气，“以其人之道还治其人之身”就行了。

第三个故事，还是和朋友有关。

两个好朋友一道上路。途中，突然遇到一头大熊，其中一个人立即闪电般地抢先爬上了树，躲了起来。另一个眼见逃生无望，便灵机一动躺倒在地，紧紧屏住呼吸，假装死了。据说，熊从来不吃死人。熊走到他跟前，用鼻子在他脸上嗅了嗅，转身走了。躲在树上的人下来后，问他的朋友，熊在他耳边说了些什么。那个人回答说：“熊告诉我，今后千万注意，别和那些不能共患难的人一起同行。”

这个故事告诉我们，你得有一双慧眼，得学会要跟什么样的人做朋友。当然，你自己也得学会去做一个“够格”的朋友，不能在危急关头把朋友扔下。有则改之，无则加勉。

还有第四个故事。

农夫养着一头驴和一匹马。驴要干重活，马却很轻松，并且驴马的待遇也不同。一日，驴对马抱怨：马兄，你比我幸运多了，你吃的草料都是主人精心挑选的。而我只能吃那么一点干巴巴的麦子。我每天要干很重的活，我要去拉车，要去拉磨，身上还要驮着很重的货物，但是你却从来不用干这些重活。马听完，什么也没说。

没多久，一场战争爆发，马被征去参加战斗，士兵骑着它冲锋陷阵，穿梭在硝烟战火之中。战争归来，这匹马浑身伤痕累累，不能再继续征战，又重新回到了农民的家里。

驴又见到了马，看到它伤痕累累的样子，驴子说，马兄，现在看来，还是我比你更幸运一点。

到底谁比谁更幸运呢？其实，不必去比较，不必羡慕旁人。每个人身边固然都有一个“别人家的孩子”，总那么优秀，聪明能干，智商情商双双爆表，可你仍旧不必羡慕，因为人和人的差异并不会有那么大。光鲜亮丽的背后，差别往往只是吃过多少苦，受过多少罪，有过多少付出。更何况，人和人本就不一样，谁说你就没有自己的精彩呢？与其羡慕别人，不如自己脚踏实地，好好努力。

最后一个故事。

磨坊主和他的儿子一起赶着他们的驴子，到邻近的市场上去卖。他们没走多远，遇见了一些妇女聚集在井边，谈笑风生。其中有一个说：“瞧，你们看见过这种人吗，放着驴子不骑，却要走路。”老人听到此话，立刻叫儿子骑上驴去。又走了一会儿，他们遇到了一些正在争吵的老头，其中一个说：“看看，这正证明了我刚说的那些话。现在这种社会时尚，根本谈不上什么敬老尊贤。你们看看那懒惰的孩子骑在驴上，而他年迈的父亲却在下面行走。下来，你这小东西！还不让你年老的父亲歇歇他疲乏的腿。”老人便叫儿子下来，自己骑了上去。他们没走多远，又遇到一群妇女和孩子。有几个人立刻大喊道：“你这无用的老头，你怎么可以骑在驴子上，而让那可怜的孩子跑得一点力气都没啦？”老实的磨坊主，立刻又叫他儿子来坐在他后面。

快到市场时，一个市民看见了他们便问：“朋友，请问，这驴子是你们自己的吗？”老人说：“是的。”那人说：“人们还真想不到，依你们一起骑驴的情形看来，你们两个人抬驴子，也许比骑驴子好得多。”老人说：“不妨照你的意见试一下。”于是，他和儿子一起跳下驴子，将驴子的腿捆在一起，用一根木棍将驴子抬上肩向前走。经过市场口的桥时，很多人围过来看这种有趣的事，大家都取笑他们父子俩。吵闹声和这种奇怪的摆弄使驴子很不高兴，它用力挣断了绳索和棍子，掉到河里去了。

这时，老人又气愤又羞愧，赶忙从小路逃回家去。

人得有主见，知道自己到底该怎么做。我们往往总是生活在别人的目光里，用别人的眼光来看待自己，用别人的态度来肯定或者否定自己。其实大谬不然。要知道，你没法做到让所有人都喜欢你，但凡一个人做一件事，总有人指点非议。真正的君子，不是那种人人都说他好的人。孔子的学生子贡问孔子：“乡人皆好之，何如？”就是问，人人都喜欢的人，怎么样？孔子很肯定地回答：“未可也。”那什么样的人才真算好呢？孔子说：“不如乡人之善者好之，其不善者恶之。”好人说好，坏人说坏，这样的人，才是君子。所以，你得分清是谁在给你出主意，你也得有自己的判断和主见，不然，你就会变成故事里的老人。

有人说，寓言故事都是给小朋友们讲道理的，其实并非如此，这本书里的寓言，实在值得大人们也好好读一读。连钱锺书这样的大学者，都曾专门写过文章，叫《读〈伊索寓言〉》，把这书里的故事和道理又好好解释了一番，更何况我们呢！

《伊索寓言》的作者就是伊索。说“作者”其实不太恰当，因为伊索很可能根本就不会写字。他是公元前 6 世纪古希腊的一个奴隶，服务于萨摩斯岛的亚德蒙家族。可他很会讲故事，《伊索寓言》里的故事，都是由他讲出来，广为流传之后，再被记载下来的。由此，伊索也被称为“四大寓言家”之一。

伊索是距今 2600 年前的人，可当时他所讲的这些故事，以及背后的道理，放到 2600 年后的今天，仍旧让人感到字字珠玑。虽然经过两千多年，可人性并没有多少改变，所以这本《伊索寓言》到今天还是值得我们好好读一读。这也的确是一本适合放在床头的书，临睡前读一段，带着故事背后的道理进入梦乡。等你把三百多段故事都读完，我相信，那会是你人生中很有用的一课。

无 用 之 用

无用之用

公元前 2 世纪李斯焚诗书，秦帝国二世而终；公元前 1 世纪董仲舒献策尊儒，汉王朝享国四百余年；汉末诸侯涌现，世族纷起，分分合合，至公元 605 年隋文帝下诏举贤良，科举制度渐成，此后朝代虽有更迭，中华文脉不绝。

民间习俗，家门上贴对联，朱门柴扉，丰俭由人。老辈人求福不求财，门户上常挂一句：忠厚传家久，诗书济世长。中国人以家庭观念建立国家，传家和济世等量齐观，读书风尚和忠厚品格并驾齐驱。

汉以降，皇权与相权微妙平衡。皇权仅限“五步之外百里之内”，五步之内皇帝亦是凡人，百里之外皇帝鞭长莫及。以宰相为首的文官集团成为历代帝国的实际掌舵人。文官集团背后，是天下读书人。科考上榜谦称天子门生，博学鸿儒实为“帝王师”。

读书是进身之阶。社会阶层流动不仅对个体有意义，对国家更重要，“问渠那得清如许，为有源头活水来”。天下读书人，是国家长治久安的源头活水。唐宋科举分明经和进士二科。明经科要考经义和时务策论，死记硬背为主，而进士科还要加试诗赋。

写诗可以取士，是因为“诗言志”。所言之志，未必家国情操，亦可个人襟怀；未必离愁别绪，也有慷慨激昂。诗能言志，盖因诗为心声，发乎中而见于外。唐以来千年，掌国家权力的文官，大都写得一手好诗。

时过境迁，写诗成为文人雅兴，失去实际功用。但诗还是诗，不因时代而变，写诗仍能言志。吟诗作对从“达则兼济天下”的实用手段退而为“穷则独善其身”的情怀自省。虽不复治国平天下之功用，正心修身的本义仍得存留，成为绵延千年的一线文脉，亦成为读书人的退身之所。

人生的幸福并非一味求进，这个道理是长大以后渐渐悟得的。可进可退可选择，才是自由自在。人生失去“可退”的选择，失去退身之所，就是被逼到了绝路。读诗、写诗有什么用？用处是让你不被逼上绝路。不为无聊之事，何以度有涯之生？自由而无用的灵魂，在光怪陆离的世间，是无用之用，是大用。

我运气很好，初中到高中七年，三位语文老师都给我极大教益。葛慎之先生教我时间最长，对我帮助尤大。通读第一遍《论语》、背诵近三百首唐诗，都是葛老师手把手的教诲。先生目光沉毅，根底深不可测，讲古文信手拈来融会贯通，令我受益至今。恩师经人世沧桑，安身于一所中学教书，遍历浮华复归淡泊，便是人生进退有度。

知进退者，自古有之。春秋范蠡、汉代张良，近到葛师，皆是富贵不张扬、贫贱不自卑的中国读书人。不辞艰辛，不畏困苦，不贪富贵。

摩诘归隐后有名句传世：“行到水穷处，坐看云起时。”人生多歧路，难免行到水穷处，读书写诗的人，能在前途无路可走时找到寄托，退一步回来，坐看云起。

宠辱不惊，坐看庭前花开花落；去留无意，漫随天外云卷云舒。

不论顺心还是逆境，握一卷诗书，心静意平，才能宠辱不惊去留无意。

读书不是打水，是把篮子洗干净（代后记）

“讲读经典”这件事，对于我就像一场“奇幻之旅”。

这些书大部分都是我从小就读过的，时至今日有些还经常要翻翻，而有些则已很久不读，甚至不曾记得读过。这一次，我把很多已经很老很老的书，从书架的犄角旮旯或是书箱底的某个角落里给翻出来，打开已经有些泛黄的书页，心里是感慨的。往事像放电影一样浮现在眼前，不受我控制。哪里得来的书？在何时何处读的？当时怎么想？后来怎么样？全从记忆的闸门里涌出来了。

其实这本书讲的大多是我个人的体会，非常个人化，有些甚至难登大雅之堂、不入高人法眼的。我读的书看起来不少，但越读越知道不够。年岁越长，心里越慌。和孩子们相比，我不过是多读了几本书，多走了几年路，大着胆子，希望把美丽的月亮和走过的弯路都指给孩子们看看，仅此而已。

旅途行将结尾，有一个故事和一段话，想跟大家分享。故事是这样的：

有一个老头，很爱读书，也读了大半辈子书。老头有个孙儿，从小开始老头教导孙儿要多读书，但那孙儿怎么就提不起兴趣来：撒丫子玩儿多开心，读那些书，到底有什么用?

那天，老头又在读书，小孙儿实在无聊得紧，凑到爷爷面前忍不住问：“爷爷，读这些东西，到底有什么用？”老头听了这个话，一声不吭，放下了手里的书，指着在房间角落里一只放煤球的竹篮子，对孙儿说："小子哎，把那个脏兮兮的篮子给我拿起来，到河边，去打一篮子水回来。"

拿竹篮子打水？小孩儿满脸写满了问号。竹篮子打水不是一场空吗？爷爷多半是糊涂了。得嘞，去跑一趟吧，反正闲着也是闲着。一滴水都打不着，回来就拿空篮子交差嘛！孙儿提着篮子出去了，来回跑一趟，闻闻花逗逗鸟，水是一滴没打着，不一会儿，挺高兴地回来了。

人是回来了，可篮子里没水，交不了差啊。老头说："小子哎，打不着是吧？没事儿，你这趟也没白跑，打着几滴是几滴，漏了的也不可惜。我要的不是你这一篮子水，你看到那边的桶没有？你把篮子里那几滴水，倒到桶里去，我要的是那一桶水。你啊，抓紧多跑几趟吧！"

反正闲着也是闲着，小孙儿琢磨着，多跑几趟就多跑几趟呗，反正有香香的花，有嫩嫩的草，还有叽叽喳喳的小鸟。于是提着竹篮，一趟两趟、三趟五趟地跑了起来。跑完七八趟，小孙儿有点受不了了。回来把篮子一扔："爷爷，你这是逗我呢吧？竹篮打水一场空，什么时候才能打满这一大桶啊！"

老头乐了。他一把捡起竹篮子，对小孙儿说："小子，那个桶里存下多少水不重要，那是给外人看的。你看你才跑了这么几趟，还不到半天工夫，这篮子是不是比之前干净多了？"

小孙儿低头看着湿淋淋的竹篮子，发现灰泥下头，好像真的透出了青绿的竹篾。

老头摸着孙儿的脑袋说："读书就是拿竹篮子打水。这竹篮子，就是你的心啊。"

还有一段话，是杨绛先生说的。留在这里，想和大家共勉。

年轻的时候以为不读书，不足以了解人生，直到后来才发现，如果不了解人生，是读不懂书的。读书的意义，大概用生活所感去读书，用读书所得去生活。

读书固然要紧，生活也许更重要。

人生是一部大书，生活别忘了读书，读书也别耽误了生活。

祝大家读有所感、思有所得、学有所成。

图书在版编目（CIP）数据

经典就该这样读：平说经典 70 篇 / 浦宇平著. -- 武汉：长江文艺出版社，2022.5（2022. 6 重印）

ISBN 978-7-5702-2638-2

I. ①经… II. ①浦… III. ①阅读课 - 中小学 - 教学参考资料 IV. ① G634.333

中国版本图书馆 CIP 数据核字（2022）第 049774 号

经典就该这样读：平说经典 70 篇

JINGDIAN JIU GAI ZHEYANG DU : PING SHUO JINGDIAN 70 PIAN

浦宇平 著

选题产品策划生产机构 | 北京长江新世纪文化传媒有限公司
总 策 划 | 金丽红 黎 波
责任编辑 | 王赛男 装帧设计 | 郭 璐 责任印制 | 张志杰 王会利
助理编辑 | 王枫婕 内文制作 | 张景莹 媒体运营 | 刘 冲 刘 峥 洪振宇
特约编辑 | 范秋明 内文插图 | 兰 霄 版权代理 | 何 红
法律顾问 | 梁 飞
总 发 行 | 北京长江新世纪文化传媒有限公司
电 话 | 010-58678881 传 真 | 010-58677346
地 址 | 北京市朝阳区曙光西里甲 6 号时间国际大厦 A 座 1905 室 邮 编 | 100028

出 版 | 长江出版传媒 | 长江文艺出版社
地 址 | 湖北省武汉市雄楚大街 268 号湖北出版文化城 B 座 9-11 楼 邮 编 | 430070
印 刷 | 天津盛辉印刷有限公司
开 本 | 710 毫米 × 1000 毫米 1/16 印 张 | 22.75
版 次 | 2022 年 5 月第 1 版 印 次 | 2022 年 6 月第 2 次印刷
字 数 | 338 千字
定 价 | 68.00 元